本书的出版得到国家社会科学基金项目（13BRK026）资助，以及南京师范大学教育协同创新中心教育科学学院学科建设基金资助

青少年新媒体使用偏好及影响实证研究

李建生　著

科学出版社

北京

内 容 简 介

本书全面反映了当下中国青少年在新媒体环境下的行为，以及媒体对青少年发展的影响。本书涉及的主题有青少年媒体行为，媒体中的情感表达，媒体中的同伴关系，媒体对青少年的学习、身体和心理的影响，媒体对青少年注意力、冲动性和控制的探究，以及媒体环境下青少年对自我、对社会和对未来的认识。本书的重点是问题的实证研究。在描述问题后，详细地给出了问题的研究对象、研究工具、研究方法和研究结论。此外，本书涉及的研究工具，有相当一部分是来自国外文献，希冀给相关人员一定的参考。

本书的读者对象是青少年研究的高校老师，青少年政策相关研究者，青少年教育工作者，青少年本人以及对青少年话题感兴趣的人员。

图书在版编目（CIP）数据

青少年新媒体使用偏好及影响实证研究/李建生著.—北京：科学出版社，2018.5

ISBN 978-7-03-053217-6

Ⅰ. ①青… Ⅱ. ①李… Ⅲ. ①青少年-使用-传播媒介-研究-中国 ②传播媒介-影响-青少年-研究-中国 Ⅳ. ①G206 ②D669.5

中国版本图书馆 CIP 数据核字（2017）第 127450 号

责任编辑：张 达 / 责任校对：李 影

责任印制：张欣秀 / 封面设计：铭轩堂

科 学 出 版 社 出版

北京东黄城根北街 16 号

邮政编码：100717

http://www.sciencep.com

北京东华虎彩印刷有限公司 印刷

科学出版社发行 各地新华书店经销

*

2018 年 5 月第 一 版 开本：720 × 1000 B5

2018 年 5 月第一次印刷 印张：14 1/4

字数：248 000

定价：78 .00 元

（如有印装质量问题，我社负责调换）

前　　言

伴随着网络成长起来的大多数青少年，是握着鼠标成长起来的一代，被人们称为“网络一代”，他们一出生就生活在网络环境下，对电子环境自然地熟悉，上网已成为他们最平常的生活方式。截至 2015 年 12 月，根据中国互联网中心发布的数据，25 周岁以下的青少年网民规模达到 2.87 亿，占中国青少年人口总数的 85.3%（中国互联网络信息中心（CNNIC），2016）。面对这一庞大群体，其生活和学习、其同伴关系和父母状态，以及他们的个性和情绪，都包含在青少年与新媒体这一框架下。

在单向传播的媒体环境里，媒体通常被认为是工具性的存在，是信息的载体，传播对象被定位为被动解释信息的受众。在这种观点下，青少年对媒体毫无免疫力，无法抗拒媒体“子弹”的射击，这种媒体影响理论的代表就是哈罗德·拉斯韦尔等提出的“皮下注射理论”（Hypodermic Needle Theory）。“皮下注射理论”认为，受众就像射击场里一个固定不动的靶子或医生面前的一个昏迷的病人，完全处于消极被动的地位，毫无反抗能力，只要枪口对准靶子，针头扎准人体某部位，子弹和注射液就会迅速产生神奇效果。这种理论认为，青少年就是单纯的“观察”与“模仿”，媒体对青少年有着巨大的示范效应，尤其是媒体中的暴力成分。

但人们发现在同样的媒体信息环境下，青少年的反应并不相同，有的有变化，有的并没有发生什么变化，于是媒体“有限效果理论”（The Limited Effects Theory）得以提出。媒体对青少年的影响是有限的，它是受互动的过程及青少年本身的特点等因素而作用的。该理论的假设主要有“先有倾向”假说、“选择性接触”假说等。但在考察媒体的长期作用时，特别是在研究电视构建的暴力世界如何影响受众认知时，伯格纳等又提出了媒体的“教养理论”，或称为媒体的“涵化理论”“培养理论”。该理论认为，媒体最重要的效果并非在于改变受众，而是维持一种普遍的、同质的认知，形成一套主流的价值标准。这种媒体的“教养理论”用在培养青少年的媒体习惯、媒体认知及媒体情感上，则是从效果正负两个方向来界定的，青少年仍然是媒体影响的接受者。例如，媒体的使用是导致青少年学习成绩下降还是提高，这个命题就是该理论框架下的一个典型表达，只是现在的研究转向了媒体所呈现的内容与青少年使用这两个维度上，是从媒体单纯的接触使用量向媒体接触的内容方面来考察，但该理论特别强调只有媒体使用达到一定的量，媒体才能对青少年起到潜移默化的作用。

技术的发展终究是为了满足人的需求，实现人的发展。相对于单向传播的媒体环境，互动分众传播的新媒体环境其本质特征则是双向沟通和去中心化。新媒体不仅为青少年呈现了大众的、开放的信息世界，也营造着属于自己的个性化的、私密性强的社会生活世界。青少年在新媒体环境下不仅寻求信息的认知，还实现朋友人际之间的交互。青少年与媒体之间的关系，不是影响与被影响，而是使用满足与不满足，于是，“媒体使用满足理论”出现。该理论认为青少年对媒体的满足与媒体带来的效果有关。这些效果包括知识水平、态度、行为情感等，最后对媒体产生依赖。“媒体使用满足理论”的重点不是使用媒体做了什么，而是青少年使用媒体满足了自己的需要。媒体使用可以满足青少年的认知需求、情感需求及对个人的整合；除此，媒体可以加强青少年与家人朋友的联系，满足社会整合，以及舒缓压力或者逃避转移注意力等。青少年对媒体的使用满足与否，或者说青少年媒体使用是否恰当、是否过度、是否导致行为不当和心理异常等，就需要考虑青少年个体本身，这种研究的转变不是对媒体影响的简单描述，而是深入青少年的个体，以及深入青少年个性、能力及人格。至此，研究的重点放在青少年本身，研究的目的转向青少年的发展。

理论的发展印证了媒体对青少年影响认识的转变，青少年在家庭和社会中从来就不是可有可无的，他们担负着家庭和社会的希望。而青少年这段时期充满了“暴风骤雨”，由儿童走向成人。一方面他们的躯体快速成长，身体急剧变化；另一方面其心理则呈现出“幼稚”与“成熟”并存，身心发展处于不平衡状态。这个阶段的青少年，开始踏上探索自我的旅程，他们关心起自己的外貌、言行和自己在别人眼中的位置。他们为一点小事激动争吵，为一个故事感动流泪；他们会悲秋伤春，他们的情绪由外转内，体验也更加持久深入。与儿童阶段相比，他们与同伴之间的互动更为频繁、更加密切，与父母的交往却越来越少。他们渴望离开父母，走向社会。在认知方面，他们变得越来越强大，他们的思维已由简单形象转为抽象概括，他们学会用形式化思维推导因果、处理信息，他们会考虑解决实际问题的多种方法。关于对道德上的认识、对社会规则的理解、对世界的看法，他们越来越稳定、越来越统一，他们会形成他们自己的价值观和世界观。他们在为未来做准备。

中国青少年，因为其生长环境独特，除拥有青少年普遍的特征外，也呈现出自己的特色。当下的中国社会处于经济急速发展时期，在媒体技术环境方面呈现出不均衡性，既有新媒体无处不在的城市，也有不知媒体为何物的乡村。青少年在媒体设备、媒体类别及媒体拥有上呈现出巨大差异。同时，这一代的青少年，独生子女的比重很大，相比拥有兄弟姐妹的青少年，他们的生活物资充裕，但在精神生活上，以及与朋友同伴之间、与父母祖辈关系上表现出新特点。他们面临升级升学的压力，几乎被杜绝使用媒体；同时，他们又是新媒体使用的主力军。在这看似矛盾的现象下，青少年与新媒体究竟处于何种状态、青少年在新媒体环境下如何健康生活，都急需深入探讨。

目前，新媒体技术正以前所未有的速度发展着，一方面新媒体给我们带来很多便捷，对我们的生活学习及思想文化都产生影响，正在改变着我们的生活生产方式；另一方面新媒体的出现又滋生出很多新的问题，网络成瘾、网络欺凌、网络犯罪等又困扰着当下，而首当其冲受到影响的则是青少年。面对诱惑时个体拥有两种选择：一种是个体做出合理行为的自我控制，另一种则是满足欲望的行为冲动。研究表明自我控制水平越低的人，网络成瘾倾向越严重。而冲动就是自我控制的另一面，具有冲动性人格的人是否更加容易对游戏上瘾？自我控制、冲动性与注意力这三者是否存在关联？这些因素是否影响青少年的认知和行为，以及其情绪体验和人际关系？

青少年与新媒体这一话题宽阔而宏大，它既是对现实问题的回答，也是对理论研究的深入，涵盖方面众多，可以从不同学科角度来解读。角度不同，使用方法不同，则问题的解释也不相同。在本书中，我们以青少年为立足点，基于青少年媒体使用偏好，来探讨媒体对青少年的身心、学习成绩及其同伴关系和亲子状态的影响；同时从青少年的行为、人格、情绪和自我等方面探讨媒体对青少年的发展影响；然后在新媒体环境下，探讨青少年对社会生活的感知，以及对未来的判断。

在本书中，媒体指当下流行的手机、掌上电脑、社会网络（SNS）及博客、微博、微信、游戏、wiki 等媒体及媒体内容，为了与传统的报纸、杂志等媒体区别开，研究者特别用新媒体来指代上述媒体。青少年特指 9～22 岁的中国青少年；如果是在校学生，则具体指小学四年级至大学四年级的学生。

本书中涉及的研究方法有问卷调查、文本分析和实验测量。

问卷调查共用量表 16 种，参与问卷的总人数为 5514 人，时间为 2015 年 3 月～2016 年 3 月。其中媒体习惯问卷调查进行了三轮，共有 2327 人参与调查，时间为 2015 年 3～8 月，地区涉及江苏、安徽、山东、陕西、河南等地，调查对象为在校青少年，调查样本分布于省会城市、中小城市、县城及农村等地方，父母职业包括了政府机关人员、企事业单位人员、工人、农民、教师等。在 2327 名被调查者中，男生共 1147 人，占 49.3%；女生共 1180 人，占 50.7%。

文本分析涉及两所学校 12 个班级，随机选取了 430 名被试进行调查，共收集问卷 429 份，在此基础上收集到 QQ 空间数据 318 份。研究者根据 QQ 空间有数据、问卷填写完整的原则，对数据进行筛选，筛选后得到有效数据为 258 份，内容为 2014 年 9 月～2015 年 9 月发表的空间说说数据，包括发表说说时发表的表情。根据这些说说数据提取被试在 QQ 空间中发表的情绪词数量、情绪强度、情绪波动幅度的信息。通过构建文本情绪词词库，研究者总结出包含情绪词、情绪词分类、情绪词强度一共 242 101 条记录。

实验室试验一通过网络收集到的问卷总数为 323 份，有效问卷为 310 份；纸质问卷总共发放 70 份，实际回收的有效问卷为 69 份。根据上述问卷调查的情况，研究者选取被试 27 名（男 12 名，女 15 名，平均年龄为 24.31 岁），被试色觉正常，其裸眼视力或矫正视力均在 1.0 以上，且均为右利手。实验中采用的是 16 通道的生理信号记录仪，该仪器可以进行各种生理信号采集、分析，如单极脑电、双极脑电、心率、血压、皮电、皮温及呼吸等。本研究通过测量被试的皮电和脑电等生理信号，得到 alpha、beta、theta、SMR 等数据流信息，共 108 条生理信号数据流。实验时间为 2014 年 9～11 月。

实验室试验二问卷的正式发放从 2014 年 3 月开始，于 8 月结束，使用"问卷星"网络问卷平台和实地发放两种形式发放并回收问卷。网络问卷的对象为来自全国各地各高校的学生，最后通过年龄和年级选项来筛选符合本研究要求的问卷，实地问卷主要集中于南京的三所高校。共 338 人参加了此次问卷和量表的填写，所有填写问卷者均未参与过类似调查。研究者共回收有效问卷 282 份。其中男生占比 48.7%，女生占比 51.3%。样本的平均年龄为 22.3 岁。根据问卷调查情况及数据分析情况，研究者选取 70 名被试进行实验室试验，获得实验数据 70 份。

参与本书写作的人员全部是南京师范大学的教师和研究生，具体章节分工如下。

第一章　新媒体环境下中国青少年媒体使用：罗川兰、李建生

第二章　屏幕时间与青少年身心健康：陈曦、李建生

第三章　媒体使用与学习成绩研究：李建生

第四章　新媒体与多任务行为研究：黄红全、李建生

第五章　新媒体与游戏成瘾：柳俊

第六章　新媒体与网络欺凌研究：罗川兰、柳俊、李建生

第七章　新媒体与注意力研究：刘闪、黄红全、李建生

第八章　电子游戏与冲动性研究：韩云霞、黄红全、李建生

第九章　新媒体环境下自我控制研究：黄红全、李建生、胡鹏辉

第十章　社交媒体中青少年情绪研究：王霄

第十一章　青少年认知需求研究：罗川兰、李建生、陈星

第十二章　新媒体对自我意识的影响：罗川兰、王霄、李建生

第十三章　新媒体环境下青少年友谊研究：高强、李建生、程佑寅

第十四章　新媒体环境下亲子沟通研究：罗川兰、李建生、张琪、林育瑜

第十五章　新媒体环境下城乡青少年生活满意度差异研究：李建生、罗川兰、黄红全

第十六章　中国青少年与个人-集体主义：罗川兰、李建生

参与量表收集、整理和翻译的人员包括王霄、柳俊、张琪、李建生；参与文稿校正的人员包括陈星、林育瑜、胡鹏辉；全书由李建生负责组织和统稿。

本书的完成得到众人的帮助，特此致谢！

本书的出版得到国家社会科学基金项目“青少年新媒体使用偏好及影响实证研究”（项目号：13BRK026）和江苏高校优势学科建设工程资助项目的支持，特此致谢！

本书的编辑和发行得到科学出版社的大力支持和帮助，特此致谢！

同时，本书在写作过程中，始终得到李艺老师的指导和笔者家人无私的奉献，特此致谢！

李建生

2017 年 10 月 28 日

目　　录

第一章　新媒体环境下中国青少年媒体使用

一、问题的提出

随着互联网和信息技术的发展，以及3G和4G网络的普及，使用媒体访问互联网的居民正逐渐增多（杨文明和朱家顺，2015）。互联网中心发布的2015年中国青少年上网行为研究报告显示，截至2015年12月，25周岁以下的青少年网民规模达到2.87亿，占中国青少年人口总体85.3%，远高于2015年全国整体网民互联网普及率（50.3%）（CNNIC，2016）。网络的自主性、开放性、平等性、虚拟性等特点，使得青少年可以自主地选择需要的信息，自由地发表自己的观点。网络既拓宽了青少年生活学习的视野，也是他们自由选择、主动参与、自我实现的广阔舞台（朱茜遥，2010）。看视频、打游戏、发信息、阅读或者是浏览网页等已经成为青少年生活中不可缺少的一部分，青少年每天使用网络的时间远远超过其他活动的时间。同时，互联网增加了青少年的学习机会，丰富了青少年的娱乐生活，青少年群体的网络使用行为对网络娱乐的发展、网络文化的走向都有着重要的影响（CNNIC，2015）。

因此，在这种新媒体环境下，青少年的媒体行为现状如何，以及不同性别、不同年龄和不同地区的青少年是否有差异，是本章想探讨的问题。特别要说明的是，新媒体是一个相对的概念，是在报刊、广播、电视等传统媒体之后发展起来的新的媒体形态，包括网络媒体、手机媒体、数字电视等。在本章中，新媒体是指手机、电脑（台式电脑、笔记本电脑、iPad）、学习设备（好记星、步步高点读机、电子书等）、游戏机（PSP、Xbox等）等媒体设备。

二、数据来源

（一）调查内容

1. 基本信息调查

基本信息调查内容包括性别、年级、文化课成绩、体育成绩、视力、地区、父母职业。

2. 新媒体习惯调查

青少年新媒体习惯指网络社交、网上娱乐和网络相关学习行为。调查内容包括拥有设备（手机、电脑、学习设备、游戏机）、设备使用时长、设备使用地点、使用哪种社交平台进行交流、更新何种社交平台状态、所玩游戏类型、观看网络视频类型、喜欢去的论坛贴吧、查找何种学习资料等。

（二）数据样本

本研究主要使用问卷调查法，在 2015 年 3～8 月长达 5 个月的时间内共进行了三轮调查。地区涉及江苏、安徽、山东、陕西、河南等地。本次调查对象为在校青少年，调查样本分布于省会城市、中小城市、县城及农村等地方。样本中的父母职业涵盖了政府机关人员、企事业单位人员、工人、农民、教师等。

共有 2327 名青少年参与了本次调查，年龄为 9～22 岁。在 2327 名调查者中，男生为 1147 人，占 49.3%；女生为 1180 人，占 50.7%。另外，研究对象都来自学校，所以我们按年级划分为：小学四年级以上的学生，共 656 人，占 28.2%，中学包括初中、高中，共 1091 人，占 46.9%；中等职业学校、大学及其他，共 580 人，比例为 24.9%。

表 1-1 列出了调查对象的人口学基本特征。

表 1-1　青少年人口学描述表

分类		人数/人	百分比/%	合计/人
性别	男	1147	49.30	2327
	女	1180	50.70	
年级	小学	656	28.20	2327
	初中	825	35.50	
	高中	266	11.40	
	中等职业学校	150	6.40	
	大学	418	18.00	
	其他	12	0.50	
地区	省会城市	962	41.30	2327
	中小城市	292	12.60	

续表

分类		人数/人	百分比/%	合计/人
地区	县城	600	25.80	2327
	农村	473	20.30	
视力	正常	988	42.50	2327
	不正常	1339	57.50	
学习成绩	前 5%	283	12.20	2327
	5%～10%	400	17.20	
	10%～20%	653	28.10	
	20%～50%	631	27.10	
	50%以后	360	15.40	
体育成绩	满分	177	7.60	2327
	优秀	542	23.30	
	良好	921	39.60	
	及格	471	20.20	
	不及格	71	3.10	
	不知道	145	6.20	

三、青少年新媒体使用总体分析

（一）青少年使用新媒体规模

1. 青少年新媒体使用情况

1）青少年新媒体使用比例

截至 2015 年 8 月，共调查青少年 2327 人，有 2146 人拥有新媒体设备（手机、电脑、学习机、游戏机）。新媒体设备普及率为 92%，如图 1-1 所示。

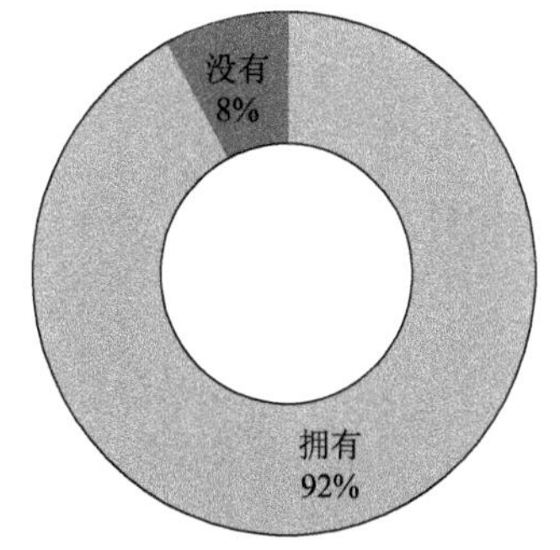

图 1-1　青少年新媒体设备拥有情况

据 CNNIC《2014 年中国青少年上网行为研究报告》，2014 年青少年网民规模占中国青少年总人口的 79.6%。据 CNNIC 统计的数据，2015 年青少年网民规模（85.3%）较 2014 年增长了 5.7%，青少年网民规模有增长的趋势。

2）新媒体类别中，青少年拥有手机的比例最高

随着中国互联网的发展，青少年使用新媒体也成为一种必然趋势。调查结果显示，2015 年青少年最主要使用的新媒体是手机，使用率为 72.07%，电脑（台式、笔记本、平板）使用率为 65.19%；学习设备与游戏机的使用率是 37%。现在的新媒体集多种功能于一身，如听音乐、玩游戏、看视频或者在线学习等，新媒体的使用日渐平常（图 1-2）。

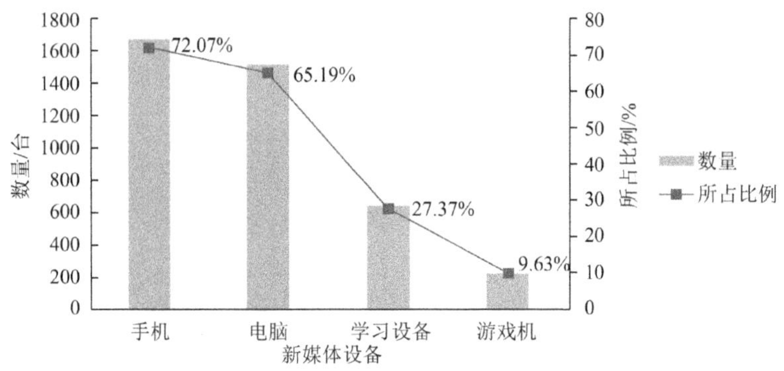

图 1-2　青少年不同新媒体设备拥有情况

2. 青少年上网时长

从图 1-3 中可以看出，青少年使用时间最长的是手机和电脑，一周使用超过 7 小时以上的所占比例分别为 35%、28%，43%的青少年使用学习设备的时间为 1～3 小时，约一半（51%）的青少年使用游戏机的时间少于 1 小时。

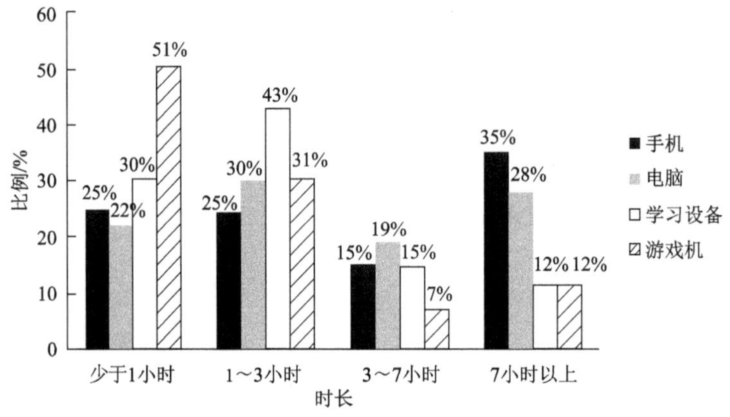

图 1-3　一周内不同新媒体设备种类使用时长比例

3. 青少年使用新媒体地点

1）青少年在家里使用新媒体人数最多，在学校使用新媒体的比例上升

据调查结果显示，84%的青少年是在家使用新媒体；其次是在学校，占 36%；在任意场所使用新媒体的青少年占 29%（图 1-4）。

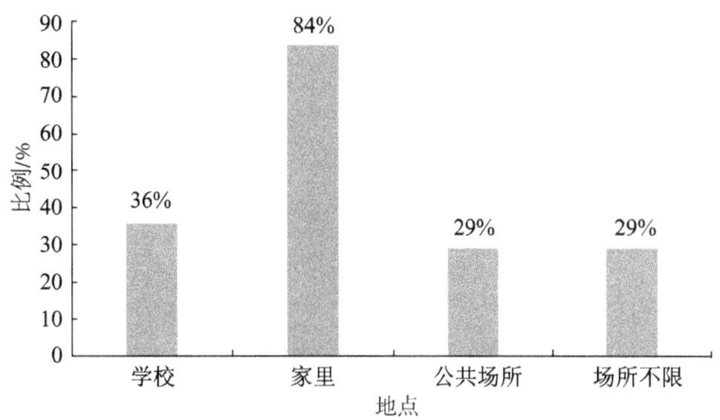

图 1-4　青少年使用新媒体地点的比例

本次调查数据中（2015 年），青少年在学校使用新媒体的比例为 36%，同 CNNIC 的 2013 年、2014 年青少年上网行为调查报告数据相比，比例有所上升。青少年使用新媒体的地点由家内向家外扩展（图 1-5）。

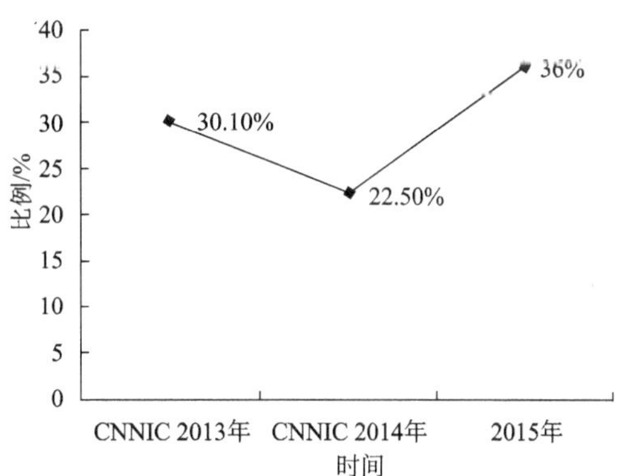

图 1-5　青少年在学校使用新媒体的比例

2）青少年使用手机地点不限

由图 1-6 可以看出，青少年在家里使用新媒体人数最多，其中使用电脑的比例达 65%；在学校使用电脑的比例为 33%；而使用手机的地点没有限制，在公共

场所使用手机的比例为 23%，在任意场所使用手机的比例为 28%。

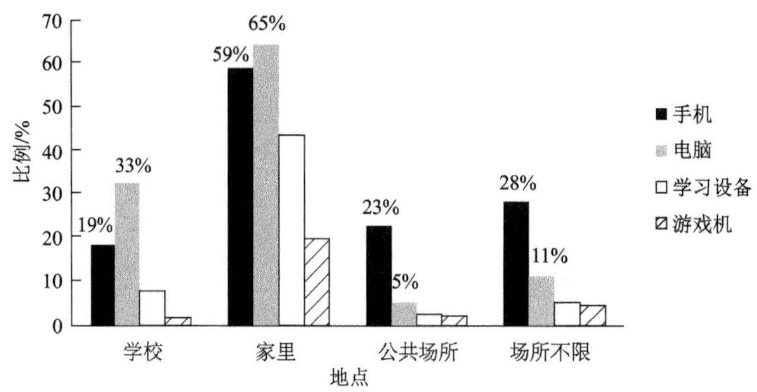

图 1-6　青少年使用不同新媒体地点的比例

（二）青少年手机使用规模

1. 青少年手机使用比例

1）青少年手机使用率

青少年手机使用比例为 72.07%。

2）性别、年级、城乡手机拥有比例有差异

从图 1-7 中可以看出，2015 年，在性别上，手机拥有比例有明显的差异，其中女生拥有手机的人数比例为 77%，多于男生的 67%。在年级上，小学生拥有手机的比例最低，为 56%，而其他年级的学生拥有手机的比例高达 98%。城乡青少年手机拥有比例还是有较大差异，其中城市青少年拥有手机的比例为 74%，比农村青少年的手机拥有比例（63%）多出 11%。

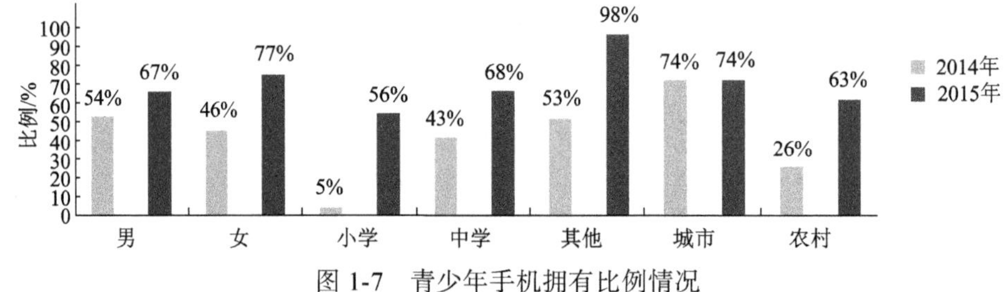

图 1-7　青少年手机拥有比例情况

注：2014 年数据来源于 CNNIC《2014 年中国青少年上网行为研究报告》

通过与 CNNIC 2014 年青少年上网行为报告数据对比可以看出，青少年拥有手机比例整体呈上升趋势，且手机使用有低龄化趋势，小学生拥有手机的比例达到了 56%，中学以上的学生手机拥有率为 98%。农村青少年拥有手机的比例上升了 37%。

2. 青少年手机使用时长

从图 1-8 中可以看出，女生一周使用手机时长超过 7 小时的比例为 39%，高于男生的比例（31%）。

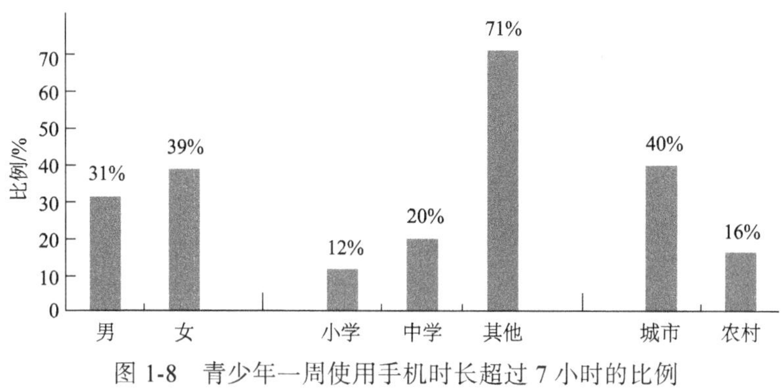

图 1-8　青少年一周使用手机时长超过 7 小时的比例

不同年级青少年使用手机时长有很大的差异。小学生一周使用手机时长超过 7 小时的比例为 12%，中学生使用手机时长超过 7 小时的比例为 20%，其他年级学生使用手机时长在 7 小时以上的比例为 71%。

不同地区青少年使用手机时长的比例有明显的区别。城市青少年一周使用手机时长在 7 小时以上的比例为 40%，农村地区青少年使用手机时长超过 7 小时的比例为 16%。

3. 青少年手机使用地点

女生比男生使用手机地点更多；年级越高，使用手机地点越多；城市青少年使用手机地点相比农村青少年更多（图 1-9）。

1）女生手机使用地点：没有限制

不同性别青少年使用手机的地点有明显的差异。女生在学校使用手机的比例更高，占 22%，而男生只有 14%的比例；而在公共场所使用手机，也是女生比例高于男生，男生仅有 19%，女生有 26%；在使用手机场所不限的青少年比例中，女生（36%）高于男生（21%）。

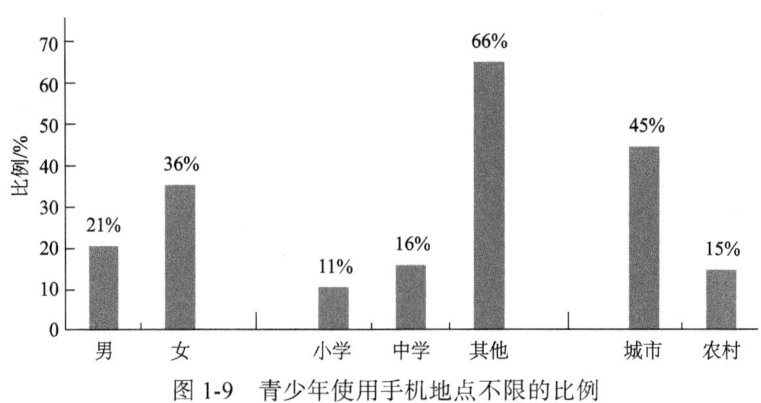

图 1-9　青少年使用手机地点不限的比例

2）中小学生使用手机地点：在家人数最多

小学生学校使用手机的比例仅为 7%，在家使用手机的比例达到了 81%，使用地点不限的比例仅为 11%。中学生在家使用手机的比例为 78%，使用地点不限的比例略高于小学生，为 16%。而其他学生使用手机的地点更加随意，在学校使用的比例为 49%，在家使用的比例为 41%，而使用地点不限的比例为 66%。这也与小学生、中学生受到家庭的管束，使用手机的场所基本都是在家里，而其他学生则不限地方地使用手机设备有关。

3）手机使用与地区经济和网络设施相关

不同地区学生使用手机地点大多都是在家里，但是城市青少年使用手机场所不限的比例达到 45%，而农村青少年使用手机地点不限的比例只有 15%。这与不同地区的经济水平和网络建设等有关，城市的互联网建设更加完善，而农村地区网络配置还有待加强（李春生，2016）。

四、青少年网络行为分析

（一）青少年网络行为总体特点

1. 青少年使用网络的目的：交流

在本次调查中，青少年新媒体使用率为 92%。72.07%的青少年使用手机上网；65.19%的青少年使用电脑（台式、笔记本、平板）上网；37%的青少年会通过学习设备或者游戏机上网。在社交方面，几乎所有的青少年（92.2%）都会通过网络进行即时交流，青少年使用网络的主要目的是与人交流。

2. 青少年网络社交平台：QQ 为主

青少年使用最多的社交平台是 QQ（78.1%），其次是微信（36.1%）、新浪微博（33.5%），且青少年更新社交平台的频率 QQ 空间所占比例（65.8%）最高。

3. 青少年网络娱乐内容：电影、动画和游戏

在娱乐方面，青少年观看最多的网络视频是电影（54.1%），其次是电视剧（42.4%）、动漫（41.1%）；75.2%的青少年会逛贴吧或者论坛，青少年最喜欢逛的贴吧为影视动画类（28.1%），其次是校园类（27.9%）、明星类（26.2%）；青少年网络游戏使用情况突出，82.5%的青少年都玩游戏，其中最受青少年喜欢的是手机游戏（38.4%），其次是休闲小游戏（25.1%）、团队竞技类网游（20.6%）。

4. 青少年网络学习：查阅资料

在网络学习方面，超过一半的青少年（56.6%）会通过网络查找学习资料；24.1%的青少年通过网络资源扩充自己知识面，查阅老师、家长推荐的课外读物等；18.5%的青少年进行网络课程的学习，包括网络公开课和在线课程等。

（二）青少年网络行为性别特点

研究者按照性别对青少年网络行为进行分析比较，结果如表 1-2 所示。

表 1-2　不同性别青少年网络行为（N=2327）　（单位：%）

项目	青少年网络行为		男生	女生
社交	交流	QQ	76.5	79.5
		微信	29.1	42.8
		新浪微博	20.8	46.1
		人人网	6.4	6.7
	更新	QQ 空间	63.0	68.5
		微信朋友圈	21.8	35.0
		新浪微博	10.0	27.0
		人人网	6.4	4.4
娱乐	论坛、贴吧	影视动画类	26.9	29.2

续表

项目	青少年网络行为		男生	女生
娱乐	论坛、贴吧	明星类	15.8	36.1
		体育类	22.4	6.2
		科技数码类	15.9	8.4
		校园类	19.7	35.8
		游戏类	33.4	10.2
	游戏种类	休闲小游戏	15.5	34.4
		益智类	24.8	6.0
		手机游戏	38.7	38.1
		团队竞技类网游	34.6	7.0
		大型单机游戏	22.8	5.6
	视频种类	电影	49.5	58.4
		动漫	43.0	39.3
		电视剧	29.9	54.5
		搞笑视频	32.8	33.2
		体育视频	16.4	3.7
		游戏视频	26.7	7.0
学习		学习资料	50.2	62.8
		家长等推荐的课外读物	20.0	28.1
		新闻报刊类	18.4	23.3
		网络公开课	16.6	20.4

从表 1-2 可以发现，不同性别的青少年在社交、娱乐、学习等方面均表现出显著差异。

1. 网络社交：女生比男生更喜欢

（1）QQ 交流：在社交方面，女生使用社交平台（微信、新浪微博和人人网，下同）交流的比例显著高于男生，通过 QQ 交流的男女比例为 76.5：79.5。

（2）QQ 更新：女生更新社交平台的比例显著高于男生，更新 QQ 空间的男女比例为 63：68.5。

（3）微信、微博更新：更新微信朋友圈的男女比例为 21.8：35；更新新浪微博状态的男女比例为 10：27。

2. 网络娱乐：男生和女生差异较大

（1）论坛、贴吧：女生喜欢逛影视动画类（29.2%）、明星类（36.1%）、校园类（35.8%）贴吧；男生更加喜欢逛体育类（22.4%）、科技数码类（15.9%）、游戏类（33.4%）贴吧。

（2）网络游戏：男生玩游戏的比例高于女生，女生喜欢休闲小游戏（34.4%），男生更喜欢益智类（24.8%）、团队竞技类网游（34.6%）。

（3）网络视频：女生相比男生更喜欢看电影（58.4%）、电视剧（54.5%）、搞笑视频（33.2%）；而男生更喜欢动漫（43%）、体育视频（16.4%）、游戏视频（26.7%）。

3. 网络学习：女生比男生更乐于学习

在学习方面，女生比男生更多地通过网络学习。其中女生通过网络查找最多的是学习资料（62.8%），其次是课外读物（28.1%）和网络公开课（20.4%）。

（三）青少年网络行为年级特点

考虑到不同年级青少年的构成情况，本研究将研究对象分为小学、初中、高中、大专、大学本科，并对这些不同年级青少年的网络行为进行比较分析，结果如表 1-3 所示。

表 1-3　不同年级青少年网络行为（N=2315）　（单位：%）

项目		青少年网络行为	小学	初中	高中	大专	大学本科
社交	交流	QQ	79.4	70.4	64.7	97.3	92.6
		微信	29.6	20.1	17.3	58.4	79.2
		新浪微博	20.9	16.0	27.1	66.4	78.2
		人人网	4.4	2.4	5.6	12.1	15.8
	更新	QQ 空间	63.8	59.5	57.4	84.6	79.2
		微信朋友圈	21.7	14.5	14.0	50.3	65.8
		新浪微博	10.7	7.2	13.2	41.6	46.9
		人人网	5.4	3.2	3.8	11.4	7.7
娱乐	论坛、贴吧	影视动画类	33.1	23.9	28.9	26.8	28.9
		明星类	26.6	22.2	19.2	32.9	35.2
		体育类	18.1	11.4	14.7	17.4	12.2

续表

项目		青少年网络行为	小学	初中	高中	大专	大学本科
娱乐	论坛、贴吧	科技数码类	10.9	7.5	11.7	22.8	18.4
		校园类	27.5	19.1	22.9	33.6	45.9
		游戏类	28.1	23.5	14.3	19.5	13.9
	游戏种类	休闲小游戏	27.1	16.8	16.9	36.9	39.0
		益智类	19.6	16.8	14.3	10.1	8.6
		手机游戏	47.9	35.0	22.2	45.6	39.7
		团队竞技类网游	24.0	16.4	19.5	28.9	21.1
		大型单机游戏	18.6	13.4	12.8	14.8	9.3
	视频种类	电影	48.7	37.5	50.4	75.7	87.1
		动漫	54.3	34.0	38.0	38.5	38.8
		电视剧	42.3	27.4	32.0	61.5	70.3
		搞笑视频	34.9	29.5	18.8	40.5	43.8
		体育视频	12.5	6.3	8.6	12.2	12.7
		游戏视频	23.5	14.6	13.2	14.9	12.9
学习		学习资料	68.1	39.9	45.5	64.9	75.1
		家长等推荐的课外读物	35.4	17.6	14.7	20.9	26.8
		新闻报刊	14.5	11.2	19.5	35.8	43.1
		网络公开课	12.2	10.0	13.2	33.8	41.4

由于青少年群体跨越年龄为 9～22 岁，因此在网络行为上存在较大的差异，各群体表现不同。从表 1-3 可以发现，不同年级的青少年在社交、娱乐、学习等方面均表现出显著差异。

1. 网络社交：中学生使用比例最低

（1）社交平台：几乎所有的大专生、本科生都使用社交平台，其次是小学生，再次是初中生、高中生；更新社交网站状态的情况也是如此。

（2）QQ 空间更新：大专生比例最高（84.6%），其次分别是大学本科生（79.2%）、小学生（63.8%）、初中生（59.5%）、高中生（57.4%）。

2. 网络娱乐：中学生使用比例最低

（1）论坛、贴吧：小学生逛影视动画类（33.1%）、体育类（18.1%）、游戏类

（28.1%）贴吧的人数多；大学生比例高的是逛明星类（35.2%）、校园类（45.9%）贴吧；最喜欢逛科技数码类贴吧的则是大专生（22.8%）。

（2）网络游戏：小学生玩游戏的人数最多，最喜爱的是益智类游戏（19.6%）、手机游戏（47.9%）和单机游戏（18.6%）；大专学生团队竞技类网游（28.9%）中的比例最高；大学生常玩的则是休闲小游戏（39%）和手机游戏（39.7%）。

（3）网络视频：各个年级相比较，大学生观看电影（87.1%）、电视剧（70.3%）、搞笑视频（43.8%）、体育视频（12.7%）的比例较高；小学生观看动漫（54.3%）、游戏视频（23.5%）的比例最高。

3. 网络学习：大学生使用比例最高

在学习方面，大学生在网络上查找学习资料、浏览新闻报刊类资源和进行网络公开课学习的比例分别是 75.1%、43.1%和 41.4%；而小学生在浏览家长等推荐的课外读物方面所占比例最大，为 35.4%。

五、研究结论和讨论

（一）青少年新媒体使用现状

本次调查中有 92%的青少年使用网络，与 CNNIC《2014 年中国青少年上网行为研究报告》中 79.6%的青少年网民相比，中国青少年网民规模继续上升。

青少年使用网络的目的主要是即时通讯，与他人进行交流，这与 CNNIC《2014 年中国青少年上网行为研究报告》中 93%的青少年通过网络进行即时通讯的结果一致。

青少年使用最多的社交平台是 QQ，更新状态最多的平台也是 QQ 空间，但是青少年更新状态的人数比例低于使用社交平台的比例。这说明与更新自己空间行为相比，青少年更愿意浏览他人动态。这与 Lenhart 2015 年对美国青少年网络行为调查的结论相同：青少年使用社交平台更多用来交流或浏览，发表自己的看法较少（Lenhart，2015）。

根据“使用与满足理论”（Uses and Gratification Theory），青少年通过使用社交平台、即时交流、互通信息，维持与朋友间的亲密关系，既可发展现有关系，也可扩大社会网络，从而释放情感、娱乐身心、宣泄情绪，“人际交往”需求得到“满足”。青少年正处于社会化的阶段，以 QQ 为主的社交媒体的人际传播成为了青少年之间新的交流方式。通过这种新的传播方式，青少年可获得的信息增多，人际交往范围扩大（李哲，2007）。

（二）青少年新媒体使用性别差异

从性别来看，女生更新网络空间状态的比例显著高于男生。在贴吧种类、游戏种类及视频类型的选择上，女生更加喜欢追星，喜欢看电影、电视，以及逛影视动画类贴吧，喜欢轻松、休闲类游戏；而男生则喜欢科技数码、团体竞技类的娱乐方式。在网络学习方面，也是女生比男生使用新媒体的比例高。

首先，这种网络行为的性别差异可能来源于社会对不同性别角色的期望。青少年在成长的过程中努力使自己符合社会性别角色的期望，因此女性在使用网络时，更加注重心理情绪反应，喜欢具有时尚和浪漫气息的电影或者电视剧等；而男性会参照别人对他们的期待和社会要求，更加渴求智慧、权利，喜欢益智类、竞技类游戏，崇尚强壮、力量，喜欢体育明星等（李凤珍，2010）。

其次，在言语能力上女生优于男生。女生在接受性和创造性言语任务及需要高水平言语能力方面，均优于男生。社交媒体的使用与更新需要运用语言符号，女生可能比男生更善于且更愿意通过社交平台运用语言符号来表达自己的思想感情和内心感受（陈虎强，1998）。

最后，从众心理和行为更容易对女生产生影响。老师、家长对女生学业表现的期待会强化其性别角色的特质，使得女生对角色规范产生认同感，在学习上花费更多的时间与精力（宋贤雯，2014）。一般来说，女生往往花费更多时间用于学习，课后会通过网络查找学习资料、学习网络课程（赵恒泰，1982）。

（三）青少年新媒体使用年级差异

从年龄或年级来看，中学生因为考试的压力较大，对网络的使用比其他年级的青少年要少。在更新社交媒体的比例方面，大专生、大学生显著高于其他年级学生。小学生更喜欢逛影视动画类贴吧、看动漫、玩手机游戏。

首先，小学生最容易接触到的上网媒介就是手机，喜欢在休闲之余玩玩手机游戏，看看有趣、可爱或者滑稽可笑的动漫；随着年龄的增加，其他学生接触网络的机会更多，接受新鲜事物的能力更强，上网目的就变得多样。单从游戏来看，由于对游戏的画面感、游戏难度、操作复杂程度、挑战性及游戏的竞技乐趣等一系列要素都有较高的要求，因此玩大型客户端游戏的比例最高的则是大专生和大学生（徐红彩，2005）。

其次，青少年交流的欲望比较强烈，随着年级的升高，青少年渴望与同伴进行沟通和交流，但在现实生活中有时缺乏机会，青少年则可通过社交平台，与同伴进行即时交流。另外，随着年级的升高，学生群体因生活方式、文化传统、价值观念差异，在交往中会产生冲突和隔阂，而社交平台的匿名交流可以缓解其交往压力（赵素燕，2007）。

最后，在查找网络学习资源、观看网络公开课的比例方面，大学生远远高于其他年级，而小学生只是通过网络看课外书籍。这可能是由于大学生自主安排的时间较多，学习能力较强，通过网络学习充实自己；或者是为了应对父母的期待、同伴进步的压力、就业压力等，通过网络寻找适合自己的学习资源，以及学习网络课程（姚巧红等，2010）。

参考文献

陈虎强. 1998. 男女大学生交往障碍的性别差异调查研究. 湖南师范大学教育科学学报, (3): 86-89.
程乐华, 曾瑜芬. 2001. 大学生网络交往中性别差异的调查研究. 社会心理研究, (1): 1-5.
郭良, 卜卫. 2001. 2000年中国北京、上海、广州、成都、长沙互联网使用状况及影响的调查报告. Internet 信息世界, (10): 11-15.
孔鹭鹃. 2010. 初中生学习自控力的调查及干预研究. 太原: 山西大学硕士学位论文.
李春生. 2016. 移动互联网发展趋势研究. 中国高新技术企业, (1): 1-2.
李凤珍. 2010. 青少年“追星”心理解析及教育对策. 现代教育科学: 中学教师, (6): 20-21.
李哲. 2007. 即时通讯对都市青少年社会化的影响——以QQ聊天为例. 上海: 复旦大学硕士学位论文.
宋贤雯. 2014. 大学生网络自主学习性别差异的调查与分析. 教育教学论坛, (2): 172-173.
徐红彩. 2005. 在校大学生网络学习行为的调查与研究. 电化教育研究, (6): 61-63.
杨天瑜. 2010. QQ空间人际传播特征探析. 东南传播, (3): 120-121.
杨文明, 朱家顺. 2015. 如何实现由“普及率提升”向“使用程度加深”转换 三问城乡数字鸿沟. 农村. 农业. 农民, (3): 1-3.
姚巧红等. 2010. 大学生网络学习情况调查研究. 电化教育研究, (7): 57-60.

赵恒泰. 1982. 关于青少年兴趣的调查. 天津师范大学学报(社会科学版), (2): 33-37.

赵素燕. 2007. 网络对大学生人际交往的影响及对策研究. 太原: 山西大学硕士学位论文.

中国互联网络信息中心(CNNIC). 2015. 2014 年中国青少年上网行为研究报告. http://www.cnnic.net.cn/hlwfzyj/hlwxzbg/qsnbg/201506/P020150603434893070975.pdf.

中国互联网络信息中心(CNNIC). 2016. 2015 年中国青少年上网行为研究报告. http://www.cnnic.net.cn/hlwfzyj/hlwxzbg/qsnbg/201608/P020160812393489128332.pdf.

朱茜遥. 2010. 青少年使用网络的特点及对策. 贵州教育, (2): 7-9.

Lenhart, A. 2015. Teens, *Social Media & Technology Overview 2015*. Washington, D. C.: Pew Research Center.

第二章　屏幕时间与青少年身心健康

一、问题的提出

看电视、使用电脑和手机已经成为青少年日常生活中不可缺少的部分。信息技术在带来便利的同时，也使得青少年将大量时间用在使用屏幕设备上。2011 年，美国疾病预防控制中心对青少年的监测数据显示，美国青少年平均每天使用电脑 3 小时及以上的占 31.1%，其中男生为 35.5%，女生为 26.6%。已有研究证实，屏幕时间与青少年肥胖的发生具有相关性，长时间使用屏幕设备还会影响青少年视力。同时，较长的屏幕时间对青少年的身心健康也产生了许多负面的影响，青少年心理健康问题的发生率逐年增加。

那么如何减少屏幕时间给青少年身心健康带来的负面影响？本研究希望通过探讨初中生屏幕时间与身心健康之间的关系，为学校和家庭教育中控制青少年屏幕时间提供参考依据。研究者通过《屏幕时间与青少年身心健康调查问卷》调查初中生体育锻炼情况、屏幕时间现状和心理健康状况，并通过数据分析软件分析屏幕时间和身心健康的关系。

二、屏幕时间

本研究以青少年使用屏幕设备所占用的时间为屏幕时间。在关于屏幕时间的研究中涉及的屏幕设备包括电视、电脑、手机、电子游戏机等，关于屏幕时间的数据一般通过问卷调查或电话调查收集，让被调查者回忆最近使用屏幕设备的时长，或者通过跟踪记录的方式更精确地确定屏幕时间。

学龄儿童健康行为（Health Behavior in School-Aged Children，HBSC）隶属于世界卫生组织（WHO），在 2005～2006 年 HBSC 以全世界 40 多个国家的学校为基础的标准化调查（Iannotti et al.，2009）中，调查者设计了 6 个关于屏幕时间的变量，分别是工作日看电视（视频）的时间、周末看电视（视频）的时间、工作日玩电子游戏的时间、周末玩电子游戏的时间、工作日使用电脑的时间、周末使用电脑的时间。每个问题有 9 个选项，从“从不使用”到“每天 7 小时或更多”，被调查者只需要根据自己的实际情况选择相应的选项。除了让被调查者填写问卷的调查方式之外，Ramirez（2011）等还通过电话采访、网络调查等方式收集被调查者的屏幕时间数据。

（一）屏幕时间与青少年晚睡习惯

Ogunleye 等（2014）的研究已经证实青少年的晚睡习惯与他们的屏幕时间有很大的关系。数据显示，在 1332 名 11～15 岁的青少年中约有 42%的男孩和 37%的女孩有晚睡的习惯，通常伴随晚睡的是他们在睡前会使用屏幕设备。青少年的屏幕时间长短受家庭和周围环境影响很大。美国儿科学会（American Academy of Pediatrics，AAP）建议，2 岁以上儿童及青少年每天的屏幕时间应限制在 2 小时以内。Sirard 等（2010）研究家庭环境对青少年屏幕时间的影响时发现，在有体育锻炼氛围的家庭中，青少年会参加更多的体育锻炼，屏幕时间自然更少。

（二）屏幕时间与青少年近视

薛玲等（2001）在调查长时间使用电脑是否影响青少年视力时的结果显示，电脑班学生的近视率及近视程度均高于非电脑班学生。李晓兰等（2005）对某中学计算机教学班和普通班进行的为期两年的跟踪调查发现，实验组更容易出现视疲劳、视力模糊、眼睛干涩等问题。曹翠萍等（2013）进行的研究得到了相似的结论。

（三）屏幕时间与青少年肥胖

国内外判定肥胖的标准很多，主要有身体质量指数法和体脂百分比法。身体质量指数法是用于估测不同人群肥胖发生率的一个最常用指标，身体质量指数（BMI）等于体重（kg）除以身高的平方（m^2），即 BMI 的单位为 kg/m^2。2002 年 2 月，WHO 亚太办事处、国际肥胖专家组和国际肥胖研究协会三者共同发布《亚太地区肥胖的重新定义和处理》指导手册。该手册针对亚太地区居民的生理和形态特点，重新修订了判定肥胖的标准，规定 BMI 小于 18.5 kg/m^2 为体重过轻，18.5～22.9 kg/m^2 为正常，大于等于 23 kg/m^2 为超重；在超重的范围内，23～24.9 kg/m^2 为肥胖前期，25～29.9 kg/m^2 为Ⅰ度肥胖，30～39.9 kg/m^2 为Ⅱ度肥胖，大于等于 40 kg/m^2 为Ⅲ度肥胖。在本研究中，将 BMI 大于 25 kg/m^2 的都设定为肥胖。而体脂百分比法是根据脂肪占体重的百分比来判定肥胖的，其判定标准为青少年肥胖为男生超过 20%，女生超过 25%。

研究证明屏幕时间与肥胖的发生具有相关性（洪忻等，2009）。数据显示，我国青少年儿童已进入肥胖的高发期。Eisenmann 等（2008）指出，导致肥胖的三个关键因素是体育锻炼、屏幕时间和营养。

体育锻炼是人类维持能量摄入与消耗平衡的重要方式，然而屏幕时间过长却束缚住了人们的手脚，减少了其体育锻炼的时间（Vandewater et al.，2004）。Babey 等（2013）的研究得出相似结论，他们发现青少年肥胖不仅与他们缺乏体育锻炼有关，同时也和他们把更多的时间花在久坐行为上有很大的关系。通常而言，这些很少与身体健康有正向的关联（Brown，2006）。

（四）屏幕时间与青少年其他健康问题

青少年睡眠障碍及一些心脑血管疾病也被证明与屏幕时间有关。

Tremblay 等（2010）建议青少年将每天的屏幕时间限制在 2 小时以内，从而降低心理健康问题发生的可能性。Grøntved 等（2014）在进行一项关于欧洲青年人心脏健康的相关研究时，调查了青少年看电视、使用电脑的时间，并计算总屏幕时间，结果表明，较长的屏幕时间是导致青年多种心脑血管疾病的危险因素。此外，较长的屏幕时间也可能会导致青少年情绪低落、焦虑感和抑郁等（Biddle & Asare，2011）。

三、数据来源和调查内容

本研究数据来自南京市三所初中，共发放问卷 975 份，回收问卷 953 份，其中有效问卷 914 份，具体见表 2-1。

表 2-1　男女学生比例（N=914）

年级	男生		女生		合计	
	人数/人	比例/%	人数/人	比例/%	人数/人	比例/%
7 年级	216	23.63	186	20.35	402	43.98
8 年级	154	16.85	133	14.55	287	31.40
9 年级	96	10.50	129	14.12	225	24.62
合计	466	50.98	448	49.02	914	100.00

（一）基本信息调查

基本信息调查包括初中生人口学基本特征和一些家庭信息，如性别、年龄、年级、是否为独生子女、身高、体重、家庭类型、父母亲文化程度、家庭月收入、视力等。

（二）体育锻炼调查

体育锻炼调查参考 HBSC 调查中的体育锻炼内容，具体包括“过去的这一周中，你参加锻炼的天数”“正常情况下，你锻炼的频率”和“每周你锻炼时间的总和”三个问题。

（三）屏幕时间调查

研究者根据 HBSC 调查上学日和周末两个时间段的屏幕时间的方式，在本研究中，根据中国社会发展及居民普遍持有的屏幕设备情况选择电视、电脑、手机、电子游戏机、平板电脑、电子书阅读器等设备作为被调查的屏幕设备。选项包括“不使用”“半小时”“1 小时”“2 小时”“3 小时”“4 小时”“5 小时”“6 小时”和“7 小时或更多”。被调查青少年根据自己使用屏幕设备的实际时间长短进行选择。

屏幕时间由青少年上学日和周末屏幕时间共同确定，根据公式“平均每天屏幕时间=（上学日屏幕时间 × 5 ＋ 周末屏幕时间 × 2）/ 7”计算青少年一周平均每天的屏幕时间，其中“上学日屏幕时间=上学日电视时间+上学日电脑时间+上学日手机时间+上学日电子游戏机时间+上学日平板电脑时间+上学日电子书时间”，“周末屏幕时间=周末电视时间+周末电脑时间+周末手机时间+周末电子游戏机时间+周末平板电脑时间+周末电子书时间”。

同时，为了更详细地了解青少年在屏幕时间内所进行的活动，研究者根据被调查青少年的回答情况增加了调查青少年使用屏幕设备详细信息的调查，包括青少年在使用屏幕设备时进行的活动，选项包括“看视频”“玩游戏”“聊天（QQ/微信……）”“看电子书”“浏览网页”“网上购物”“微博/twitter”“人人网/Facebook”“贴吧/论坛”。被调查青少年根据自己使用屏幕设备进行哪些活动的实际情况选择。

（四）心理健康诊断测验

中学生《心理健康诊断测验》（Mental health dignostic test，MHT）是华东师范大学周步成教授根据日本心理学者铃木清等编制的《不安倾向诊断测验》修订而成的，可用于综合检测中学生的心理健康状况。该测验共有 100 个项目，在这 100 个项目中含有 8 个内容量表和 1 个效度量表（即测谎量表）。这 8 个内容量表分别是学习焦虑量表、对人焦虑量表、孤独倾向量表、自责倾向量表、过敏倾向量表、身体症状量表、恐怖倾向量表和冲动倾向量表。此量表的折半信度为 0.85～0.88，重测信度为 0.667～0.863（$p<0.01$）。

四、研究结果

（一）调查结果

1. 青少年视力、身高和体重

研究者统计视力情况后发现，视力正常的共 324 人，占 35.45%；其余都存在近视或散光等问题。根据青少年自我填写的身高和体重数据，计算身体质量指数（BMI），在被调查的 914 名青少年中，130 人超重，其中达到肥胖标准的有 76 人。

2. 青少年体育锻炼情况

在被调查前一周，有 170 人每天参加锻炼，占 18.6%；47 人参加锻炼 6 天，占 5.1%；229 人参加锻炼 5 天，占 25.1%；126 人参加锻炼 4 天，占 13.8%；168 人参加锻炼 3 天，占 18.4%；89 人参加锻炼 2 天，占 9.7%；42 人参加锻炼 1 天，占 4.6%；另还有 43 人没有参加锻炼，占 4.7%（图 2-1）。

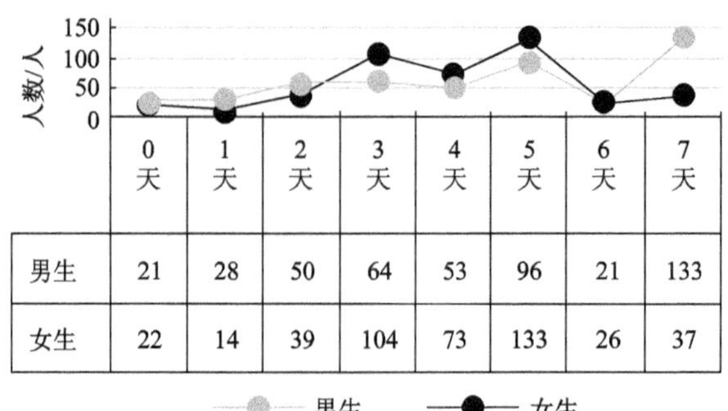

图 2-1 青少年一周参加体育锻炼天数

就锻炼频率而言，在被调查的 914 人中，有 249 人每天锻炼，占 27.2%；295 人每周锻炼 4～6 次，占 32.3%；241 人每周锻炼 2～3 次，占 26.4%；82 人每周锻炼 1 次，占 9.0%；14 人每月锻炼 1 次，占 1.5%；9 人锻炼频率小于每月 1 次；24 人从不参加锻炼（图 2-2）。

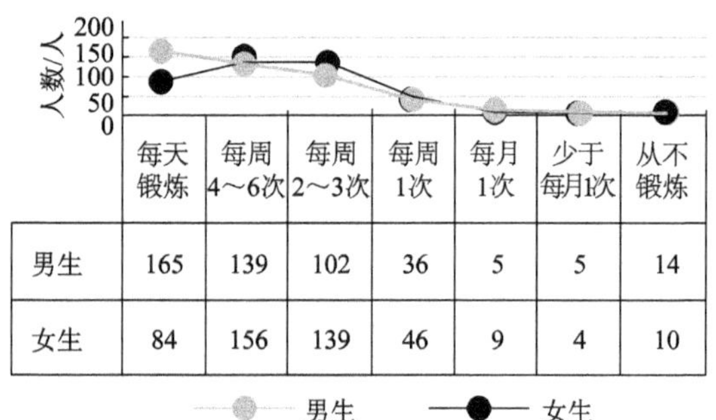

图 2-2 青少年参加体育锻炼频率

考虑每周锻炼时间，14 人每周锻炼时间和为 0，占 1.5%；113 人每周锻炼时间和为半小时，占 12.4%；123 人每周锻炼时间和为 1 小时，占 13.5%；252 人每周锻炼时间和为 2～3 小时，占 27.6%；266 人每周锻炼时间和为 4～6 小时，占 29.1%；146 人每周锻炼时间和在 7 小时以上，占 16.0%。

3. 青少年屏幕时间

根据公式分别计算青少年上学日、周末和一周的平均屏幕时间。在调查前一周，被调查学生的平均屏幕时间为 3.08 ± 2.56 小时/天，最少为 0 小时/天，最多为

12.9 小时/天，周末屏幕时间是上学日屏幕时间的 2.64 倍（表 2-2）。根据美国儿科学会（AAP）每天 2 小时的屏幕时间建议标准，本研究中有 54.7%的青少年平均每天屏幕时间在 2 小时以上，26.8%的青少年平均每天屏幕时间在 4 小时以上，具有年级差异，具体见表 2-3。

表 2-2 青少年一周平均屏幕时间 （单位：小时/天）

项目	电视	电脑	手机	电子游戏机	平板电脑	电子书	合计
上学日	0.29	0.45	0.76	0.15	0.31	0.28	2.09
周末	1.33	1.69	1.81	0.55	0.88	0.81	5.53
一周平均	0.59	0.80	1.07	0.26	0.46	0.43	3.07

表 2-3 青少年一天屏幕时间（N=914）

项目	<2 小时		2～4 小时		>4 小时	
	人数/人	比例/%	人数/人	比例/%	人数/人	比例/%
7 年级（n=402）	216	53.7	117	29.1	69	17.2*
8 年级（n=287）	126	43.9	63	22.0	98	34.1
9 年级（n=225）	72	32.0	75	33.3	78	34.7***
合计	414	45.3	255	27.9	245	26.8

注：***表示 $p<0.001$，*表示 $p<0.05$

4. 青少年媒体活动

为考察青少年屏幕时间内从事的活动，本研究在调查屏幕时间的基础上要求调查对象将使用电脑、手机和平板电脑这三种屏幕设备时进行最多的五项活动记录下来，并按使用时间长短排序。

以青少年的第一选择为例，除有 94 人不使用电脑之外，在青少年使用电脑时，有 343 人看视频时间更长，208 人更多地使用电脑玩游戏，157 人选择了聊天，73 人选择了浏览网页，21 人选择了看电子书，选择使用电脑看视频的远远多于其他，具体见表 2-4。

表 2-4　青少年使用媒体进行的活动　　（单位：%）

项目	视频	看书	游戏	聊天	购物	微博	人人网	论坛
7 年级	5.40	0.30	9.60	28.60	16.00	27.40	5.70	6.90
8 年级	0.00	0.00	10.50	36.80	2.60	34.20	2.60	13.20
9 年级	1.40	1.40	2.70	43.20	8.10	25.70	1.40	16.20

5. 青少年心理健康情况

根据中学生《心理健康诊断测验》（MHT）评分标准为测验得分划定等级，各内容量表等级及量表总分等级分布情况见图 2-3。

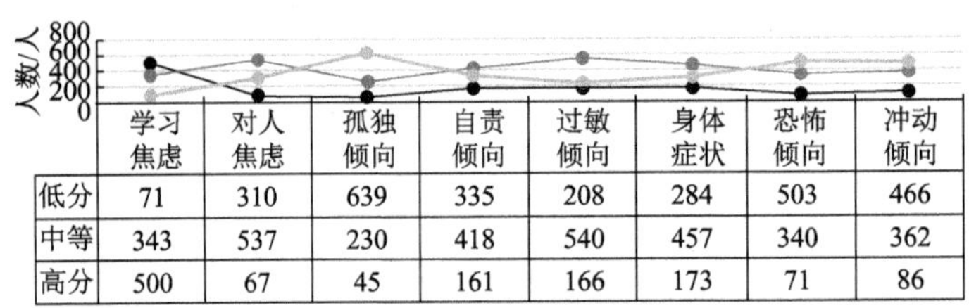

	学习焦虑	对人焦虑	孤独倾向	自责倾向	过敏倾向	身体症状	恐怖倾向	冲动倾向
低分	71	310	639	335	208	284	503	466
中等	343	537	230	418	540	457	340	362
高分	500	67	45	161	166	173	71	86

图 2-3　心理健康诊断各内容量表得分等级分布图

同时根据得分高低对学习焦虑和冲动性，进行皮尔逊卡方检验，发现结果具有年级差异，具体见表 2-5 和表 2-6。

表 2-5　学习焦虑等级分布（N=914）

项目	低分		中等分		高分	
	人数/人	比例/%	人数/人	比例/%	人数/人	比例/%
7 年级（n=402）	38	9.50	184	45.80	180	44.80*
8 年级（n=287）	21	7.30	105	36.60	161	56.10
9 年级（n=225）	12	5.30	54	24.00	159	70.70*
合计	71	7.80	343	37.50	500	54.70

注：*表示 p<0.05

表 2-6 冲动性等级分布（N=914）

项目	低分		中等分		高分	
	人数/人	比例/%	人数/人	比例/%	人数/人	比例/%
7 年级（n=402）	238	59.20	142	35.30	22	5.50
8 年级（n=287）	147	51.20	112	39.00	28	9.80
9 年级（n=225）	81	36.00	108	48.00	36	16.00
合计	466	51.00	362	39.60	86	9.40

根据各内容量表的结果，可诊断出个体在某一方面的问题倾向。大陆常模规定各内容量表分数在 8 分以上者属于心理问题倾向较严重，需要制订特别的辅导计划。在学习焦虑内容量表的得分上，有 500 人表现出严重的心理问题倾向，这说明现在的中学生在学习心理上存在一定的问题，值得学校和家庭在教育过程中引起重视。此外，在对人焦虑、孤独倾向、恐怖倾向和冲动倾向内容量表中高分率很低，其中在孤独倾向内容量表中，有 639 人处于低分水平，青少年在这几方面表现正常，并不存在因为独生子女和生活环境等原因导致的孤独及由此导致的心理健康障碍。在其余各内容量表中，学生得分也多处于正常水平，心理健康状态正常。

在计算心理健康诊断量表总分后发现，914 人中 724 人心理健康处于正常状态；在存在心理健康问题的青少年中，有 104 人心理健康状态欠佳，其余 86 人存在不同程度的心理障碍，需要进行心理干预辅导。

（二）屏幕时间与身心健康风险

1. 青少年屏幕时间与身心健康的关系

为研究青少年屏幕时间和身心健康各方面的关系，本研究对屏幕时间与性别、年级、视力、体型、一周锻炼次数及心理健康诊断各内容量表和总分得分情况进行了相关分析，将调查对象的屏幕时间分为“2 小时以内”“2 小时至 4 小时”“4 小时以上”三个等级。依据《亚太地区肥胖的重新定义和处理》指导手册，根据

BMI 的不同，将青少年体型分为正常、超重和肥胖三个等级。

屏幕时间和体型、近视存在正相关，并且在 0.01 水平上屏幕时间和体型呈显著相关；和视力正常、散光及学习成绩存在负相关（表 2-7）；与青少年心理健康诊断各内容量表及量表总分呈正相关，并且在 0.01 水平上显著相关（表 2-8）。

表 2-7 不同体型学生屏幕时间均值

变量	体型	视力正常	视力近视	视力散光	视力远视	成绩
屏幕时间	0.088**	−0.055	0.053	−0.068*	−0.015	−0.291**

注：**表示在 0.01 水平上显著相关，*表示在 0.05 水平上显著相关

表 2-8 不同体型学生屏幕时间均值

变量	学习焦虑	对人焦虑	孤独倾向	自责倾向	过敏倾向	身体症状	恐怖倾向	冲动倾向	量表总分
屏幕时间	0.111**	0.167**	0.165**	0.118**	0.154**	0.185**	0.139**	0.140**	0.217**

注：**表示在 0.01 水平上显著相关

2. 屏幕时间与肥胖

根据身体质量指数的亚洲标准，研究者将被调查对象分为体重正常、超重和肥胖三组，各组的平均屏幕时间分别为 3.02 小时、3.67 小时和 3.27 小时。对三组屏幕时间进行方差同质性检验，相伴概率为 0.17，大于显著性水平 0.05，方差齐性。各组间差异均不具有统计学意义（$p>0.05$）（表 2-9）。

表 2-9 不同体型学生屏幕时间均值

体型	屏幕时间/小时	人数/人	比例/%
正常	3.02	784	85.78
超重	3.67	54	5.91
肥胖	3.27	76	8.32

3. 屏幕时间与心理健康诊断

心理状态正常的青少年的平均屏幕时间为 2.78 小时/天，心理状态欠佳的青少年的平均屏幕时间为 3.80 小时/天，存在心理障碍问题的青少年的平均屏幕时间为 4.68 小时/天（表 2-10）。

对心理健康状态不同的学生的屏幕时间进行方差同质性检验，相伴概率为

0.286，大于显著性水平 0.05，方差同质，即认为心理健康状态不同的学生的屏幕时间是来自相同方差的不同总体，满足方差分析的前提。F 分布的观测值为 27.435，相伴概率为 0.000，小于显著性水平 0.05，认为三组学生的屏幕时间之间存在差异，事后 LSD 法分析发现，心理健康状态正常的学生的平均屏幕时间小于心理状态欠佳的学生的平均屏幕时间，心理状态欠佳的学生的平均屏幕时间小于存在心理障碍的学生的平均屏幕时间，且差异具有统计学意义（$p<0.05$）。

表 2-10　心理健康状况不同学生屏幕时间均值

心理健康诊断	屏幕时间/小时	人数/人	比例/%
心理状态正常	2.78	724	79.21
心理状态欠佳	3.80	104	11.38
存在心理障碍	4.68	86	9.41

五、研究讨论与对策建议

（一）研究讨论

1. 青少年体育锻炼情况

体育锻炼是青少年日常的主要活动之一，随着体育考试被纳入中考和高考，越来越多的青少年投入体育锻炼中去，学校和家长也越来越重视青少年的体育锻炼情况。本研究调查了关于青少年参加体育锻炼的三个方面：上周参加锻炼的天数、锻炼频率以及每周锻炼时间和。大多数青少年都能积极参与体育锻炼，除了是因为处于这个年龄段的青少年更乐意参加体育锻炼外，也可能是因为来自学校和家长的外在驱动力。

2. 青少年屏幕时间情况

本研究中，青少年平均屏幕时间为 3.08 小时/天，远超美国儿科学会的建议标准 2 小时/天。屏幕时间最长者达到 12.9 小时/天，是建议标准的 6 倍多，是本研究中平均屏幕时间的 4 倍。青少年上学日使用屏幕设备时间较少，屏幕设备使用时间均小于 1 小时，除手机使用时间为 0.76 小时外，其他设备的使用时长均不超过半小时。周末各屏幕设备使用时间均多于上学日，其中电视、电脑和手机等常见的屏幕设备的使用时间长度都在 1 小时以上。这是因为在周末学生有足够的时间完成学习任务，同时家长对子女使用屏幕设备的要求和限制也没有上学日那样严格。

本研究发现，男生平均屏幕时间长于女生平均屏幕时间，但是男女生之间的屏幕时间长短差异较小，且这样的差异不具有统计学意义，这与屏幕设备发展及文化传媒领域内容的丰富性有关。屏幕设备的普及化使得更多的青少年拥有屏幕设备，媒体内容的多样性也使得青少年在使用屏幕设备的时候有了更多的选择，男生和女生都可以找到自己喜欢的内容。

3. 青少年心理健康情况

对 8 个内容量表得分的统计表明，其中有 55%的学生存在学习焦虑问题，远大于其他内容量表得高分的学生比例。他们对考试存在恐惧心理，无法安心学习，过于关注考试的分数，学校和家长应该根据实际情况对学生进行针对性辅导。在其他内容量表得分上也都相应存在一些高分学生，学校家长也应根据调查掌握实际情况，发现学生存在这些问题的源头，及时对学生进行必要的心理辅导。

4. 青少年屏幕时间与身心健康

体重正常的学生的平均屏幕时间为 3.02 小时/天，小于本研究的平均值，体重超重和肥胖的学生的屏幕时间都大于平均值，相关分析表明屏幕时间与体型之间存在正相关，体重超重和肥胖的学生的屏幕时间更长。

心理健康诊断各内容量表即总分与屏幕时间均呈正相关。就心理健康诊断总分而言，心理健康状态越健康的青少年的屏幕时间越短，存在心理健康障碍的学生的平均屏幕时间达到 4.68 小时/天，远远超过美国儿科学会平均屏幕时间为 2 小时/天的标准。

（二）建议

本研究发现，随着学生年级的增长，屏幕时间越长，心理健康状态相对低年级学生也较好。所以，研究者建议学校和家长适当减轻学生的课业压力，多做心理辅导工作，让学生在轻松的环境下成长。

对于屏幕时间，我们发现，家庭环境不同，学生的屏幕时间也有许多不同。在家庭教育中要因地制宜，不要盲目限定青少年使用屏幕设备的时间，弹性控制青少年屏幕行为也许是更合适的选择。

青少年尤其是初中生处于生长发育的关键时期，一切外在的因素都有可能会影响他们的成长，而屏幕设备是他们在日常生活中必不可少的工具，如何引导青少年适度使用媒体是家长和学校在教育过程中应该重视和关注的。

参考文献

曹翠萍等. 2013. 青少年长期注视手机对视功能的影响调查分析. 中国医学工程, (4): 90-91.

洪忻等. 2009. 南京市居民看电视时间与肥胖关系. 中国公共卫生, (6): 654-656.

李晓兰等. 2005. 计算机对初中学生视力及视疲劳状况的影响. 中国学校卫生, (1): 61-62.

薛玲, 和寅放, 张冬梅. 2001. 使用电脑对青少年视力的影响. 眼外伤职业眼病杂志. 附眼科手术, (5): 560-560.

Babey, S. H., Hastert, T. A. & Wolstein, J. 2013. Adolescent sedentary behaviors: Correlates differ for television viewing and computer use. *Journal of Adolescent Health*, 52(1): 70-76.

Biddle, S. J. & Asare, M. 2011. Physical activity and mental health in children and adolescents: A review of reviews. *British Journal of Sports Medicine*, 45(11): 886-895.

Brown, D. 2006. Playing to win: video games and the fight against obesity. *Journal of the American Dietetic Association*, 106(2): 188-189.

Eisenmann, J. C. et al. 2008. SWITCH: Rationale, design, and implementation of a community, school, and family-based intervention to modify behaviors related to childhood obesity. *BMC Public Health*, 8(14): 223-233.

Grøntved, A. et al. 2014. Youth screen-time behaviour is associated with cardiovascular risk in young adulthood: The European Youth Heart Study. *European Journal of Preventive Cardiology*, 21(1): 49-56.

Iannotti, R. J. et al. 2009. Patterns of adolescent physical activity, screen-based media use, and positive and negative health indicators in the US and Canada. *Journal of Adolescent Health*, 44(5): 493-499.

Ogunleye, A. A., Voss, C. & Sandercock, G. R. 2014. Delayed bedtime due to screen time in schoolchildren: Importance of area deprivation. *Pediatrics International*, 57(1): 137-142.

Ramirez, E. R. et al. 2011. Adolescent screen time and rules to limit screen time in the home. *Journal of Adolescent Health Official Publication of the Society for Adolescent Medicine*, 48(4): 379-385.

Sirard, J. R. et al. 2010. Adolescent physical activity and screen time: Associations with the physical home environment. *International Journal of Behavioral Nutrition and Physical Activity*, 7(1): 1-9.

Tremblay, M. S. et al. 2010. Systematic review of sedentary behaviour and health indicators in school-aged children and youth. *International Jounal of Behavioral Nutrition and Physical Activity*, 8(3): 1-22.

Vandewater, E. A., Shim, M. S. & Caplovitz, A. G. 2004. Linking obesity and activity level with children's television and video game use. *Journal of Adolescence*, 27(1): 71-85.

第三章　媒体使用与学习成绩研究

一、问题的提出

对媒体使用与学习成绩的关系，研究者从各自角度得出不同结论。一些研究指出媒体使用与学业成绩呈显著负相关。例如，Ennemoser 和 Schnieder（2007）通过 4 年纵向研究发现，观看娱乐节目特别多的被试阅读成绩进步最少。而另一些研究结果则表明没有发现这种显著相关。如 Linda 等的一项研究显示，媒体使用与学业成绩呈正相关（Linda et al.，2006）。由此，对媒体使用与学习成绩的关系产生两种假说：一种是衰减假说（Reduction Hypothesis），即认为过度使用媒体会导致不良学业成绩（Valkenburg & van der Vort，1994）；另一种对媒体与成绩关系的观点被称为刺激假设（Stimulation Hypothesis），认为使用媒体能够刺激大脑，提高大脑活跃程度，提高学业成绩。目前，仍然有大部分研究倾向于支持衰减假说（Thompson & Austin，2003），甚至有研究发现童年期和青春期的电视使用情况与成年早期或 20 年后的学习成绩呈负相关（Hancox et al.，2005）。

对媒体使用衰减假说的解释机制主要有时间替代（time displacement）、认知努力被动（the mental effort-passivity hypothesis）和冲动性（impulsivity）（Shin，2004）。时间替代机制认为媒体占用了学习活动时间。青少年看电视、听音乐、玩游戏取代了学习或智力发展活动，用在学习上的时间减少，导致成绩下降（Ballard，2003）。认知努力被动机制认为使用媒体会导致认知惰性（Mental Laziness）。使用媒体时，只要付出很少努力就能将大量信息填鸭式灌入大脑，长此以往，被动认知就变成一种习惯，进而降低努力认知欲望。这样，长期的被动认知将导致认知发展受损。冲动性机制则认为，媒体具有高唤醒特征，容易引起人的兴趣，但媒体信息呈现快速，导致注意时间缩短和注意广度降低，阻碍任务定向实施。同时，媒体刺激诱发多动，并激发冲动行为（Schmidt & Anderson，2006）。

但也有超越这二者的观点，如 Subrahmanyam 等（2001）开展了一项针对 10

年级青少年使用网络时间对学习成绩影响的研究。结果发现参与调查的青少年的社交网络使用时间与其年级平均分数（Grade Point Averages，GPA）不存在相关性。《中国青少年互联网使用状况及其影响的研究》课题组在2000年开展的一项调研中，也没有发现青少年互联网用户和青少年非互联网用户在学习成绩上存在差异。Williams（1982）在研究电视媒体时认为媒体使用到一定程度才影响成绩。Williams及其同事发现，电视使用情况与学习呈曲线关系，只要每周看电视时间不超过10小时，学业成绩会随着看电视时间的增加而提高。然而，一旦超过10小时，学业成绩则会随着看电视时间的增加而下降。

上述研究都是从媒体使用量的角度来阐述媒体使用与学习成绩二者之间的关系。如果考虑媒体内容，正如Bussiere等（2004）在一项针对15岁学生的研究中所说，青少年能否上网、是否使用社交网络并不是首要因素，相对来说更加重要的是这些学生如何使用互联网，以及使用社交网络做什么。他们研究发现，那些能够在家中上网的青少年在国际项目评分计划（Program for International Student Assessment，PISA）中取得了较高的阅读分数。这些学生能够在家里使用社交网络或者是玩游戏，或者在学校能够接触到一些网络资源，从而取得了较高的PISA阅读成绩。Cole等（2014）也曾做过一项名为“第五维度”（The Fifth Dimension）的课外活动研究，其中包括青少年在家庭中使用电脑的情况，如使用CIA软件、电脑娱乐程序、使用互联网获取信息、和同学好友在线交流等。结果发现这部分学生在文章朗读、算术运算、信息素养、外语学习及学校学业成绩表现等方面都有所提高。因此，电子媒体内容远比电子媒体本身影响大（Schmidt & Vandewater，2008）。

另外，关于电子媒体使用与认知技能，研究者发现，视频游戏能促进视觉空间方面的技能，这些技能包括视觉追踪、心理旋转和目标锁定等。游戏也能提高问题解决相关技能，但电子媒体如何影响学习，其转移机制目前尚未明确。

但是，青少年的学习成绩除了多媒体的影响之外，青少年本人对学习的认识，如认知需求、学习焦虑或者冲动倾向及情绪等均影响其学习成绩。另外，青少年的社会环境或者家庭状况也影响学习成绩。在这种情况下，我们通过统计具体媒体使用时间，结合学生的学习个性属性及家庭背景，分析中国青少年媒体使用是否影响其学习成绩；如果有影响，影响程度如何；以及其中影响的主要因素是什么。

二、数据来源

本研究数据来自三所不同的中学，共有975名学生参与，实际有效答卷为914份；男生466人，女生448人，比例分别为50.98%和49.02%。年龄为10～17岁，平均为14岁。

调查内容包括三部分：第一部分为被调查者人口学基本特征和一些家庭信息，包括性别、年龄、年级、是否为独生子女、家庭类型、父母亲文化程度、家庭月收入等。第二部分调查媒体习惯，包括媒体使用时间、媒体使用设备和媒体使用目的等。第三部分调查在校学习成绩，按照等级划分为5个等级，分别为很好、好、中等、差、很不好。

除此，根据中学生《心理健康诊断测验》，研究者对中学生的学习焦虑和冲动倾向进行测量。

三、调查结果

（一）媒体使用时间

根据美国儿科学会（American Academy of Pediatrics）建议，2岁以上儿童及青少年每天的屏幕时间应限制在2小时以内。我们将媒体使用时间划分为每天少于2小时、2～4小时和多于4小时，进行数据统计，其中对上学日（周一至周五）和周末（周六和周日）分别统计媒体使用时间（表3-1）。由表3-1可知，青少年平时上学和周末使用媒体有明显区别，在平时上学时，青少年使用媒体每天少于2小时的占97.5%，到周末，比例则降到41.4%；其次，在上学时间，媒体使用2～4小时的比例为2.5%，但在周末则上升到58.6%。

表3-1　上学日和周末每天媒体使用时间（N=914）

年级	时间	上学日		周末	
		人数/人	比例/%	人数/人	比例/%
7年级	<2小时	394	98.00	196	48.80
	2～4小时	8	2.00	206	51.20**
8年级	<2小时	287	100.00	98	34.10

续表

年级	时间	上学日		周末	
		人数/人	比例/%	人数/人	比例/%
8 年级	2～4 小时	0	0	189	65.90**
9 年级	<2 小时	210	93.30	84	37.30
	2～4 小时	15	6.70**	141	62.70
合计	<2 小时	891	97.50	378	41.40
	2～4 小时	23	2.50	536	58.60

注：**表示 $p<0.01$

为了明确青少年使用媒体是否用来学习，我们按照学习、游戏、聊天等行为来统计，见表 3-2。由表 3-2 可知，青少年使用媒体学习的情况基本可以忽略。在被调查的 9 年级学生中，几乎有一半的人使用媒体是用来聊天（43.2%），其次是刷微博和浏览信息，用来学习的只占 2.8%。因此，在本调查数据中，媒体主要不是用来学习的。

表 3-2 媒体使用目的 （单位：%）

年级	学习	游戏	聊天	购物	刷微博	浏览信息
7 年级	5.70	9.60	28.60	16.00	27.40	12.6***
8 年级	0	10.50	36.80	2.60	34.20	15.8***
9 年级	2.80	2.70	43.20	8.10	25.70	17.6***

注：***表示 $p<0.001$

（二）学习成绩

按照成绩的五个维度（很不好、不好、中等、好、很好），被调查的学生选择自己的学习等级，结果见表 3-3，其中自评中等的有 46.9%，很好和很不好的分别为 10%和 2%，而且，成绩等级具有显著差异。

表 3-3 成绩自评等级（N=914）

年级	很不好		不好		中等		好		很好	
	人数/人	比例/%	人数/人	比例/%	人数/人	比例/%	人数/人	比例/%	人数/人	比例/%
7 年级	3	0.70	18	4.50	147	36.60	143	35.60	91	22.60***
8 年级	0	0.00	56	19.50	168	58.50	63	22.00	0	0.00***

续表

年级	很不好		不好		中等		好		很好	
	人数/人	比例/%	人数/人	比例/%	人数/人	比例/%	人数/人	比例/%	人数/人	比例/%
9 年级	15	6.70	75	33.30	114	50.70	21	9.30	0	0.00***
合计	18	2.00	149	16.30	429	46.90	227	24.80	91	10.00

注：***表示 $p<0.001$

（三）与学习相关的个体属性

按照《心理健康诊断测验》量表，研究者对被试者进行学习焦虑和冲动倾向测试，结果见表 3-4，其中学习焦虑各年级（特指 7、8、9 三个年级，下同）比例都很高，特别是 9 年级，高度学习焦虑达到 70.7%，并且在年级和焦虑等级方面都呈显著差异；高冲动倾向各年级的比例分别是 5.5%、9.8%和 9.4%，其中 7 年级和 8 年级具有冲动倾向差异，9 年级冲动倾向差异不显著。

表 3-4　学习焦虑与冲动倾向等级分布　（单位：%）

变量	7 年级			8 年级			9 年级		
等级	低	中	高	低	中	高	低	中	高
学习焦虑	9.50	45.80	44.80**	7.30	36.60	56.10*	5.30	24	70.70**
冲动倾向	59.20	35.30	5.50***	51.20	39.00	9.80*	51.00	39.60	9.40

注：***表示 $p<0.001$，**表示 $p<0.01$，*表示 $p<0.05$

在表 3-3 和表 3-4 基础上，我们将学习成绩与学习焦虑和冲动倾向做 Pearson 相关度分析，学习焦虑与冲动倾向与学习成绩呈显著（双侧）负相关，结果见表 3-5。

表 3-5　学习焦虑、冲动倾向与成绩 Pearson 相关性

变量	学习焦虑	冲动倾向
成绩相关性（Pearson）	−0.251**	−0.159**

注：**表示在 0.01 水平（双侧）上显著相关

四、预测成绩

（一）个人基本属性、屏幕时间与成绩

首先，我们对个人的最基本属性，如性别、年龄和年级这三个变量，以及屏

幕时间与成绩进行 Pearson 相关度分析，结果见表 3-6，其中，成绩与年龄、年级及屏幕时间呈显著相关。

表 3-6　个人基本属性、屏幕时间与成绩 Pearson 相关性

变量	年级	年龄	性别	屏幕时间
成绩相关性（Pearson）	–0.510**	–0.408**	–0.016	–0.269**

注：**表示在 0.01 水平（双侧）上显著相关

在上述基础上，我们对性别、年龄、年级、屏幕时间进行成绩回归分析，构建模型一（表 3-7）。

表 3-7　模型一：个人基本属性和屏幕时间预测成绩

因子	*B*	SE	*t*	R^2
常量	4.309	0.494	8.717	—
性别	0.031	0.052	0.595	—
年级	–0.544***	0.054	–10.168	—
年龄	0.005	0.039	0.118	—
屏幕时间	–0.062***	0.01	–6.156	0.287

注：***表示 p<0.001

表 3-7 显示，在性别、年龄、年级和屏幕时间几个变量中，与成绩显著相关的变量是年级和屏幕时间；在模型一中，拟合度 R^2 为 0.287，即回归方程能解释 28.7%成绩高低变化。

在模型一分析的基础上，我们将影响学习的个性特征——冲动倾向和学习焦虑加入模型，除去性别和年龄两个不显著变量，进行回归分析，构建模型二，见表 3-8。

表 3-8　模型二：个性和屏幕时间预测成绩

因子	*B*	SE	*t*	R^2
常量	4.6	0.079	57.931	—
年级	0.001	0.01	0.12	—
学习焦虑	–0.03***	0.008	–3.784	—
屏幕时间	–0.058***	0.01	–5.673	0.303

注：***表示 p<0.001

从表 3-8 可以看出，与成绩显著相关的变量是学习焦虑和屏幕时间；其中冲动倾向没进入模型，年级进入模型，但不显著。该模型拟合度 R^2 为 0.303，解释成绩变化比例为 30.3%。

（二）学生家庭环境、媒体使用目的与成绩

青少年生活学习处于一个环境中，其中家庭环境是其重要因素。首先，我们将家庭相关变量——家庭月收入、父亲学历、母亲学历、是否是独生子女与成绩做相关分析，结果见表 3-9，其中每个变量与成绩都呈显著相关。

表 3-9　家庭相关变量与成绩 Pearson 相关性

变量	独生子女	父亲学历	母亲学历	家庭月收入
成绩相关性（Peason）	−0.162**	0.298**	0.319**	0.328**

注：**表示在 0.01 水平（双测）上显著相关

为此，我们首先将家庭环境相关变量纳入模型考虑中；其次将媒体使用目的纳入模型中；除此，还包括个体相关属性性别、年龄、年级和屏幕时间，以及学习焦虑和冲动倾向，构建模型三，见表 3-10。其中，进入模型的变量有年级、年龄、性别、独生子女、父亲学历、家庭月收入、学习焦虑、屏幕时间和媒体使用目的共九个变量，显著相关的变量有性别、屏幕时间和媒体使用目的，但相关度都比较低，整个模型的拟合度 R^2 为 0.335，预测成绩比例为 33.5%。

表 3-10　模型三：家庭环境和个性、屏幕时间预测成绩

	因子	B	SE	t	R^2
	常量	3.503	0.633	5.537	—
人口学统计	年级	0.011	0.05	0.224	—
	年龄	−0.025	0.046	−0.545	—
	性别	0.2**	0.071	2.83	—
	独生子女	0.083	0.097	0.856	—
	父亲学历	0.042	0.048	0.864	—
	家庭月收入	0.017	0.013	1.3	—
个性	学习焦虑	−0.002	0.01	−0.182	—
媒体	屏幕时间	−0.055***	0.013	−4.206	—
	媒体使用目的	−0.062**	0.022	−2.782	0.335

注：***表示 $p<0.001$，**表示 $p<0.01$

（三）屏幕时间与成绩

上述三个模型都统一得出，媒体使用时间与成绩呈显著差异，验证了媒体使用衰减假设。另外，从模型三看出，媒体使用目的也与成绩呈显著差异，这也验证了媒体使用内容对成绩有显著影响。由表 3-2 可知，由于本研究被试使用媒体不是用来学习，所以模型三给出媒体使用目的与成绩呈负相关。我们想进一步探究，媒体使用内容是否也影响学习成绩，为此，我们对屏幕时间变量根据媒体设备及周末和工作日进一步划分，分别为上学日电视、周末电视、上学日电脑、周末电脑、上学日电子书、周末电子书、上学日手机、周末手机、上学日平板电脑、周末平板电脑、上学日电子游戏机、周末电子游戏机，以及学习焦虑、年龄、性别和年级，并进行回归分析。模型四见表 3-11。与成绩相关的显著变量有周末电视、周末手机及年龄、性别；除性别外，周末电视、周末手机和年龄均为负相关。模型四进一步说明，媒体内容比媒体本身对青少年影响更大，如果在周末长时间地看电视或玩手机，则显著地影响学生学习成绩，并且年龄越小，这种影响越明显。整个模型的拟合度 R^2 为 0.317，预测成绩变化比例为 31.7%。

表 3-11 模型四：屏幕时间预测成绩

因子	B	SE	t	R^2
常量	4.056	0.499	8.124	—
上学日电视	−0.019	0.037	−0.512	—
周末电视	−0.034***	0.007	−4.649	—
上学日手机	−0.002	0.047	−0.037	—
周末手机	−0.029*	0.023	−4.915	—
性别	0.128**	0.056	−1.283	—
年龄	−0.528***	0.054	−9.765	0.317

注：***表示 $p<0.001$，**表示 $p<0.01$，*表示 $p<0.05$

五、研究结论

（一）媒体使用时间与成绩呈显著负相关

从上述模型来看，媒体使用时间与成绩呈显著负相关，模型一、模型二和模型三都验证了媒体使用衰减假设，即长时间看电视、听音乐、玩游戏取代了学习活动，用在学习上的时间减少，导致成绩下降（Ballard，2003）。模型四通过区分上学日与周末，再次补充说明，周末看电视和用手机娱乐或交友等非学习活动，影响学习成绩，由此导致成绩下降率为31.7%。

（二）媒体内容对学习有影响

模型三和模型四也证明了媒体内容对学习的影响。在本研究中，因为媒体不是用来学习的，而是用来娱乐、交友、购物等其他非学习活动，因此，长时间使用媒体导致学习成绩下降。

（三）媒体影响成绩的因素很多

青少年的学习焦虑及冲动倾向，这些属性与成绩呈显著差异，但并没有进入回归模型（见模型三）；同样，青少年是否是独生子女、家庭收入、父母亲学历等，虽然与成绩有显著差异，也没有进入成绩预测回归模型。这说明影响成绩的变量很多，在媒体使用与学习成绩方面，起主要作用的因素是媒体使用时间和使用目的，参照模型三和模型四。

因此，我们要引导青少年适当地使用媒体娱乐；如果想提高成绩，则使用媒体来学习。

六、研究讨论

本研究由于问卷的设计，收集到青少年媒体数据主要是娱乐，所以媒体时间越长，学习时间就越短，因而学习成绩就下降；但对青少年的家庭状况进行分析后发现，数据虽然表明家庭状况会影响学习成绩，但并不能预测成绩的好坏；本数据并没有继续深入地探讨媒体时间长导致成绩下降的深层原因——是注意力不集中，还是个体具有冲动性不能控制自己，还是缺少认知需求，没有学习的动机等，所以本数据只是部分证实媒体对学习成绩的影响，上述问题是下一步继续探讨媒体与成绩的方向。

参 考 文 献

Ballard, K. D. 2003. Media habits and academic performance: Elementary and middle school students' perceptions. (Poster session presented at the National Media Education Conference). Baltimore, Maryland.

Bussiere, P., Cartwright, F. & Knighton, T. 2004. *Measuring UP: Canadian Results of the OECD PISA Study—The Performance of Canada's Youth in Mathematics, Reading, Science and Problem Solving*. Ottawa: Ministry of Industry.

Cole, M., & Packer, M. 2014. Research methodology for a concrete psychology: the fifth dimension research. *Psicología, Conocimientoy Sociedad*, 4 (2): 28-61.

Ennemoser, M. & Schneider, W. 2007. Relations of television viewing and reading: Findings from a 4 year longitudinal study. *Journal of Educational Psychology*, 99(2): 349-368.

Hancox, R. J., Milne, B. J. & Poulton, R. 2005. Association of television viewing during childhood with poor educational achievement. *Archives of Pediatrics and Adolescent Medicine*, 159: 614-618.

Jackson, L. A. et al. 2006. Does home internet use influence the academic performance of low-income children?*Developmental Psychology* , 42(3): 429-435.

Linda A. Jackson, Alexander von Eye, Frank A. Biocca, Gretchen Barbatsis, Yong Zhao. 2006. Does home internet use influence the academic performance of low-Income children? *Developmental Psychology*, 42(3): 429-435.

Marie Evans Schmidt & Elizabeth A. Vandewater. 2008. Media and attention, cognition, and school achievement. *The Future of Children*, 18(1): 63-85.

Schmidt, M. E. & Anderson, D. R. 2006. The impact of television on cognitive development and educational achievement. In Murray, J. P., Pevora, N. & Wartella, E. (Eds.), *Children and Television: 50 Years of Research* (pp. 65-84). Mahweh: Erlbaum Publishers.

Schmidt, M. E. & Vandewater, E. A. 2008. Media and attention, cognition, and school achievement. *The Future of Children*, 63-85.

Shin, N. 2004. Exploring pathways from television viewing to academic achievement in school age children. *The Journal of Genetic Psychology*, 165(4): 367-381.

Subrahmanyam, K. et al. 2001. The impact of computer use on children's and adolescents' development. *Applied Development Psychology*, 22: 7-30.

Thompson, F. T. & Austin, W. P. 2003. Television viewing and academic achievement revisited. *Education*, 124(1): 194-202.

Valkenburg, P. M. & van der Voort, T. H. A. 1994. Influence of TV on daydreaming and creative imagination: A review of research. *Psychological Bulletin,* 116(2): 316-339.

Williams, P. A. & Walberg, H. J. 1982. The impact of leisure-time television on school learning: A research synthesis. *American Educational Research Journal*, 19(1): 19-50.

第四章　新媒体与多任务行为研究

"不要打扰我，我在忙!"在尝试同时完成多项任务或者集中注意力做一件事的时候被其他人或事打扰，在生活中常见。一方面，互联网技术的快速发展及媒体设备的普及改变了人们的工作、学习和生活环境，使同时处理多项任务成为可能。换言之，技术的发展增加了人们进行多任务的频率（Caroli & van Reenen，2001）。另一方面，许多工作也需要多任务（Fleishman et al.，1999）。例如，多任务是飞行员的必要工作之一。此外，对校车司机、消防员、游戏经销商来说，多任务也是必不可少的（Stokes et al.，1999）。对于 e-代成长的青少年而言，进行媒体多任务更为普遍，如一边写作业一边浏览网页。在这种背景下，本研究立足于对青少年媒体多任务行为倾向进行分析。

一、研究问题

（一）多任务定义及其分类

科学家认为，能够连续执行若干独立的任务，同时牢记每个任务的目标是人类独有的特质（Koechlin et al.，1999）。人类学家 Edward Hall 在 20 世纪 50 年代开始研究这种现象，并将此现象定义为多元时间观或多元性时间观（polychronicity）。他认为多元性时间观仅作为文化的许多方面之一，并且作为交流的一种形式。随后 Bluedorn（2002）定义多元性时间观为一种程度，在这一程度上人们①倾向于同时处理两个或两个以上的任务或事件并且在实际生活中也是这样的；②相信自己的选择是做事情的最好办法。他将个体倾向于完成一项任务、活动或项目再进行下一项活动称为单一性时间观（monochronicity），将个体倾向于同时处理多个任务、活动或项目称为多元性时间观（polychronicity）。Elizabeth 等（2010）认为个体的多元性时间观是一个非认知变量，反映个体在正进行的多项任务间转换注意力的个人偏好，而不是专注于直到一个任务完成，然后切换到另一个任务。

随着电脑成为我们日常生活的重要组成部分，20 世纪 90 年代，“多任务”作为多元性时间观的新术语逐步从计算机文化领域渗透到我们的日常生活中。然而，多任务和多元性时间观仅是在一定程度上相似，前者包含速度和活动模式，而后者只关注活动模式（Bluedorn，2002）。在计算机领域，多任务处理是多个任务或进程有着共同处理资源的一种方法。也就是说，一台拥有多处理器的计算机能够同时执行两项或更多项任务（Kushniryk，2008）。Deldridge（2000）和 Judd（2013）将多任务定义为“在相同的时间周期内通过各项任务之间的频繁切换实现完成多项任务的目标”。这个定义只包含任务切换，并没有考虑到同时执行的活动。例如，我们应该思考“驾驶和打电话”是一项任务切换到另一项还是同时执行两项任务？Kushniryk（2008）将多任务定义为“在相同时间周期内通过各项任务间的频繁切换或同时进行来实现完成多项任务的目标”。相对而言，Rosen 等（2013）对多任务的定义较为全面，认为多任务（multitasking）也称为多重任务、同时执行、并发进行、重叠活动、平行活动、平行加工、多次时间运用、任务转换或分享任务时间。

此外，其他类似于多任务的跨学科术语还包括任务转换（task switching）（Monsell，2003）、首要-次要或并行活动（primary-secondary and concurrent activities）（Hendrix & Qualls，1981）、共同生产（joint production）（Peskin，1982）、衔接（dovetailing）（Hefferan，1982）、重叠活动（一级、二级或三级）（Floro & Miles，2003）、同时进行多项社交（multicommunicating）（Turner & Reinsch，2007）。

关于多任务的分类，Polak（1999）将同时进行两项或多项任务分为两类：并行活动（parallel activities）和随传随到活动（on-call activities）。并行活动是指两项独立的活动同时进行，如听讲座的时候在互联网上“冲浪”，开车的时候打电话。随传随到活动是指那些限制了我们做其他事的活动——第二个活动限制第一个活动，如做饭的时候照看孩子。一般对于随传随到活动而言，另一项任务的完成通常需要他人的帮助。Polak（1999）指出随传随到活动和平行活动的主要区别是，后者具有一个随机时间的需求。他还指出，并行的活动很容易聚合，但随传随到活动很难合适地界定和衡量。

Kieras 等（2000）将多任务行为分成四种类型，即离散连续任务、离散并行任务、基本连续任务、复合连续任务。离散连续任务是指快速地在两项任务间转换。这种类型的多任务通常与计算机的使用联系在一起，例如，当搜索或阅读电子信息的时候，用户需要对多个问题同时进行思考或处理，但是搜索系统要求他们按顺序搜索；离散并行任务是指当一项首要任务和次要任务需要同时执行时，以一个极短的时间延迟完成这两项任务，如听讲座的同时在网上查找相关信息；基本连续任务是指一个人持续进行一项任务时偶尔处理其他任务，如阅读的时候查看手机信息；复合连续任务是指两项主要任务同时进行，如开飞机时与空中交通管制员通信。

Bluedorn（2002）根据所从事任务的差异，引入同时任务类型学。他认为在考虑多任务时，重要的是这些任务是否相似或者它们是否沿着一个或多个维度变化。例如，同时进行相同的任务是多元时间观还是那些同时进行相同数量的相似任务是多元时间观？基于此，Bluedorn 提出四种行为模式类型：定量多元时间观（quantitative polychronicity）、定量单一时间观（quantitative monochronicity）、定性多元时间观（qualitative polychronicity）、定性单一时间观（qualitative monochronicity）。定量多元时间观是指同时进行相似的任务，而定量单一时间观是指在完成一项任务的前提下进行另一项任务。相反，定性多元时间观是指同时进行不同的任务，而定性单一时间观同样是指在完成一项任务的前提下进行另一项任务，其与定量单一时间观的区别是它所涉及的前后两项任务不同。

因此可以认为，多任务是指在相同的时间周期内同时进行两项或多项任务，或实现两项或多项任务之间的快速切换。

（二）多任务相关研究

关于青少年媒体多任务的研究包括媒体多任务使用现状，青少年性别、年龄与媒体多任务相关研究，以及大学生媒体多任务与学习相关研究。Roberts 和 Foehr（2008）研究发现，美国青少年（8～18 岁）平均每天使用媒体时长为 6.5 小时，这与数字时代前的平均每天媒体设备使用时长一致，但浏览媒体内容每天则增加了 2.5 小时，即青少年在同一时间内浏览更多媒体内容。本质上，计算机活动主要是媒体多任务活动（Foehr，2006），多任务行为中 40%～65%属于使用媒体或媒体之间的组合。欧洲互动广告协会（the European Interactive Advertising Association，EIAA）的一项研究结果显示，40%的媒体观众具有媒体多任务行为。Moreno 等（2012）在一项调查 189 名大学生媒体使用情况的研究中发现，大学生在使用因特网时，超过一半的时间在进行媒体多任务。而用户对于移动设备的使用，则“形成习惯”地查看设备内容（Oulasvirta et al.，2012）。

Uğraş 和 Gülseçen 研究显示，13～17 岁青少年具有媒体多任务行为，并且认为媒体多任务是一种非常自然的行为方式，其中 16～24 岁的则更倾向于媒体多任务（Kazakova & Cauberghe，2013）。Kushniryk 认为青少年由于其成长环境而更容易接触技术，其多任务处理能力更可能优于年老一代；青少年在进行多任务活动中存在显著的性别差异，女生优于男生（Kushniryk，2008）。但杨晓辉和朱莉琪（2014）研究发现，男女生偏好不同的媒体活动，但在媒体多任务操作程度上无显著性差异。

（三）研究假设

综上，目前已存在许多关于媒体多任务的研究，但大部分研究是在特定环境（如学习情境、娱乐情镜）下进行的某一年龄段的媒体多任务研究，而很少有研究关注不同年龄段青少年在发生何种行为（如娱乐、学习）的时候更倾向于进行媒体多任务。这样，不同年级间青少年媒体多任务行为是否存在差异、青少年媒体多任务态度对其媒体多任务行为倾向的影响，以及青少年进行何种媒体内容时更倾向于进行媒体多任务就成为本研究的重点，而青少年媒体习惯是影响其媒体多任务选择倾向的主要因素。因此，本研究假设①青少年的媒体习惯影响媒体多任务行为；②青少年媒体习惯和媒体多任务态度影响青少年媒体多任务行为；③不同年级的青少年具有不同的媒体多任务。

二、研究方法

（一）研究对象及数据来源

本次调查对象为在校青少年，1017 名学生参与了本项研究。被试年龄是 9～22 岁，包括小学、初中、高中、大学（本科）。问卷收集时间为 2015 年 3 月至 2015 年 8 月，收集问卷共计 1017 份。

（二）研究工具

1. 媒体习惯调查问卷

调查内容包括拥有设备（手机、电脑、学习设备、游戏机）、媒体使用时长、交流平台、使用设备地点、上网查找信息类型、所玩游戏类型、观看网络视频类型、喜欢去的论坛贴吧、更新哪些社交网站状态。

2. 多任务调查问卷

本研究采用 Kushniryk 的关于多任务的调查问卷，问卷信度系数（Cronbach's α 系数）为 0.82，每一题项得分与总体得分相关系数变化范围是 0.23～0.25（Kushniryk，2008）。该问卷内容分两个维度：多任务行为倾向和多任务态度。本研究中的多任务行为倾向是指是否进行多任务，包括跑步的时候经常听音乐、玩手机，经常试图同时完成几个项目或任务，学习的时候经常听音乐或看电视或玩手机，使用电脑时经常同时打开多个网页等题项。多任务态度是指对多任务行为的看法、观点，包括同时做多项任务会让人感觉很累、同意这种说法“同时做两件事还不如不做”、对自身来说同时做多项事情是简单的、同时做多项任务会有被压垮的感觉等题项。

（三）研究架构

本研究包括青少年媒体习惯、多任务行为倾向及青少年相关属性，研究架构见图 4-1。

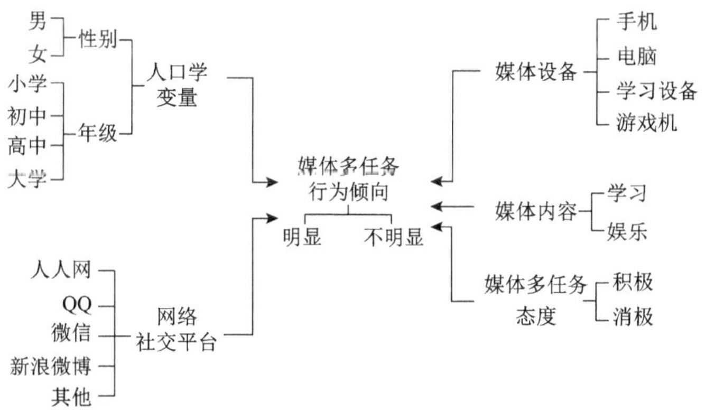

图 4-1　研究架构

三、研究结论

（一）年级间青少年媒体习惯

1. 设备拥有率：手机和电脑普遍高于学习设备和游戏机

几乎所有的大学生都有手机和电脑设备；超过半数的小学生、初中生和高中生有手机，并且彼此间无显著性差异；超过半数的小学生拥有电脑设备，初中生相对较少，而高中生电脑设备拥有率仅占 29%。相比手机和电脑设备而言，各学龄青少年学习设备和游戏机拥有率相对较低，并且游戏机拥有人数最少。

2. 网络社交平台：各年级学生更倾向使用 QQ

网络社交平台作为一种新兴的交流平台给青少年带来了多面影响。本研究涉及的网络交流平台包括人人网、QQ、微信、新浪微博、其他社交平台。

对小学生、初中生和高中生而言使用最多的交流平台是 QQ，微信次之；对于大学生而言，超过半数的学生使用 QQ 和微信，并且 QQ 仍占主导地位。相比小学生、初中生和高中生而言，使用新浪微博的大学生所占比率明显较高。

由此可见，对小学生、初中生和高中生而言，使用比较多的是 QQ 和微信；而对大学生而言，使用比较多的是 QQ、微信和新浪微博。

3. 媒体使用内容：各年级学生使用媒体更倾向于娱乐

媒体使用内容是青少年媒体习惯的重要组成部分，本研究将媒体使用内容分为学习和娱乐两个维度。其中学习包括学习资料，老师、家长学校推荐的课外读物，新闻报刊等；娱乐包括小说、游戏、体育、娱乐资讯等。

各年级学生都倾向于使用媒体进行娱乐，并且大学生尤为显著；在学习方面，大学生所占比例明显高于小学生、初中生和高中生。由于年龄的增加和认知的发展，青少年自主学习意识明显加强（表 4-1）。

表 4-1 不同年级间青少年媒体习惯 （单位：%）

变量		小学	初中	高中	大学
设备	手机	65	63	61	99***
	电脑	67	46	29	98***
	学习设备	50	21	27	11***
	游戏机	14	5	9	4*
网络社交平台	人人网	9	3	2	6***
	QQ	65	51	53	77***
	微信	34	12	16	62***
	新浪微博	13	5	11	48***
	其他	9	9	7	2*

续表

变量		小学	初中	高中	大学
新媒体内容	学习	68	40.5	47.9	92.6***
	娱乐	90.7	76.9	69.7	98.8***

注：***表示 $p<0.001$，*表示 $p<0.05$

（二）多任务选择倾向与媒体习惯

将上述人口学变量及媒体习惯分别与多任务行为倾向进行相关分析，分析结果见表 4-2。

表 4-2　多任务与媒体习惯相关分析

变量	多任务行为倾向
性别	0.150**
年级	0.201**
手机	−0.011***
电脑	0.173***
学习设备	—
游戏机	0.136***
人人网	0.173***
QQ	0.173***
微信	0.150**
新浪微博	0.143**
其他	—
学习	0.136**
娱乐	0.210**

注：***表示在 0.001 水平上显著相关，**表示在 0.01 水平上显著相关

从变量与多任务选择倾向来看，由表 4-2 可知，性别、年级、电脑、游戏机、人人网、QQ、微信、新浪微博、学习、娱乐与多任务行为倾向呈显著正相关；手机与媒体多任务行为倾向呈显著负相关。

在媒体习惯方面，与使用新媒体进行学习相比，使用新媒体进行娱乐与多任务行为倾向更相关，这与他人关于青少年媒体使用行为的研究结果一致（Lenhart et al.，2010）。

这样，我们再将青少年媒体娱乐这一习惯与多任务行为倾向进行回归分析。

（三）娱乐与多任务行为倾向

研究者运用逐步线性回归模型对青少年媒体多任务行为倾向进行分析。以多任务行为倾向为因变量，以与之显著相关的因子为自变量进行多元逐步回归分析。对于性别变量，本研究设定 1 代表男生，2 代表女生；对于电脑、游戏机变量，本研究设定 0 为没有，1 为有；对于娱乐变量，本研究设定 0 为不看，1 为看；对于年级变量，本研究设定 1 为小学，2 为初中，3 为高中，4 为大学，下同。

回归分析结果见表 4-3，由表可知，性别、电脑、娱乐、游戏机 4 个因子进入了回归方程。其中，新媒体及新媒体习惯与青少年的多任务行为倾向有关。媒体多任务行为倾向与性别、拥有电脑设备和游戏机及娱乐呈显著正相关，具体如下。

（1）在性别因素中，B=0.244（性别划分：1 代表男生，2 代表女生），说明女生比男生更倾向于进行媒体多任务。

（2）在是否拥有电脑因素中，B=0.691，电脑拥有与多任务行为倾向呈显著正相关，说明拥有电脑的青少年比没有电脑的青少年更倾向于进行媒体多任务。

（3）在娱乐因素中，B=0.948，说明使用新媒体进行娱乐的青少年比使用新媒体不进行娱乐的青少年更易进行媒体多任务。

（4）在是否拥有游戏机因素中，B=0.929，与媒体多任务行为倾向呈显著正相关，说明与没有游戏机的青少年相比，拥有游戏机的青少年更易于进行媒体多任务。

由此可知，拥有电脑和游戏机设备增加了青少年对媒体多任务选择的可能性，使用新媒体进行娱乐也可以增加其对媒体多任务选择的可能性。因此，随着互联网的高速发展及媒体设备的普及，会有越来越多的青少年使用媒体设备进行多任务处理，并且女生较男生更为明显。

表 4-3 娱乐与多任务行为倾回归分析

因子	B	df	t	p	R^2
常量	1.641	1	6.242	0.000	—
性别	0.244	1	3.735	0.000	—
电脑	0.691	1	4.412	0.000	—
娱乐	0.948	1	3.145	0.002	—
游戏机	0.929	1	5.544	0.000	0.103

（四）娱乐、多任务态度与多媒体行为

个体对某一件事的态度也会影响其对该事件的行为方式。许多学生同时使用多个媒体（Wang & Tcherney，2012），他们对媒体多任务持积极态度，认为多任务行为很自然，并且乐于进行媒体多任务（Uğraş & Gülseçen，2013）。

这样，在上述回归模型中再加入媒体多任务态度变量，对青少年媒体多任务选择倾向进行逐步回归分析。本研究设定 0 代表消极态度，1 代表积极态度。

回归分析结果见表 4-4，由表可知，性别、电脑、娱乐、游戏机和媒体多任务态度 5 个因子均进入了回归方程。其中，媒体多任务行为倾向与性别、电脑、游戏机、娱乐和媒体多任务态度呈显著正相关，具体如下。

（1）在性别因素中，*B*=0.362，说明与男生相比，女生更倾向于进行媒体多任务。

（2）在拥有电脑因素中，*B*=0.629，说明拥有电脑的青少年比没有电脑的青少年更倾向于进行媒体多任务。

（3）在拥有游戏机因素中，*B*=0.777，与媒体多任务行为倾向呈显著正相关，说明与没有游戏机的青少年相比，拥有游戏机的青少年更易于进行媒体多任务。

（4）在娱乐因素中，*B*=0.959，说明使用新媒体进行娱乐的青少年比使用新媒体不进行娱乐的青少年更易进行媒体多任务。

（5）在媒体多任务态度因素中，*B*–1.243，说明青少年媒体多任务态度越积极，其媒体多任务行为越明显。

因此，媒体多任务态度确实影响媒体多任务行为倾向，并且加入媒体多任务态度变量后，模型拟合度（R^2=0.153）明显优于上一模型拟合度（R^2=0.103）。

表 4-4　娱乐、多任务态度与媒体多任务行为倾向回归分析

因子	*B*	*df*	*t*	R^2
常量	0.426		1.439	—
性别	0.362***	1	5.566	—
电脑	0.629***	1	4.132	—
游戏机	0.777***	1	2.652	—
娱乐	0.959***	1	5.898	—
媒体多任务态度	1.243***	1	8.067	0.153

注：***表示 p<0.001

（五）不同年级间青少年媒体多任务行为倾向

为进一步探讨年级间青少年媒体多任务行为倾向的差异，现分别就小学生、初中生、高中生和大学生媒体多任务行为倾向进行分析。由表 4-5 可知，年级间多任务行为倾向存在显著性差异（$p<0.001$）。其中小学生（49.5%）、初中生（50.0%）和高中生（45.7%）不存在显著性差异，而大学生（84.6%）与小学生、初中生和高中生存在显著性差异。总体而言大部分学生更倾向于进行媒体多任务。

表 4-5　年级间多任务选择倾向差异　（单位：%）

年级	多任务行为倾向
小学	49.5^{a}
初中	50.0^{a}
高中	45.7^{a}
大学	84.6^{b}
合计	54.60

注：字母 a、b 是用来表示数据是否存在显著差异（$p<0.05$）；有一个共同的字母上标则表明数据间不存在显著差异

以年级划分，在表 4-4 的基础上进行回归分析，结果见表 4-6；性别、媒体多任务态度、电脑、娱乐、游戏机 5 个因子均进入回归模型。

模型一的研究对象为小学生，可以看出，媒体多任务的态度和娱乐与媒体多任务行为倾向呈显著正相关，性别与媒体多任务行为倾向呈负相关，但不具备显著性，具体如下：

（1）在媒体多任务态度因素中，B=1.776，说明媒体多任务态度越积极，媒体多任务行为倾向越明显。

（2）在娱乐因素中，B=1.682，说明经常使用新媒体进行娱乐的学生更倾向于进行媒体多任务。

表 4-6　不同年级间多媒体多任务行为倾向回归分析

因子	模型一（小学）		模型二（初中）		模型三（高中）		模型四（大学）	
	B	t	B	t	B	t	B	t
常量	0.905	0.927	2.079^{***}	5.757	−0.2	−0.299	1.884	1.482
性别	−0.179	−0.350	0.062	0.336	0.750^{*}	2.054	0.882	1.939
媒体多任务态度	1.776^{***}	2.775	0.487^{*}	2.269	2.461^{***}	6.609	1.185^{***}	3.567

续表

因子	模型一（小学）		模型二（初中）		模型三（高中）		模型四（大学）	
	B	*t*	*B*	*t*	*B*	*t*	*B*	*t*
电脑	0.572	1.068	0.553***	2.959	−0.02	−0.056	0.347	0.321
娱乐	1.682***	3.204	0.941***	4.052	0.33	0.792	0.804*	2.324
游戏机	1.374	1.914	0.745	1.702	0.706	1.071	0.093	0.114
R^2	0.217		0.068		0.283		0.126	

注：***表示 $p<0.001$，*表示 $p<0.05$

模型二的研究对象为初中生，可以看出媒体多任务态度、电脑、娱乐和游戏机对青少年媒体多任务行为倾向有显著影响，并且娱乐对其媒体多任务行为倾向影响较为显著，所占的比重最大，具体如下：

（1）在媒体多任务态度因素中，*B*=0.487，说明媒体多任务态度越积极，媒体多任务行为倾向越明显。

（2）在电脑因素中，*B*=0.553，说明拥有电脑的学生比没有电脑的学生更容易进行媒体多任务。

（3）在娱乐因素中，*B*=0.941，说明使用新媒体进行娱乐的青少年比使用新媒体不进行娱乐的青少年更易进行媒体多任务。

模型三的研究对象是高中生，可以看出，性别（*B*=0.750）和媒体多任务态度（*B*=2.461）对媒体多任务行为倾向有显著影响，并且媒体多任务态度所占的比重较大，影响较为显著。

模型四的研究对象是大学生，可以看出媒体多任务态度和娱乐对媒体多任务行为倾向有显著影响，并且媒体多任务态度所占比重最大，影响较为显著。

综上，媒体多任务态度和使用新媒体进行娱乐活动是影响青少年媒体多任务行为倾向的显著性因素，也就是说青少年媒体多任务态度越积极，经常使用新媒体进行娱乐活动，其媒体多任务倾向越明显。此外，小学生、初中生和大学生的媒体多任务行为倾向与性别无关，而高中女生比男生更倾向于进行媒体多任务。

四、研究结果与讨论

由以上分析可知，第一，大部分学生拥有手机和电脑，其中大学生几乎人手一部手机或电脑。这样，手机和电脑就成为青少年进行媒体多任务的主要设备。其中，拥有电脑和游戏机设备的青少年媒体多任务行为倾向比没有这些设备的青少年更明显。当前一代的青少年有更多机会接触新媒体，其所处媒体环境的改变进一步增强了其媒体多任务行为倾向（Kushniryk，2008）。

第二，青少年流行的网络交流平台是 QQ 和微信，在媒体多任务倾向方面，大部分学生倾向于进行媒体多任务，其中大学生较为显著，这一结果与他人研究一致（Foehr，2006）。

第三，不同年级学生多媒体任务倾向与性别无关。这一结论与 Kazakova 和 Cauberghe（2013）研究结论一致。就总体而言，女生比男生更倾向于进行媒体多任务，但分别就小学、初中、高中和大学进行回归分析得出：小学生、初中生和大学生的媒体多任务行为倾向基本上不存在性别差异，而就高中生媒体多任务行为倾向而言，女生要优于男生。一方面，这可能是由于互联网技术的发展及媒体设备的普及使得越来越多的青少年进行媒体活动，进而缩小了男女生之间的差异。另一方面，国内的高考压力使得高中生使用媒体设备频率降低。

综上所述，媒体多任务行为在年轻一代中更为普遍。一方面，新一代青少年处于网络媒体环境中，增加了其进行媒体多任务的可能性。另一方面，青少年正处于认知阶段的快速发展期（李艳玮和李燕芳，2010），青少年的记忆力和注意力逐渐达到人生最佳状态，对新鲜事物具有高度捕获能力，注意分配能力也增加了其多任务选择的可能性。

此外，越经常使用媒体进行娱乐活动的青少年，其媒体多任务倾向越强。根据使用满足理论（uses and gratifications theory），用户基于自身需要对媒体工具的选择及选择带来的满足感（Rubin，2002），具体实现了情感需求（emotional needs）、认知需求（cognitive needs）、社会需求（social needs）及习惯需求（habitual needs），以致将媒体活动形成一种程序化的生活习惯（Wang & Tchernev，2012）。

因此，媒体多任务态度越积极的青少年，其媒体多任务行为倾向越明显。

参考文献

李艳玮，李燕芳. 2010. 儿童青少年认知能力发展与脑发育. 心理科学进展，(11)：1700-1706.
杨晓辉，朱莉琪. 2014. 大学生的媒体多任务操作与个性及不良情绪. 中国心理卫生杂志，

04: 277-282.

中国互联网信息中心. 2016. 中国互联网络发展状况统计报告. http: //www. cnnic. cn/gywm/xwzx/rdxw/2016/201601/W020160122639198410766. pdf[2016-3-10].

Bluedorn, A. C. 2002. *The Human Organization of Time : Temporal Realities and Experience*. Stanford, California: Standford Business Book.

Caroli, E. & Van Reenen, J. 2001. Skill-biased organizational change? Evidence from a panel of British and French establishments. *Quarterly Journal of Economics*, 116(4): 1449-1492.

Elizabeth, M. et al. 2010. The multitasking preference inventory: Toward an improved measure of individual differences in polychronicity. *Human Performance*, 23(3): 247-264.

Fleishman, E. A., Constanza, D. P., & Marshall-Mies, J. 1999. Abilities. In N. G. Peterson, M. D. Mumford, W. C. Borman, P. R. Jeanneret, & E. A. Fleishman (Eds.), *an occupational Information System for the 21 st Century: The Development of O*NET*. Washington D. C. : American Psychological Association.

Floro, M. S., Miles, M. 2003. Time use, work and overlapping activities: Evidence from Australia. *Cambridge Journal of Economics*, 27(6): 881-904.

Foehr, U. G. 2006. *Media Multitasking among American Youth: Prevalence, Predictors and Pairings*. Henry J Kaiser Family Foundation.

Hefferan, C. 1982. Workload of married women. In K. K. School & K. Tippet (Eds.), *Family Economics Review* (pp. 10-15). Hyattsville: Agricultural Research Service.

Judd, T. 2013. Making sense of multitasking: Key behaviors. *Computers & Education*, 63: 358-367.

Kazakova, S. & Cauberghe, V. 2013. Media convergence and media multitasking. *Media and Convergence Management*. Springer Berlin Heidelberg, 177-188.

Kieras, D. E., Meyer, D. E. & Ballas, J. A. 2000. Modern computational perspectives on executive mental processes and cognitive control: Where to from here. *Control of Cognitive Processes: Attention and Performance*, XVIII: 681-712.

Koechlin, E., Basso, G. & Pietrini, P. 1999. The role of the anterior prefrontal cortex in human cognition. *Nature*, 399(6732): 148-151.

Kushniryk, A. 2008. The development of a communication specific multitasking measurement instrument. *Unpublished Paper*, 1-28.

Lenhart, Amanda|Purcell, Kristen|Smith, Aaron|Zickuhr, Kathryn. 2010. Social media & mobile internet use among teens and young adults. Millennials. *Pew Internet & American Life Project*, (51): 1-37.

Monsell, S. 2003. Task switching. *Trends in Cognitive Sciences*, 7(3): 134-140.

Moreno, M. A., Jelenchick, L. & Koff, R. 2012. Internet use and multitasking among older adolescents: An experience sampling approach. *Computers in Human Behavior*, 28(4): 1097-1102.

Oulasvirta, A., Rattenbury, T. & Ma, L. 2012. Habits make smartphone use more pervasive. *Personal & Ubiquitous Computing*, 16(1): 105-114.

Peskin, J. 1982. Measuring household production for the GNP. In K. K. School & K. Tippet (Eds.), *Family Economics Review* (pp. 16-25). Hyattsville: Agricultural Research Service.

Pollak, R. A. 1999. Notes on time use. *Monthly Lab. Rev.*, 122: 7.

Roberts, D. F. & Foehr, U. G. 2008. Trends in media use. *The Future of Children*, 18(1): 11-37.

Rosen, L. D., Carrier, L. M. & Cheever, N. A. 2013. Facebook and texting made me do it: Media-induced task-switching while studying. *Computers in Human Behavior*, 29(3): 948-958.

Rubin, A. M. 2002. *The Uses-and-gratifications Perspective of Media Effects*. New Jersey: Lawrence Erlbaum Associates Publishers.

Stokes G. S. et al. 1999 Construct/rational biodata dimensions to predict salesperson performance: Report on the US Department of Labor sales study. *Human Resource Management Review*, 9(2): 185-218.

Turner, J. W. & Reinsch, N. L. 2007. The business communicator as presence allocator. *Journal of Business Communication*, 44(1): 36-58.

Wang, Z. & Tchernev, J. M. 2012. The "myth" of media multitasking: Reciprocal dynamics of media multitasking, personal needs, and gratifications. *Journal of Communication*, 62(3): 493-513.

第五章　新媒体与游戏成瘾

一、游戏成瘾的标准界定

通过历年的研究可以发现，游戏成瘾现象与网络成瘾现象之间有较大关系，概念内涵交叉很多，基于此，本章首先叙述网络成瘾的来源发展，根据网络成瘾来探讨游戏成瘾的研究过程。

（一）网络成瘾障碍

1. 概念界定和发展

游戏成瘾最初的概念是由网络成瘾演化而来，Griffith（1995）在自己的研究中定义了“技术性成瘾”（technological addiction），其含义为“人机交互的行为性上瘾（非化学性质）”。20 世纪八九十年代，Shotton（1991）在研究中对典型的“依赖性计算机用户”（dependent computer user）的特征档案进行总结。Shotton 指出，依赖性计算机用户每周使用电脑的时间相较于普通人来说要多得多，并且他们很难让自己离开电脑；这些人在当时一般接受过良好的教育，与周围同伴的社交生活很少，他们更情愿独处；他们也拥有一些非社交化的爱好，一般属于科学和技术领域，类似于现在社会中人们所提到的“技术宅”。

当研究者关注到这种非药物类上瘾的问题时，根据美国精神病学协会（American Psychiatric Association）颁布的“物质滥用”的定义（《精神疾病的诊断和统计手册》（第 4 版），*Diagnostic and Statistical Manual of Mental Disorders*，简称 DSM-IV），以及 Goldberg（1996）在其研究中提出的“网络成瘾障碍”（Internet Addiction Disorder，IAD），对网络成瘾的标准症状总结如下：

（1）耐受力（tolerance）：需要越来越多的时间在线寻求相同的快感。

（2）无法上线时产生的退瘾（withdrawal）症状：慌张、精神焦虑，迫切地想知道网上发生了什么。

（3）上网时的兴奋状态（craving）：频繁地上线、长时间地上网。

（4）不佳的生活状况：失业、财政问题，以及婚姻和家庭关系上的麻烦。

除了上述症状，Giffiths（1998）在其研究中还添加了“对于活动的显著变化”这一症状，内容包括以下三方面：

（1）上网时情绪发生很大改变；

（2）对于上网的忍耐力和需求都显著增加；

（3）在无法上线或者想要戒除上网活动时会出现退瘾和反复的情况。

与以往研究的成瘾活动相比较，网络成瘾更类似于冲动性行为控制障碍、具有强制性和强迫性的行为（如赌博、暴饮暴食、强迫性偷窃），而不是依靠药物化学性质类上瘾。

关于网络成瘾诊断问题，Egger 和 Rauterberg（1996）在互联网上发布了一份问卷，这份问卷是由社交、使用目的、对互联网作用的感觉及相关经历组成的。之后，Egger 和 Rauterberg（1996）采用 DSM-IV 提出的标准去定义“网络成瘾”。根据 DSM-IV 的标准，他们在受访者中并没有找出成瘾者与未成瘾者之间显著的区别，10%的受访者认为他们的网瘾和性别、年龄及生活状况没有任何关系。

Young（1997）在研究中调查了 400 个根据 DSM-IV 标准判断的网络成瘾案例，发现独立（independent）使用者和依赖性（dependent）使用者之间使用互联网的服务差别明显，具体如下：

依赖性使用者使用的服务包括互联网依赖性聊天（Internet relay chats, IRC）、多用户领域（multi-users domains, MUDS）。独立使用者使用的服务包括信息聚合类服务、保持信息关联的 WWW 服务、电子邮件。

Young（1997）认为，网络成瘾的来源并不是互联网本身使人上瘾，而是互联网中提供的服务性质使人上瘾。Armstrong（2001）对网络成瘾的概念做了较全面的描述，认为网络成瘾是一个很广泛的概念，成瘾者有大量行为和冲动控制上的问题:

（1）网络性成瘾（cyber-sexual addiction），指沉迷于成人话题的聊天室和网络色情文学；

（2）网络关系成瘾（cyber-relational addiction），指沉溺于通过网上聊天或色情网站结识朋友；

（3）网络强迫行为（net compulsions），指以一种难以抵抗的冲动，着迷于在线赌博、网上贸易或者拍卖、购物；

（4）信息收集成瘾（information overload），指强迫性地浏览网页以查找和收集信息；

（5）电脑成瘾（computer addiction），指强迫性地沉溺于电脑游戏或编写程序。

2. 测量工具

目前对于网络成瘾的测量工具来源于 Young 编制的问卷。该问卷有 8 个题项，如果被试对其中的 5 个提项给予肯定回答，就被诊断为网络成瘾。

（1）你是否感觉到你的生活已经被互联网占据（想想上线之前的生活和参与的下一个在线活动）？

（2）你是否感觉需要更多在线的时间来满足你在网上获得的快乐？

（3）你是否有几次想尝试控制、减弱或者停止使用互联网，但是都失败了？

（4）当你减少或者不上网的时候，有没有感觉到焦躁不安、情绪化、沮丧或者易怒的情绪？

（5）你上网的时间是不是比你计划的多？

（6）你是否因为上网危及或者承受了失去一个重要伙伴、工作、教育机会或事业转折点的风险？

（7）你是否因为想隐藏自己对于互联网的使用情况而向家庭成员、咨询师或者其他人撒过谎？

（8）你是不是把互联网当作一个逃避问题的手段或者缓解焦躁情绪（如无助感、负罪感、焦虑、沮丧）的方法？

（二）游戏成瘾

病态使用因特网症被分为一般性的（Generalized Pathological Internet Use，GPIU）和特殊性的（Specific Problematic Internet Uses，SPIU）。GPIU 指的是一般地、多维度地使用网络，这种使用没有目的性；SPIU 是指依赖明确的网络功能，比如网络游戏，这种成瘾是对某种刺激的依赖。这两种成瘾的原因有很大差异。Grifiths 认为，网络游戏成瘾是对网络游戏产生依赖的现象，一般是指不可抑制地、反复地、长时间玩网络游戏，并沉迷其中，难以自拔，极度地依赖网络游戏所带来的心理和生理上的快感，并可能造成个体明显的身体、心理、社会功能受损的一种上网行为。最初关于游戏成瘾的争议来源于 Soper 和 Miller（1983），他们在研究中提到，对于玩电脑游戏来说，这样的成瘾和其他行为性成瘾有相似的地方。有关于游戏成瘾的实证研究最早是由 Shotton（1989）开展的，shotton 使用了 127 个被试（一半被试是儿童，一半是成年人；96%的被试是男性），这些被试都自我报告为至少存在 5 年的游戏依赖症状。75%的被试被分成了两个控制组，Shotton 描述那有游戏成瘾症状的人为：高智商、积极生活、接纳他人但是经常被误解。在 5 年之后的跟踪调查中，年轻的人一般受到了更好的教育，上了大学或有了更好的工作。

这项研究的结果引起大量争议，最大的质疑是针对在 Shotton 的研究项目中，判断一个人是否游戏成瘾只是来源于他的自我报告（self-reported）。但是，如果电脑游戏是否具有依赖性，或者是否使人上瘾，是否存在非心理上的问题，研究者就必须使用医学临床上判断成瘾的手段来做研究，类似的有电视成瘾的研究（Mclwraith et al.，1991）和游戏机成瘾的研究（Griffiths，1991，1992）。

在 1998 年的研究中，美国精神病学协会使用了 DSM-III-R 中对赌博成瘾的方法（American Psychiatric Association，1987）来判断游戏成瘾，认为赌博与玩游戏是直接相连的。根据 DSM-III-R 的标准，判断是否游戏成瘾需要回答其 8 个问题，具体可以归为以下 7 个方面：

（1）显著性（salience）：你是不是几乎每天都经常玩电脑游戏？

（2）耐受力（tolerance）：你是不是经常玩很长时间都不停？

（3）愉悦感（euphoria）：你玩游戏的时候感觉很开心还是很无聊（buzz）？

（4）追求高分（chasing）：你是不是会持续地破自己的最高得分记录？

（5）旧病复发（relapse）：你是不是反复地努力减少或者戒掉游戏？

（6）退瘾（withdrawal）：当你不能玩游戏的时候，会不会很焦虑？

（7）冲突处理（conflict）：你是不是因为玩游戏而不去上学以及你是不是因为玩游戏而放弃社交活动？

之后，在 2001 年的研究中，Salguero（2002）指出对于先前游戏成瘾的研究问题在于：电子游戏缺少一个有效性定义，很多研究者都使用病理性赌博的标准来测量游戏成瘾。进行这些研究的原因是尽管病理性的赌博被美国精神病协会分类为一种“冲动控制障碍”，但是很多这个领域的专家还是声称其是一个行为性的成瘾症状。

以该研究中所涉及的问卷来判断游戏成瘾，包括了以下 4 个部分。

（1）人口统计学数据。

（2）电子游戏的参与情况。

（3）电子游戏系统的分类。

（4）个人自己使用电子游戏的三个方面：我认为我玩游戏太多了；我认为我因为玩游戏导致自己出现了一系列的问题；我爸妈很担心我，因为他们觉得我玩游戏玩的太多了。

关于游戏成瘾和赌博成瘾的比较，在 2009 年 Gentile 的研究综述中，提到游戏成瘾和赌博成瘾都是行为性的成瘾症状（Salguero & Morán，2002），都是有很多原因可以诱发的，如想放松、体验竞争、拥有自我掌控或逃避现实中日常的担忧（Griffiths，2003；Ryan et al.，2006）。

除此，赌博或游戏可能会产生一种“专注”（flow）的状态，当玩家全神贯注集中于游戏时，他们可能会失去对环境和时间的感官，并发现此时此刻所经历的活动（游戏）会产生内在的奖励性质（Csikszentmihalyi，1990）。这种活动一开始并不是病理性的，但是当人们开始因为赌博对生活产生了一系列负面的影响之后就开始呈现病理性的一面。

DSM-IV 中指出，任何单一的症状都不是病理性的，一个人参与游戏是否呈现病理性在于游戏是否已经给他的生活造成了负面的问题。根据 DSM-IV 的标准，上述研究所使用的问卷一共 11 个问题，如果受访者的肯定回答超过 6 个，即可诊断为游戏成瘾。

（1）这段时间里，你有没有花大量的时间想着玩游戏，或学习怎么玩，或计划下次什么时候玩？

（2）为了获得游戏带给你的快乐，你是不是花在游戏上的时间或者金钱更多？

（3）你有没有尝试减少玩游戏的次数或者时间，但是没有成功？

（4）当你不玩或者减少玩游戏的时间的时候，你是不是会感觉到沮丧或者焦虑易怒？

（5）你是不是会通过玩游戏来摆脱负面情绪或者逃避问题？

（6）你有没有因为玩游戏向你的家人或者朋友撒谎？

（7）你有没有从你朋友那里偷盗账户玩游戏？或者偷家里的钱去玩游戏？

（8）你是不是因为玩游戏而有时不做家务？

（9）你是不是因为玩游戏而有时不做作业？

（10）你是不是因为玩游戏而导致自己学习不好？

（11）你是不是因为需要有更好的游戏装备、软件或者更多的网费而向家人或朋友要钱？

而2013年的DSM-V将“非物质性成瘾”第一次纳入标准中，并将之前提到的赌博成瘾从物质关联性成瘾中去除，其对游戏成瘾测量问卷的内容如下：

（1）你经常想着游戏的事，或者考虑下次什么时候玩游戏？

（2）当你不玩游戏，或少玩游戏，或停下游戏时，常感到沮丧、易怒、情绪化、生气、焦虑或者难过？

（3）你玩游戏更长时间、种类更多或装备更厉害时，才能提升游戏中的兴奋感？

（4）你觉得应该少玩游戏，但是实际上根本做不到？

（5）除了游戏，你对其他的娱乐活动失去兴趣或者很少参与？

（6）即使知道游戏影响自己的健康和工作，但你仍然继续玩？

（7）你因为玩游戏曾向家人、朋友或者其他人说谎？

（8）你玩游戏是要逃避或者忘记烦恼，或者缓解负面情绪？

（9）你曾冒着失去朋友、工作、升学或者事业的风险去玩游戏么？

（三）游戏成瘾要素

从DSM-Ⅲ开始，研究者基本上利用两个相近的概念来分析游戏成瘾的要素，分别是网络成瘾和赌博成瘾，目前在DSM-Ⅴ的版本中对于游戏成瘾各个要素的解释如下。

1. 持续关注

这个标准与在赌博成瘾上用的标准一致，反映了一种“认知显著性”（cognitive salience）的构建。该症状是指个体一直在想着游戏的事，不仅是当他在玩游戏的过程中，而且是当他不玩游戏时也在不停地想。这个标准可能与第5个标准有些交叉，但是持续关注（pre-occupation）更多地是指一种认知的过程，第5个标准更倾向于一种行为的做法。

2. 退瘾症状

退瘾症状（withdrawal）是指当一个个体不能参与到某项活动或者尝试去减少

或者停止该活动的时候产生的反应。退瘾症状和耐受力是心理依赖的两个方面。

需要说明的是，退瘾症状必须与自己的情绪联系起来，假设一位家长粗暴地打断孩子的游戏行为，促使孩子产生了情绪上的反应，这样的情况并不是退瘾症状的表现。

3. 耐受力

耐受力（tolerance）是指在一件事情上持续投入时间来获得个体所需要的效果。很多游戏成瘾的个体，包括一些没有任何心理问题的人，报告说他们并不能停止在游戏上花时间的行为。

耐受力是指花大量的时间玩游戏来或者体验游戏给予他们的兴奋感，也包括了需要更多刺激性的游戏或者更厉害的游戏装备。

4. 退隐失败

退隐失败（unsuccessful attempts to stop or reduce）是指在测量这个标准的时候专注的不仅仅是个体想停止玩游戏的做法，还有尝试减少或暂停游戏的努力。

5. 对其他的爱好和活动失去兴趣

这样的情况可以称之为“行为凸显”，或者称之为一种减少其他行为以支持成瘾行为的一种现象。

6. 过度游戏

在玩游戏的时候，个体会在知道玩游戏将给他的生活带来显著的负面影响的情况下不断地玩，这种情况相对于物理层面来说更接近于心理层面的障碍。

7. 欺骗行为

这个标准来源于赌博成瘾，指的是个体对他人说谎或者想去掩盖自己玩游戏的行为，而这类的欺骗行为的对象是家庭成员、朋友或者其他重要人士。

8. 逃避负面情绪

该标准是指投入游戏是为了逃避或者缓解负面情绪，如无助感、负罪感、交流障碍或沮丧。

9. 影响未来决策

这是在赌博成瘾中最严重的一个症状，也是游戏成瘾会造成的最严重的后果。

二、游戏成瘾趋势

（一）低龄化

据调查显示，中小学生参与网络游戏的比例为 77.6%，大学生为 61.2%。违法犯罪青少年参与网络游戏的比率为 94.7%。从玩家的年龄结构来看，10～12 岁的比例高达 24.2%，13～16 岁的比例为 61.4%；16 岁以下青少年已成为参与网络游戏的主体。特别值得关注的是，随着农村经济的发展、民生状况的改善及城镇化进程中基础设施的大举建设，网吧向农村迅速蔓延，农村青少年也已成为网络游戏的主要玩家，这就使得网络游戏的参与者呈城乡同步发展态势。在走访中课题组还发现，某些学龄前儿童也提前参与到网络游戏中来，使参与网络游戏者的年龄出人意料地呈过度低龄化态势。

（二）多元化、多向度

由于游戏尤其是网络游戏开发的前景广阔、利润可观，因此网络游戏的数量巨大、种类繁多、内容多元复杂。《2014 中国网络游戏市场年度报告》显示，2014 年全国新增具有网络游戏运营资质的企业 1183 家，截至 2014 年底，具备网络游戏运营资质的企业累计达到 4661 家。各种不同的网络游戏的内容、背景、主题和倡导的世界观、人生观、价值观具有多元性，使青少年玩家因为游戏而接受的影响也呈现多元化、不确定性特点，致使青少年的游戏成瘾原因也变得比之前复杂很多。

（三）色情、暴力类游戏增多

电脑、网络日益在家庭中普及应用，为青少年上网和成为网络游戏玩家提供了便利条件。由于相关部门加强网吧管理，很多青少年便选择在家里上网玩游戏。调查显示，选择在家里玩网络游戏的中小学生比例为 70.7%，选择在学校、网吧玩网络游戏的中小学生比例分别为 7.1%、11.9%。同时，玩免费游戏者居多，中小学生比例为 69.9%，大学生的比例为 72.2%。尤其值得关注的是色情、暴力游戏随时在不同网页上弹出，使青少年可以不必投入成本便可轻易地获得免费网络游戏，被引诱进入充斥色情、暴力的游戏中，因而失去自主自觉的控制力，对游戏上瘾。

参 考 文 献

高英彤，宫倩，蔡冬. 2013. 青少年参与网络游戏的特点、趋势及成因分析. 东北师范大学学报(哲学社会科学版)，(1)：159-162.

Armstrong L. 2001. How to beat addiction to cyberspace. *Vibrant Life*, 17(4): 14.

Csikszentmihalyi, M. 1990. *Flow, the Psychology of Optimal Experience*. New York: Harper & Row.

Egger, O. & Rauterberg, M. D. 1996. Internet behavior and addiction. *Swiss Federal Institute of Technology*, (01): 1-173.

Gentile, D. 2009. Pathological video-game use among youth ages 8 to 18: A National Study. *Psychological Science*, 20(5): 594-602.

Goldberg, I. 1996. Internet addiction disorder. *Retrieved November*, 24: 2004.

Griffiths, M. 1991. Amusement machine playing in childhood and adolescence: A comparative analysis of video games and fruit machines. *Journal of Adolescence*, (14): 53-73.

Griffiths, M. 1992. Pinball wizard: A case study of a pinball addict. *Psychological Reports*, 71: 160-162.

Griffiths, M. 1995. Technological addictions. *Clinical Psychology Forum*, (76): 14-19.

Griffiths, M. 1998. Internet addiction: Does it really exist? In J. Gackenbach (Ed.), *Psychology and the Internet: Interpersonal, Interpersonal and Transpersonal Applications*(pp. 61-75). New York: Academic Press.

Griffiths, M. 2003. Internet gambling: Issues, concerns and recommendations. *Cyberpsychol Behavior*, (6): 557-568.

Mclwraith, R. et al. 1991. Television addiction: Theories and data behind the ubiquitous metaphor. *American Behavioral Scientist*, (35): 104-121.

Petry, N. M. et al. 2014. An international consensus for assessing internet gaming disorder using the new DSM-5 approach. *Addiction*, 109(9): 1399-1406.

Ryan, R. M., Rigby, C. S., Przybylski, A. 2006. The motivational pull of video games: A self-determination theory approach. *Motive Emotion*, 30(4): 344-360.

Salguero, R. A. T. & Morán, R. M. B. 2002. Measuring problem video game playing in adolescents. *Addiction* , 97(12): 1601-1606.

Shooton, M. 1989. *Computer Addiction?: A Study of Computer Dependency*. London: Taylor & Francis.

Shooton, M. A. 1991. The costs and benefits of computer addiction. *Behavior Information and Technology*, (10): 219-230.

Soper. W. & Miller, M. J. 1983. Junk time junkies: An emerging addiction among students. *School Courrsellor*, (31): 40-43.

Tejeiro Salguero, R. A. & Morán, R. M. B. 2002. Measuring problem video game playing in adolescents. *Addiction*, 97(12): 1601-1606.

Young, K. S. 1997. Internet addiction: The emergence of a new clinical disorder. *Cyber Psychology & Behavior*, 1(3): 237-244.

第六章　新媒体与网络欺凌研究

一、研究背景与研究问题

（一）研究背景

1. 网络欺凌

欺凌（又称霸凌，bullying）是一个跨越年龄段的社会问题，指的是一类人使用胁迫的手段虐待另一类人的行为（McCarthy et al.，2001），或是一种无端伤害他人的行为，是一种周而复始的攻击性行为（Peterson，2001）。

网络欺凌则是建立在欺凌基础上的特殊概念，Besley（2009）认为网络欺凌是一种使用交流信息故意地、重复地伤害某一个人或群体的行为；或是对某群体在线传播不良信息的行为（Finkelhor et al.，2000）；或是利用互联网或者其他数字设备去羞辱或威吓别人的行为（Juvoven & Gross，2008）。与传统欺凌不同的是，网络欺凌利用互联网作为载体，以文字、图片、视频等多种方式对受害者进行欺凌，而非传统意义上对他人身体方面的损害。

2. 网络欺凌现状

青少年网络使用行为越来越普遍，网络欺凌也引起了广泛的注意，表 6-1 是对网络欺凌的相关研究描述。在 2006 年一项针对 264 名来自加拿大三所不同初中学校的学生的网络欺凌调查报告中发现，超过一半的学生报告有学生受到欺凌，且大多数受害者和知情者都不会告诉长辈；大约 25%的学生是网络欺凌的受害者；相比女生，男生表现出更多网络欺凌现象，遭受到网络欺凌却没报告的也更多；大约 50%的网络欺凌者有超过三次以上的网络欺凌行为（Li，2006）。

同样，2008 年在土耳其四所学校的青少年网络欺凌现状调查中发现，269 名学生平均年龄为 15 岁，其中男生 134 名，女生 135 名，结果显示：35.7%的学生有过网络欺凌行为，23.8%的学生既是欺凌者也是被害者，5.9%的学生仅仅是网

表 6-1 网络欺凌研究案例

作者	调查地区	调查对象	网络欺凌比例	性别/年级差异	相关发现
Li（2006）	加拿大	264 名初中生，其中 130 名男生，134 名女生	大约 25%为网络欺凌受害者	比起女生，男生表现出网络欺凌现象的比例更高	女性网络欺凌受害者则更可能告诉成年人
Aricak et al.（2008）	土耳其	平均年龄为 15 岁的 269 名学生，其中男生 134 名，女生 135 名	35.7%表现出欺凌行为，23.8%既是欺凌者也是被欺凌者，5.9%只是网络欺凌受害者	男生的各项网络欺凌行为的人数比例均高于女生	25%的学生会把网络欺凌事件告诉同龄人或者家长
Calvete et al.（2010）	西班牙	1431 名高中生，年龄在 12～17 岁，其中男生 682 名，女生 726 名（23 名未表明性别）	44.1%至少有一次网络欺凌行为	男生的网络欺凌比例高于女生	青少年的网络欺凌行为与主动侵略（proactive aggression）、暴力接触（exposure to violence）及更少的社会支持有关
香港家庭福利会等（2009）	中国香港	1800 名中学一年级至中学七年级的学生	17.8%是网络欺凌参与者，30.9%是被欺凌者	—	欺凌模式中以网上辱骂、侮辱及嘲笑最常见
刘丽琼等（2012）	中国海口市	599 名中学生，其中男生 305 名，女生 294 名；初中生 318 名，高中生 281 名	27.5%的网络欺凌者和 40.2%的网络欺凌受害者	女生欺凌与受欺凌的比例均高于男生；高中生受欺凌的比例高于初中生	网络聊天、手机短信、电话与网站是中学生最常遭遇及最常实施欺凌行为的途径。22%～27%的受害者不会告诉任何人，40%～50%会告诉朋友，约 20%会告诉父母，不到 5%会告诉教师
陈萌萌等（2016）	中国某市	300 名中学生，有效问卷中男生 126 人，女生 110 人；初中生 106 人，高中生 130 人	—	网络欺凌在性别、年级上存在显著差异。男生无论是网络欺凌程度还是受网络欺凌程度都明显高于女生	随着年龄的增长，高中生会更多地采用言语攻击
张野等（2015）	中国沈阳市和辽阳市	参与人数 680 名，有效问卷共 618 份，其中男生 332 人，女生 286 人；初一 111 人，初二 153 人，高一 169 人，高二 185 人	22.49%的网络欺凌者和 38.51%网络欺凌受害者	与女生相比，男生更多地卷入到网络欺凌中；并且网络欺凌的卷入人数存在年级差异，中学生网络欺凌呈随年级递增的趋势	—

络欺凌受害者；并且男生的各项行为的人数比例均高于女生。面对网络欺凌时，只有25%的学生称会把网络欺凌事件告诉同龄人或者家长（Aricak et al.，2008）。

中国张野、张珊珊等在2015年对沈阳市和辽阳市的四所中学中选取的680名学生进行调查时发现，网络欺凌者和网络受欺凌者各占总被试的22.49%和38.51%。与女生相比，男生更多地卷入到网络欺凌中；并且网络欺凌的卷入人数存在年级差异，中学生网络欺凌呈随年级递增的趋势（张野等，2015）。

除此，Ybarra和Mitchell（2004）发现实验样本中19%的10～17岁的互联网用户都曾经接触过网络欺凌，其中有的是受害者，有的是网络欺凌实施者。另外有研究发现，15%～35%的学生曾经是网络欺凌受害者，10%～20%的学生承认曾经利用互联网欺凌他人（Hinduja & Patchin，2007，2008，2009；Kowalski et al.，2005；Kowalski & Limber，2007；Li，2007a，2007b；Patchin & Hinduja，2006；Williams & Guerra，2007）。其中大多数受害者都没有告诉父母自己遭受了欺凌，并且受害者的自杀倾向比例更高（Li，2007）。

3. 网络欺凌方式与手段

网络欺凌手段和方式具有多样性，途径主要有即时信息、手机短信、电子邮件、人肉搜索、网络论坛、贴吧和个人网络博客等，表现方式可分为网络骚扰、网络盯梢、网络诋毁、网络伪装、披露隐私、在线孤立和致人情绪失控等七种。其中，手机短信和电子邮件是两种最为普遍的欺凌手段。英国诺丁汉大学的Oliver和Candappa（2007）的研究指出，4%的八年级学生受到欺凌最多的形式是手机短信，其次是电子邮件，其他则较少。同样，加拿大的一份研究报告显示，23%的中学生欺凌来自电子邮件，35%的欺凌行为发生在聊天室，41%发生在手机短信中。另外，一项针对高中学生的调查研究发现，网络欺凌行为在学校外发生的频率要高于校内，其中网络聊天室、手机彩信、手机短信则是高中校园内外最易使用的网络欺凌途径。除此，网络欺凌者会选择多种他们可以接触到的手段同时或者交叉欺凌他人。例如，在对加拿大177名中学生的调查中发现，55%的欺凌者会选择多种方式进行网络欺凌。

（二）研究问题

在此背景下，我们想探究我国青少年在使用互联网的时候是否遭受过网络欺凌，或者成为网络欺凌的制造者？对于网络欺凌，我国的青少年具有什么特点？

二、研究工具

为了回答上述问题，我们通过问卷调查法，对1170名年龄为9～22岁的在校青少年进行了调查。时间为2015年3～8月。问卷调查工具包括以下两种：

（1）青少年网络行为问卷调查，包括一般人口学变量如性别、年龄等，以及新媒体设备拥有种类（手机、电脑、学习设备、游戏机）、新媒体使用时长、网络使用行为等。其中网络使用行为分为社交、娱乐行为：社交包括不同社交平台的使用状况；娱乐行为包括青少年使用论坛贴吧、网络游戏及网络资料、网络视频的情况。

（2）网络欺凌形式和网络欺凌类型问卷，问卷共有 11 题，如“我曾经不停地向某人发送粗俗侮辱的信息”“我故意将某人从网络社交群里边踢出去”“我在网络上传播过关于某人的谣言和八卦”“我通过发送（或张贴）与某人相关的故事、笑话、图片，取笑别人”。所有题目均采用 5 级评分，分别对应 1 从不、2 一两次、3 几次、4 每周一次、5 每周几次。问卷信度检测结果 Cronbach α=0.973，效度良好。

三、数据分析

（一）青少年网络欺凌现状

1. 网络欺凌比例

借鉴传统欺凌行为的“二分类法”及网络欺凌行为分类标准，本研究将欺凌问卷中所有题目选择“3 几次”“4 每周一次”及“5 每周几次”的青少年定义为网络欺凌者。

本研究中共有1170名在校青少年参与了网络欺凌的问卷调查，其中男生542人（46.3%），女生628人（53.7%）。调查结果显示，有13.9%的青少年至少进行过一次网络欺凌，6.2%的青少年是网络欺凌者。网络欺凌者中，男生的网络欺凌比例高于女生，其中男生占 69.9%，女生占 30.1%，通过交叉表分析和卡方检验，网络欺凌者在性别维度上存在显著差异。

2. 网络欺凌行为

研究数据结果显示，青少年群体中发生最多的网络欺凌行为是发送（或张贴）与某人相关的故事、笑话、图片，取笑别人，以及故意将某人从网络社交群里边踢出去。

（二）不同网络行为与网络欺凌

在上述数据分析的基础上，我们对拥有媒体种类、使用媒体时长及网络行为与网络欺凌的相关性进行分析，其中媒体种类有手机、电脑、学习设备和游戏机；使用媒体时长分为使用各种媒体的时长；网络行为包括社交和娱乐两类；呈现方式分为文本资料和视频资料。表 6-2 中列出与网络欺凌有显著相关的变量（表中没有呈现无显著相关的变量）。

表 6-2　网络行为与网络欺凌相关性

变量		相关系数 r
性别	—	-0.153^{**}
拥有媒体种类	游戏机	0.110^{**}
使用媒体时长	游戏机时长	0.149^{**}
社交	QQ	0.096^{**}
	新浪微博	-0.057^{*}
	人人网	0.098^{***}
	不使用	-0.188^{**}
娱乐（论坛、贴吧）	明星类	0.049^{*}
	体育类	0.068^{*}
	游戏类	0.043^{**}
	不逛	-0.146^{**}
游戏类	玩游戏	0.155^{**}
	手机游戏	0.089^{*}
	竞技类游戏	0.079^{**}
	单机游戏	0.071^{**}

续表

变量		相关系数 r
视频类	动漫	-0.049^{*}
	电视剧	-0.052^{*}
	新闻资讯视频	-0.084^{**}
	游戏视频	0.096^{**}
	不看	-0.074^{**}
资料类	小说	0.050^{*}
	新闻杂志	-0.062^{*}
	娱乐杂志	0.088^{**}
	不看	-0.089^{**}

注：***表示在 0.001 水平上显著相关，**表示在 0.01 水平上显著相关，*表示在 0.05 水平上显著相关；相关系数 r 为正表示两者之间为正相关，r 为负表示两者之间为负相关，绝对值 r 越大表示相关性越强

（1）从表 6-2 可见，性别（1 男生、2 女生）与网络欺凌呈负相关；拥有游戏机与使用游戏机时长与网络欺凌呈显著正相关。

（2）在社交方面，使用 QQ、人人网与网络欺凌呈正相关，使用新浪微博和不使用社交平台与网络欺凌呈负相关。

（3）在娱乐方面，论坛、贴吧中，无论论坛、贴吧的种类，如明星类、体育类、游戏类，都与网络欺凌呈正相关，不逛论坛、贴吧则与网络欺凌呈负相关。

（4）在游戏方面，玩游戏且无论游戏的种类，如手机游戏、竞技类游戏、单机游戏，都与网络欺凌呈显著正相关。

（5）在网络视频方面，观看动漫、电视剧、新闻资讯及不在网络上观看视频与网络欺凌呈负相关，但是在网络上看游戏视频则与网络欺凌呈正相关。

（6）在网络资料方面，看小说、娱乐杂志与网络欺凌呈正相关，看新闻杂志、不在网络上看资料与网络欺凌呈负相关。

（三）青少年网络不同行为预测网络欺凌

为进一步探讨在这些与网络欺凌具有显著相关性的因素中，哪些网络行为能够预测网络欺凌，以及对网络欺凌的影响更大，在表 6-2 的基础上，研究者以网络欺凌为因变量（连续性变量，分数越高表示网络欺凌越严重），对与之呈显著相关的变量：性别（男、女）、拥有游戏机设备（否、是）、游戏机时长、社交、娱

乐：贴吧、游戏、视频、资料（如表 6-2 所示）进行回归分析。在线性模型中，模型拟合程度 R^2 为 0.108；p 值均通过检验。回归结果见表 6-3。

表 6-3 网络行为与网络欺凌回归模型

变量	B	t	p
常量	17.994	15.771	0.000
性别	−1.625	−3.403	0.001
游戏机时长	0.816	2.347	0.019
新浪微博	−1.355	−2.499	0.038
人人网	2.452	2.499	0.013
不使用社交平台	−3.068	−4.859	0.000
玩游戏	1.629	3.232	0.009
明星类贴吧	1.509	2.75	0.006
新闻资讯视频	−1.961	−3.059	0.002
新闻杂志	−1.764	−2.512	0.012

注：达显著水平的标准化系数 B 值小于 0 为负向预测，反之为正向预测；绝对 B 值越大，表明影响因素对事物的影响程度越大

影响青少年网络欺凌的显著因素有性别、使用游戏机时长、使用新浪微博、使用人人网、不使用社交平台、玩游戏、逛明星类贴吧、看新闻资讯视频、看新闻报刊杂志，具体如下：

（1）在性别因素中，B=−1.625（性别划分：1 男生，2 女生），说明相比男生，女生网络欺凌行为更少；

（2）使用游戏机时长与网络欺凌呈显著正相关，B=0.816，说明青少年使用游戏机时间越长，网络欺凌越严重；

（3）使用新浪微博中，B=−1.355，使用新浪微博与网络欺凌呈负相关，说明使用新浪微博的青少年比不使用新浪微博的青少年网络欺凌行为更少；

（4）使用人人网与网络欺凌呈显著正相关，B=2.452，表明使用人人网的青少年更易进行网络欺凌，成为网络欺凌者；

（5）不使用社交平台与网络欺凌呈负相关，B=−3.068，说明青少年不使用网络通讯，网络欺凌行为更少；

（6）青少年玩游戏方面，B=1.629，说明比起不玩游戏的青少年，玩游戏越多的青少年更易进行网络欺凌；

（7）逛明星类贴吧与网络欺凌呈显著正相关，*B*=1.509，说明逛明星类贴吧的青少年网络欺凌更严重；

（8）看新闻资讯类视频、新闻杂志与网络欺凌呈负相关，*B* 值分别为–1.961、–1.764，说明青少年看新闻资讯类视频或者杂志越多，其网络欺凌更少。

四、研究结论

（一）性别差距逐渐明显

在本案例中，男生网络欺凌的比例显著高于女生（69.9∶30.1），这与 Li（2006）及卡尔韦特等（Calvete et al.，2010）已有的研究结果一致。这可能与社会文化对性别的要求或教养方式等的差异相关，相较于男生，女生更喜欢表达情感，且有更细腻的情感体验，这就使女生更容易感知到他人情绪，并且感知情感后更容易产生共情，从而放弃对他人实施网络欺凌（陈萌萌等，2016）。一方面，男孩的网络欺凌常常反映出强烈的控制他人的欲望，这是一种有意用来保护资源的特殊方式，以建立他们的统治地位（陈钢，2011）。另一方面，一般来说，男生比女生掌握更多的信息应用技术，这也可能是导致男生更多地涉入网络欺凌的原因。

（二）社交网络的使用对网络欺凌的影响

从逛论坛、贴吧的比例看，网络欺凌青少年显著多于全体青少年，其中网络欺凌者逛明星类贴吧的比例也高于全体青少年。青少年因为青春期的偶像崇拜心理，易出现追赶时尚及心理不成熟的表现。偶像明星的出现对青少年有很大的影响（余文建，2013）。且有研究表明，媒介制造的明星成为青少年偶像崇拜的首选，追星已成普遍现象，偏执追星是一种病理性社会交往（章洁和方建移，2007）。

贴吧的出现成为有共同爱好和兴趣的人们在网络上组成虚拟群体的平台，众多追星粉丝找到了聚集地，找到了偶像崇拜情感的新宣泄口，激发了其潜藏的情绪，人们的情绪在上面互相感染，在对偶像的狂热崇拜和吧友的互动中获得了身份认同、归属感、肯定和满足（陈丽媛和何霞，2008）。明星类贴吧提高了明星信息的集中度，由于明星的正面形象在粉丝心目中占据重要地位，当贴吧里出现与粉丝的价值取向不一致的信息时，粉丝会“据理力争”，甚至“斗争”，这就会引发恶意言论、诽谤、辱骂等网络欺凌行为。并且心理学的研究成果已经证明，匿名会极大增强人的攻击性。贴吧的匿名性及其造就的群体氛围会激发群体性的非理性情绪，匿名的群体推断能力低下，少有深思熟虑，更容易成为网络欺凌事件的“制造者”和“传播者”（蔡楚泓，2011）。

（三）游戏使用对网络欺凌的影响

在玩游戏方面，玩游戏的青少年比不玩游戏的青少年的网络欺凌行为更多，并且玩游戏的时间长短也会影响其网络欺凌的程度。网络游戏是一把双刃剑，健康的网络游戏对于青少年了解时事、学习知识、训练技能、娱乐身心起着积极的促进作用；不健康的网络游戏会导致青少年沉溺网络，浏览有害信息（虚假、色情、迷信、消极甚至反动），使青少年形成网瘾，对青少年的身心健康造成极大的影响。第一，大多数网络游戏为了提高玩家黏性，使其付出更多的精力、金钱和时间，通过杀戮场景、暴力打斗等满足青少年的成就感（常家树，2008）。第二，长时间沉迷网络游戏使得这部分青少年表现出一种情感冷漠的症状，如暴躁、冷漠、抑郁、缺乏正义感和同情心。第三，长期沉迷于暴力游戏的青少年会产生暴力倾向（徐小龙等，2010）。因而，青少年玩游戏、使用游戏机时间越长，产生网络欺凌行为的可能性越大。

五、网络欺凌的对策建议

（一）通过立法来规范网络行为

网络欺凌蔓延至青少年，这与网络游戏的“零门槛”、内部惩罚措施低效及力度不够相关，对此，立法是打击网络欺凌的重要措施之一。目前，美国、日本和英国等国家已出台针对青少年网络欺凌的政策法规，对欺凌的行为后果及相关机构、组织和个人的责任进行规定，指导类似网络欺凌案件的起诉和裁决。2007 年，在美国包括纽约、密苏里州、罗得岛和马里兰州在内的至少 7 个州通过了针对网络骚扰的法律。其中，密苏里州就通过了一项法令认定网上骚扰是一种轻罪。2008 年美国也提出一项联邦法律议案，建议将欺凌行为列为犯罪。英国规定互联网服务提供商要为它的网站承载的内容负责。日本 2008 年 11 月出版了面向学校、教师的《应对网络欺凌指南和事例集》及《青少年互联网环境 2008 整备法》。

（二）利用网络技术保护受害者

2007 年，视频网站 YouTube 推出了第一个青年的反欺凌频道“Beat-Bullying”来协助人们解决有关网络欺凌的问题。2008 年 Cyber Patrol 和 Look Both Ways 两家公司开发出一款工具，旨在帮助家长打击网络欺凌事件，同时推出了一个工具帮助孩子在遭遇网上欺凌或骚扰时可以即时通知选定的成年人，网络欺凌警报工具可以保存一个孩子触发恐吓邮件的截屏图片的文件。

（三）游戏厂商和运营商的监管

游戏运营商和厂商应加强网络欺凌监管，规范游戏市场，控制青少年在暴力、色情、血腥游戏方面的时间投入，减少网络欺凌的发生。

参 考 文 献

蔡楚泓. 2011. 微博 乌合之众——运用《乌合之众》群体心理学解读微博的信息传播. 今传媒, (08): 99-100.

常家树. 2008. 网络游戏价值生态失衡的成因与对策. 中国青年研究, (1): 96-99.

陈钢. 2011. 网络欺凌: 青少年网民的新困境. 青少年犯罪问题, (04): 41-46.

陈丽媛, 何霞. 2008. 百度贴吧的粉丝文化. 青年记者, (35): 64.

陈萌萌等. 2016. 移情对中学生网络欺凌的抑制: 性别、年级的调节作用. 中小学心理健康教育, (01): 8-11.

刘丽琼等. 2012. 中学生网络欺负行为发生特点分析. 中国学校卫生, (08): 942-944.

徐小龙, 程春玲, 孙力娟. 2010. 网络游戏对青少年的影响剖析. 东南大学学报(哲学社会科学版), (S1): 226-232.

余文建. 2013. 中学生追星的原因分析及教育策略. 心事・教育策划与管理, (11): 76.

张野等. 2015. 中学生传统与网络欺凌结构特征的比较研究. 现代中小学教育, (08): 58-62.

章洁, 方建移. 2007. 从偏执追星看青少年媒介素养教育——浙江青少年偶像崇拜的调查. 当代传播, (05): 29-32.

Aricak, T. et al. 2008. Cyberbullying among Turkish adolescents. *Cyber Psychology & Behavior*,

11: 253-261.

Besley B. 2009. Cyberbullying. *Retrieved July*, 17: 2009.

Besley, B. Cyberbullying. http: //www.cyberbullying.ca/[2004-11-15].

Calvete, E. et al. 2010, Cyberbullying in adolescents: Modalities and aggressors' profile. *Computers in Human Behavior*, 26(5): 1128-1135.

Finkelhor, D., Mitchell, K. J., Wolak, J. 2000. Online victimization: A report on the nation's youth. *Adolescents*, 52(1): 60.

Hinduja, S., & Patchin, J. W. 2007. Offline consequences of online victimization: School violence and delinquency. *Journal of School Violence*, 6(3), 89-112.

Hinduja, S., & Patchin, J. W. 2008. Cyberbullying: An exploratory analysis of factors related to offending and victimization. *Deviant Behavior*, 29(2), 1-29.

Hurst, T. 2001. An evaluation of an anti-bullying peer support programme in a (british) secondary school. *Pastoral Care in Education*, 19(2), 10-14.

Juvoven, J. & Gross, E. F. 2008. Bullying experiences in cyberspace. *The Journal of School Health*, (78): 496-505.

Kowalski, R. M. & Limber, P. 2007. Electronic bullying among middle school students. *Journal of Adolescent Health*, 41: S22-S30.

Li Q. 2006, Cyberbullying in schools a research of gender differences. *School Psychology International*, 27(2): 157-170.

Li, Q. 2007a. Bullying in the new playground: Research into cyberbullying and cyber victimization. *Australasian Journal of Educational Technology*, 23: 435-454.

Li, Q. 2007b. New bottle but old wine: A research of cyberbullying in schools. *Computers in Human Behavior*, 23: 1777-1791.

McCarthy, P. et al. 2001. *Bullying: From Backyard to Boardroom* (*2nd ed.*). Sydney: The Federation Press.

Oliver, C. & Candappa, M. 2007. Bullying and the politics of "telling". *Oxford Review of Education*, 33(33): 71-86.

Patchin, J. W. & Hinduja, S. 2006. Bullies move beyond the schoolyard: A preliminary look at cyberbullying. *Youth Violence and Juvenile Justice*, 4: 148-169.

Williams, K. & Guerra, N. 2007. Prevalence and predictors of Internet bullying. *Journal of Adolescent Health*, 41: S14-S21.

Ybarra, M. L., & Mitchell, J. K. 2004. Online aggressor/targets, aggressors and targets: A comparison of associated youth characteristics. *Journal of Child Psychology and Psychiatry*, 45, 1308-1316.

第七章　新媒体与注意力研究

当前，互联网的发展及其信息量的扩大已成为必然趋势，网络信息占据着网民的大量注意力，而注意力是一种有限资源（张博和汤晓芸，2013）。大量网络信息间注意力的争夺导致了注意力的泛滥。一方面我们失去了长久的注意力；另一方面我们又在短期注意力间不断转换（肖峰，2007），坐在电脑前，我们或者感觉无所事事，或者感觉忙碌异常，一会儿打开几个网页，一会儿听听歌、看看视频、聊聊天、刷刷微博和朋友圈等，注意力不停地来回切换。这种现象被研究者称为多任务。

研究显示，学生比工作人员更喜欢进行多任务，且在多任务情境中感觉效率更高，但人们通常会高估自己在多任务中注意力的集中程度。在多任务情境中，人的注意是碎片化的，保持时间短（Brasel & Gips，2011）。Rosen 等在研究学习情境下有关多任务时指出，参与者平均在不到 6 分钟以内进行任务切换，通常是由于社交媒体、短信和个人偏好等导致的（Rosen et al.，2013）。另一项调查显示，超过 87%的大学生“课堂集中时间”低于一堂课的 80%，39.8%的学生集中时间位于 60%～80%，46.6%的学生低于 60%（杜祥军和谢霖，2014）。此外，许多大学生有“网络上瘾症”的症状，其行为特征表现为：一旦停止，便会出现焦虑、颤抖、眷顾、绝望等“退缩症状”（withdrawal symptoms）；有的超过一个小时不上网手指便会发痒，把桌面当键盘敲；健忘、头疼、脾气暴、注意力不集中是其主要症状（肖峰，2007）。

在这种背景下，本研究以互联网中青少年的注意力集中性为切入点，探究青少年媒体习惯对其注意力集中性的影响。

一、注意力及其分类

美国心理学家 James 在《心理学原理》一书中指出：“注意是心理以清晰而又生动的形式对若干种似乎同时可能的对象或连续不断的思维的一种占有。它的本质是意识的聚焦、集中。它意指离开某些事物以便有效地处理其他事物。”（卢家媚等，2004）。

注意是心理活动对一定对象的指向和集中，是心理活动的重要组成部分（奕乾等，2004）。指向性和集中性是注意的基本特征。所谓指向性，是指在某一瞬间，人们的心理活动有选择地朝向一定的对象。所谓集中性，是指心理活动停留在一定对象上的强度或紧张度（卢家媚等，2004）。具有注意的能力称为注意力。注意力是智力的五个基本因素之一，是记忆力、观察力、想象力、思维力的准备状态，是智力活动的“组织者”和“维持者”。正是由于注意力的组织和维持，人们才能进行正常的学习活动。

从不同的角度，注意有不同的分类。根据注意的功能，可以把注意分为选择性注意、分配性注意和集中性注意。根据产生和保持注意时有无目的性和意志努力程度的不同，可以把注意分为不随意注意、随意注意和随意后注意。

注意的品质是反映一个人注意的发展水平、衡量一个人注意的质量和效率的指标，包括注意广度、注意稳定性、注意分配和注意转移。注意的稳定性有狭义和广义之分。狭义的稳定性是指注意在某一事物上所维持的时间。广义的稳定性则指注意的具体对象可以不断变化，但注意指向的活动的总方向始终不变。而在这里我们所研究的注意集中性就是指青少年在学习的过程中注意的集中程度，属于注意稳定性中的狭义部分。

二、媒体与注意力研究

Zimmerman 等对电视与注意力关系进行的 5 年（1997～2002 年）的追踪研究发现，3 岁前观看教育类电视节目不会影响注意力，但观看娱乐节目与以后出现的注意力方面的问题相关；4～5 岁时观看任何类型的电视节目都不会引起注意力方面的问题（Zimmerman & Christakis，2007）。然而，其他研究者的研究结论与此迥然不同，如 Stevens 等研究认为，看电视的时间与注意力问题没有关系（Stevens & Mulsow，2006；Anderson & Lorch，1977）；Gentile 等认为看电视的时间与注意力问题是有关系的（Swing E L et al.，2010；Mistry et al.，2007；Johnson et al.，2007）。至于电子游戏对注意力的影响问题，研究结果则更加复杂（Tahiroglu et al.，2009；Anderson & Bushman，2002）。电子游戏对注意的影响研究之一是电子游戏对视觉空间注意的影响。研究发现，与未接触过电子游戏的人相比，经常玩游戏的人在视觉空间注意方面的技能表现更佳。他们能更快地追踪目标，更易发觉储存在视觉短时记忆中的物体变化，更灵活地转换任务，更有效地进行心理翻转等（Green & Bavelier，2003，2007；Achtman & Green，2003；Boot et al.，2008）。其中，Green 和 Bavelier 的实验研究发现玩电子游戏提高了游戏者的选择性注意（Green & Bavelier，2007）。

Spence（2010）研究发现，电子游戏特别是动作训练类的游戏提高了视觉空间的分辨能力，促进注意的分配，拓宽了注意的广度。对不同性别的被试在游戏中的表现进行的研究结果显示，在训练前，虽然女性的心理旋转能力与男性存在很大的差别，但是，经过游戏训练后这种差异明显降低。在比较电子游戏中的暴力性内容对注意偏向的影响研究中，研究者发现网络游戏过度使用者存在注意偏向问题（张智君等，2009），暴力游戏经验者也存在注意偏向问题（甄霜菊等，2013），以及游戏使用者在注意品质方面存在差异情况等（刘敏，2011）。

三、新媒体环境下青少年注意力现状调查

（一）调查内容

本次调查对象为 886 名在校青少年，年龄是 9～22 岁，包括小学、初中、高中、大学，具体见表 7-1。

表 7-1　研究对象组成结构（N=886）

	男生		女生		合计	
	人数/人	比例/%	人数/人	比例/%	人数/人	比例/%
小学	52	6	30	3	82	9
初中	288	33	249	28	537	61
高中	60	7	82	9	142	16
大学	28	3	97	11	125	14
合计	428	49	458	51	886	100

调查内容包括青少年人口基本特征和一些家庭信息，以及相关媒体习惯。此

外，研究者对青少年注意力进行调查，调查工具是《精神疾病诊断和统计手册》（第四版）（*Diagnostic and Statistical Manual of Mental Disorders*）（Ⅳ）（1994 年 5 月美国精神协会出版）相关注意力部分（管方超，2015）。

（二）青少年媒体习惯与注意力缺陷

1. 青少年媒体使用主要用来娱乐和游戏

调查结果显示：青少年对媒体的使用主要表现在：娱乐和游戏（本章特别将游戏从娱乐中列出，主要想说明游戏对注意力的影响，下同），具体见表 7-2。

表 7-2　青少年媒体习惯　（单位：%）

		男生	女生
媒体内容	学习	51	63
	娱乐	77	80
	游戏	92	73
游戏	休闲小游戏	14	29
	益智类卡牌游戏	23	8
	手机游戏	32	31
	团队竞技类网游	23	4
	大型单机游戏	13	5
	其他	13	14

2. 青少年注意力缺陷问题日益广泛

调查发现，新媒体环境下超过半数（51%）的青少年存在注意力缺陷问题，其中高中生（64%）尤为显著，大学生（54%）次之（表7-3）。高中生正处于注意力缺陷多动障碍（ADHD）多发的儿童青少年时期，本研究所检测出的青少年注意力缺陷障碍明显高于以往研究。例如，江文庆等对上海初中、高中和职校的网络成瘾学生的心理健康问题特征的研究发现，网络成瘾中学生中注意力缺陷多动障碍检出率为20.6%，其中，男生检出率高于女生（分别为23.8%、7.7%）（江文庆等，2010）。曹枫林、苏林雁等（2007）在其中学生互联网过度使用与注意力缺陷多动障碍研究中指出，中学生互联网过度使用组中诊断为注意力缺陷多动障碍者占22%（曹枫林等，2007）。

表 7-3 新媒体时代青少年注意现状（N=886）

年级	注意力缺陷（否）		注意力缺陷（是）	
	人数/人	比例/%	人数/人	比例/%
小学	48	59	34	41
初中	273	51	264	49
高中	51	36	91	64
大学	58	46	67	54
合计	430	49	456	51

3. 导致注意力缺陷的因素之一是游戏

将上述人口学变量及媒体习惯分别与注意力缺陷进行相关分析，分析结果见表 7-4（得分越高，注意力缺陷越明显）。可知，文化成绩、体育成绩、手机与注意力缺陷呈显著正相关；游戏机和大型单机游戏与注意力缺陷呈显著负相关。

表 7-4 注意力缺陷与媒体习惯相关分析

变量	注意力缺陷
文化成绩	0.095**
体育成绩	0.139**
手机	0.08*
游戏机	−0.093*
大型单机游戏	−0.079*

注：**表示在 0.01 水平上显著相关，*表示在 0.05 水平上显著相关

这样，我们下文进一步研究游戏与青少年注意力缺陷之间的关系，以大学生为例。

四、电子游戏对大学生学习注意集中性的影响

（一）研究思路与假设

对电子游戏影响的研究可以从电子游戏和游戏者两方面进行。本研究结构框架如图 7-1 所示。其中电子游戏分为暴力性电子游戏和非暴力性电子游戏两类，

前者以画面暴力和内容暴力为变量。研究对象的个体要素包括性别、游戏时间和学历。

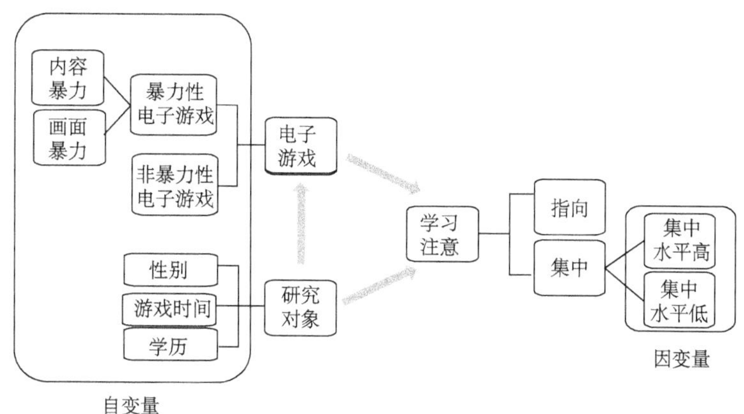

图 7-1　研究框架

（二）研究实施

研究采用问卷调查与实验研究两种方法。首先通过问卷调查玩家游戏使用和注意力情况，然后在此基础上选择实验研究被试。

调查问卷分为网络发放和纸质调查。网络问卷 323 份，有效问卷为 310 份；纸质问卷 70 份，有效问卷为 69 份。在此基础上，选取实验被试 27 名，其中，男性 12 名，女性 15 名，平均年龄为 24～31 岁；被试色觉正常，其裸眼视力或矫正视力均在 1.0 以上，且均为右利手。

研究工具包括游戏使用情况调查表、成人注意力自查量表、游戏《CS》、《连连看》，以及 16 通道的生理信号记录仪。

（三）研究结论

1. 非暴力电子游戏对注意集中性的影响与性别有关

研究者首先对非暴力游戏进行研究，让玩家玩非暴力游戏，持续时间超过 30 分钟，分别选择 15 分钟和 30 分钟的脑波数据进行分析，结果如下。

图 7-2 和图 7-3 显示，无论男生还是女生游戏前的 alpha 波的波幅均高于玩游戏 15 分钟和 30 分钟之后的，而玩游戏 15 分钟之后的 alpha 波的波幅与玩游戏 30

分钟后测得的波幅相差不是很大。由于 alpha 波的波幅与注意集中性成反比，即 alpha 波的波幅越低，说明被试的注意就越集中，这说明玩非暴力游戏 15 分钟和 30 分钟后被试注意力变得更加集中，但游戏 15 分钟和 30 分钟对注意力集中性的影响相差不大。

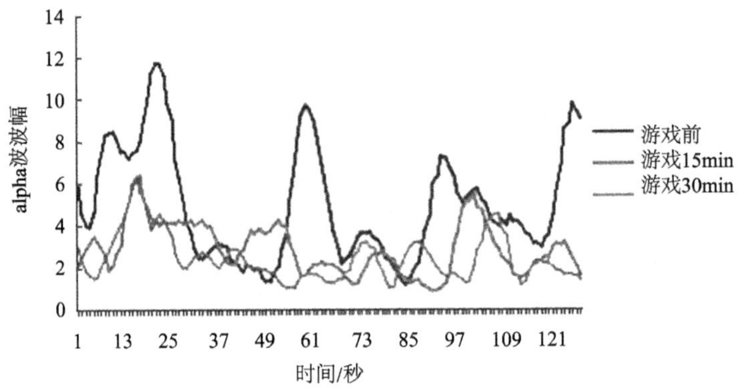

图 7-2　非暴力游戏组女生 alpha 波

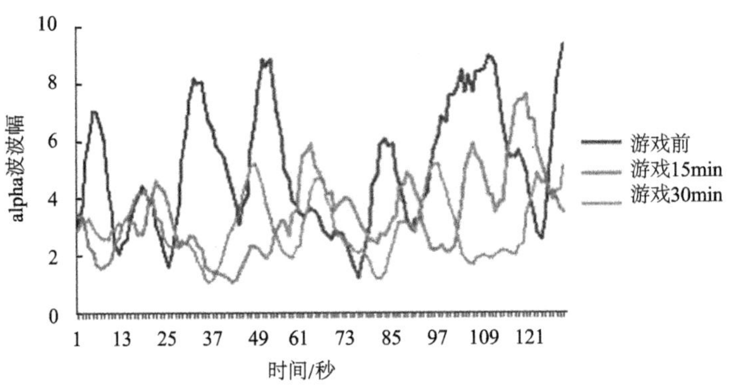

图 7-3　非暴力游戏组男生 alpha 波

图 7-4 显示的是非暴力游戏组男女生 theta/SMR 比值。由图可知，女生在玩游戏 15 分钟后，theta/SMR 的值降低，而在游戏 30 分钟后，theta/SMR 的值升高；男生 theta/SMR 的值在 15 分钟后升高，而在 30 分钟后又有明显下降。根据注意集中水平与 theta/SMR 比值呈负相关可知，非暴力电子游戏对男生、女生被试注意集中性的影响是不同的，这与 Tahiroglu 等的研究结果一致（Tahiroglu et al., 2009）。

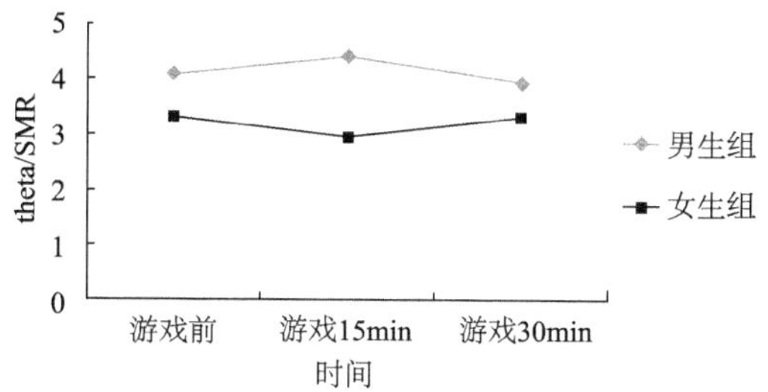

图 7-4　非暴力游戏组男生、女生 theta/SMR 值

2. 暴力电子游戏对注意集中性短期影响：注意集中性水平降低

研究者采用上述同样方式让玩家玩暴力游戏，结果如图 7-5 所示。由图 7-5 可知，游戏 15 分钟和 30 分钟之后玩家的 alpha 波的波幅大部分都高于游戏前，表明被试的注意集中性降低。对比非暴力游戏组与暴力游戏组男生 theta/SMR 的比值，发现被试注意集中性受到的影响更加明显。图 7-6 表示的是非暴力游戏组男生与暴力游戏组男生 theta/SMR 的比值，游戏 15 分钟和 30 分钟的 theta/SMR 值都高于游戏前，而且游戏时间越长，比值越高，这说明玩暴力游戏后，被试注意的注意集中水平低于游戏前，而且随游戏时间的继续进行，被试注意集中性受到的影响更加明显，这与非暴力游戏组男生注意集中性的变化完全不同。

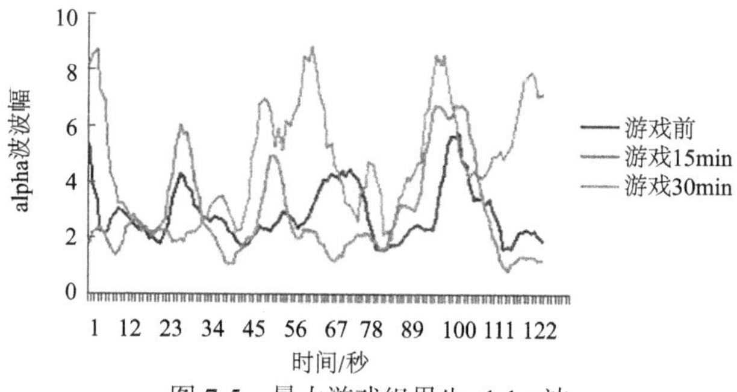

图 7-5　暴力游戏组男生 alpha 波

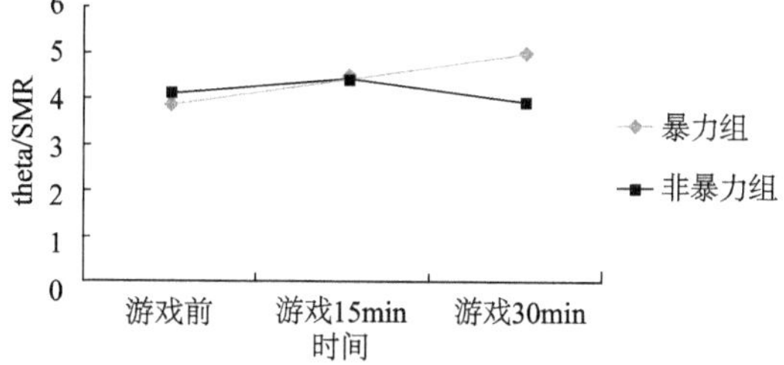

图 7-6　暴力游戏组与非暴力游戏组男生 theta/SMR 比值

3. 电子游戏对注意集中性的长期影响：与游戏类型、玩家性别相关

根据实验被试问卷调查中的游戏内容和游戏时间，将被试分为非暴力游戏组和暴力游戏组；再依据时间长短分成短期、中期和长期。这样，整个被试被分成非暴力游戏时间短组、非暴力游戏时间中组、非暴力游戏时间长组、暴力游戏时间短组、暴力游戏时间中组和暴力游戏时间长组 6 个部分，然后对各组被试 theta/SMR 的比值进行比较，结果如图 7-7 和图 7-8 所示。

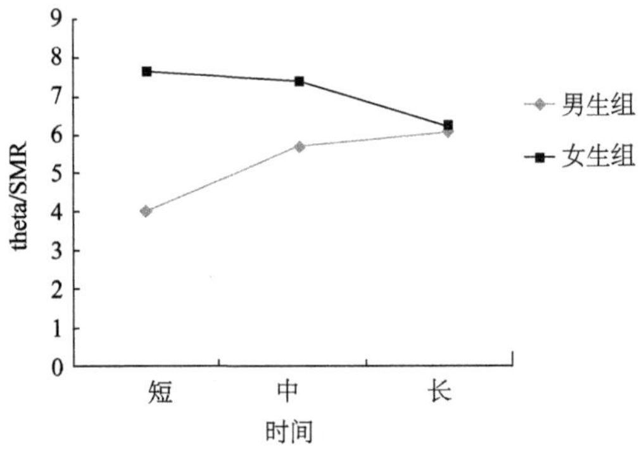

图 7-7 非暴力游戏组男女生 theta/SMR 比值

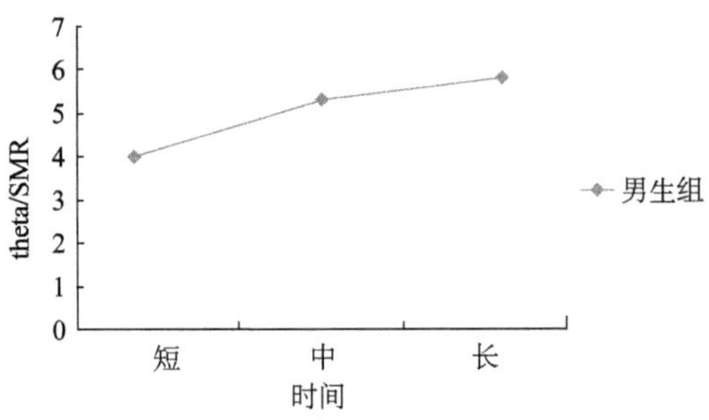

图 7-8 暴力游戏组男生 theta/SMR 比值

由图 7-7 可知，经过长时间多频次的游戏，电子游戏对不同性别的玩家注意集中性的影响不同。长时间玩非暴力电子游戏的女生 theta/SMR 比值要低于玩游戏时间短的女生，即长时间玩非暴力电子游戏促进了女性玩家的注意集中性；而对于男性被试，结果却完全不同，图 7-7 显示，玩非暴力电子游戏时间短的男性被试的 theta/SMR 比值要远远低于玩游戏时间长的被试，即非暴力电子游戏对男性玩家注意集中性起到抑制作用。但这一结果与图 7-5 相反，由此得出根据图 7-5 信息进行的推测被证明是不正确的，这也许是因为在进行实验时，男女性被试都

受到实验暗示而尽可能地在采集 EEG 数据时集中注意，这也是实验室测量所无法避免的。

由于没有适合玩暴力游戏的女性被试，所以研究者只考虑了暴力电子游戏对男性被试注意集中性的影响。图 7-8 显示的是暴力游戏组玩游戏时间长的男生与玩游戏时间短的男生 theta/SMR 的比值，发现长时间玩游戏的男生 theta/SMR 比值要高于玩游戏时间短的男生，即长时间玩暴力电子游戏抑制了玩家的注意集中性，也即游戏时间越长，抑制作用越大，可能引起更多的注意力问题，这与部分现有研究结果一致。

4. 非暴力电子游戏玩得越多，注意集中性越低

在分析处理非暴力性电子游戏的游戏频率与玩家学习注意集中性的数据时，首先要保证被试的学历、性别和所玩游戏的暴力性无明显差异。此外，对非暴力电子游戏组被试所玩游戏的暴力性做单个样本 t 检验，检验结果为 p=0.981（大于 0.05），显示暴力性差异不明显。再根据游戏频率由低到高排序，将被试平均分为三组，分别为低游戏频率组、中游戏频率组和高游戏频率组。最后，分析比较各组 ADHD 得分情况，分析结果如图 7-9 所示。

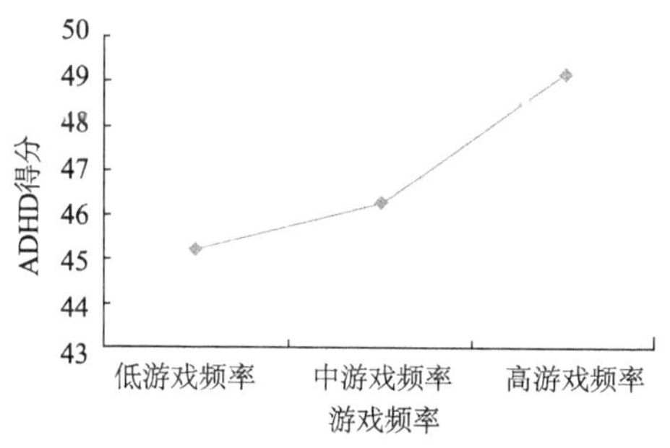

图 7-9　不同游戏频率被试 ADHD 得分

从图 7-9 中可看出，ADHD 得分随着游戏频率的增加而升高，非暴力性电子游戏的游戏频率与被试学习注意集中性呈负相关，即玩非暴力性电子游戏的频率越高，玩家的学习注意集中性就越差。

5. 玩电子游戏暴力性越强，注意力集中性越差

同上分析，比较组间 p=1.000（大于 0.05），表明非暴力游戏组被试游戏频率

无明显差异。再根据游戏内容暴力性和游戏画面暴力性，按照游戏暴力程度由低到高排序，将被试分为低暴力性组、中暴力性组和高暴力性组。最后，分析比较各组 ADHD 得分情况，分析结果如图 7-10 所示。

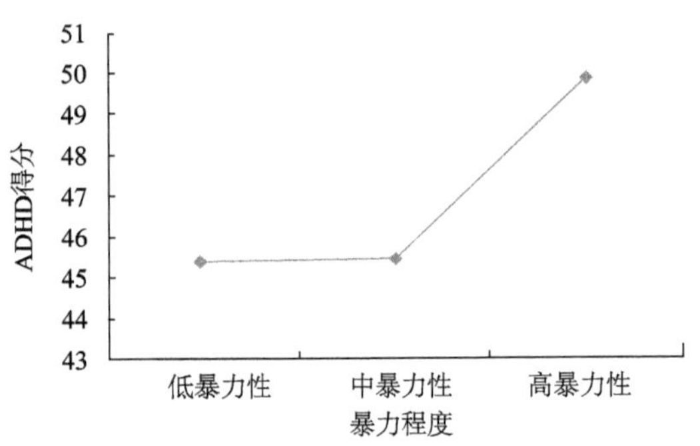

图 7-10 不同游戏暴力性被试的 ADHD 得分

从图 7-10 中可以看出，玩家的 ADHD 得分随着游戏暴力性的增加而升高，这说明游戏的暴力性可以影响玩家学习注意集中性，游戏的暴力性与玩家学习注意集中性呈负相关，这与上述分析结果一致。

五、研究讨论

（一）非暴力电子游戏与玩家学习注意集中性

综上，非暴力电子游戏对玩家注意集中性产生影响，而且具有性别差异。alpha 波形图表明，非暴力电子游戏会对玩家注意集中性产生负面的短期影响，降低玩家注意集中性水平，问卷数据中游戏频率的分析从长期影响方面证明了非暴力电子游戏对玩家注意集中性的负面影响。图 7-4 中非暴力游戏组男女被试 theta/SMR 的比值揭示了非暴力电子游戏对玩家注意集中性的具体作用过程，此影响具有性别差异，具体表现为：男性被试受到的影响先是积极的，但随着游戏时间增加而被抑制；而女性被试受到的影响先是消极的，但随着游戏时间增加而得到部分恢复。此外，分析非暴力电子游戏对不同性别被试注意集中性长期影响后发现，非暴力电子游戏会提高女性被试的注意集中性，降低男性被试的注意集中性。该研究结果与已有研究结果相同。

这种结果可以运用替代性假设理论来进行解释。替代性假设是指电子游戏取代了被试从事其他活动的时间，从而减少了锻炼自我控制能力和注意力的集中能力。但电子游戏也是一种活动，只要把握一定的度，在合适的度之内，受到的影响就是积极的；越过此度，结果就是消极的。

（二）暴力性电子游戏与玩家学习注意集中性

暴力性电子游戏会对玩家学习注意集中性产生负面影响。alpha 波形图显示游戏 30 分钟后的波幅要高于游戏 15 分钟后的，游戏 15 分钟后的波幅要高于游戏前的波幅，即玩暴力性电子游戏会抑制玩家的注意集中性。而 theta/SMR 比值的比较又说明了暴力性电子游戏对注意集中性的短期影响也是消极的，且随着游戏时间的增加，这种负面影响也会变大。这一点在分析暴力性电子游戏对不同学历的玩家注意集中性的影响中也得到验证，并且电子游戏的暴力性越强，玩家学习注意集中性所受到的消极影响就越大。

但是，游戏频率、游戏暴力性与学习注意集中性呈负相关这一研究结果在非暴力性电子游戏对玩家学习注意集中性的影响研究方面的结果却并不是那么简单。在研究非暴力性电子游戏对玩家学习注意集中性的短期影响时，EEG 数据显示非暴力性电子游戏对男、女性玩家学习注意集中性的影响是曲线的；然而，在研究非暴力性电子游戏对玩家学习注意集中性的长期影响时，EEG 数据显示对女性玩家学习注意集中性为积极影响，对男性玩家学习注意集中性为消极影响。问卷数据分析的结果则与非暴力性电子游戏对男性玩家学习注意集中性的长期影响结果相同，即游戏频率越高，玩家学习注意集中性受到的消极影响就越大。

另外，在现有的很多研究中都发现，男性是最渴望使用电脑和网络的用户，而且很多有网瘾的人多为男性（Bayraktar & Gün，2007；Griffiths，1999；Tahiroglu et al.，2008），这一点在电子游戏的使用上也存在相似的情况。在非暴力游戏组和暴力游戏组中，男性玩家在游戏的频率上远远高于女性玩家，而且在所玩游戏的暴力性上，男性玩家也高于女性玩家。暴力性电子游戏具有更加丰富的画面、震撼的音效、复杂的场景及适当的任务难度等优势，这些都增加了电子游戏对男性玩家的吸引力，使男性游戏玩家变得兴奋并且频繁地去玩游戏。过度玩吸引力如此高的电子游戏会改变玩家对其他具有不同等级吸引力的事物的兴奋点，因此对于那些吸引力不如电子游戏的事物，玩家就不能把注意力集中在上面，如学习等，因而过度地玩游戏就会增加玩家的注意力问题，进而影响玩家学习的注意集中性。然而女性玩家与男性玩家所感兴趣的点不同，这就使得电子游戏对不同性别玩家的学习注意集中性的影响结果不同。

参 考 文 献

曹枫林等. 2007. 中学生互联网过度使用与注意缺陷多动障碍. 中国实用儿科杂志, 04: 257-260.

杜祥军，谢霖. 2014. 大学生新媒体使用中注意力自我管理研究. 科教导刊(中旬刊), 11: 230-231.

管方超. 2015. 高中生ADHD的注意、抑制功能与其网络中视觉认知加工的关系研究. 武汉：华中师范大学硕士学位论文.

江文庆等. 2010. 上海市 199 例网络成瘾中学生心理问题研究. 上海精神医学, 05: 279-283.

刘敏. 2011. 电子游戏环境下学优生与学困生注意品质的差异研究. 南京：南京师范大学硕士学位论文.

卢家媚，魏庆安，李其维. 2004. 心理学基础理论及其教育应用. 上海：上海人民出版社.

肖峰. 2007. 网络时代的注意力问题. 社会学家茶座, (4): 27-33.

奕乾等. 2004. 普通心理学(修订二版). 上海：华东师范大学出版社.

张博，汤晓芸. 2013. 大学生网络使用中的注意力分配现状研究. 科技信息, 17: 50-51.

张智君等. 2009. 网络游戏过度使用者的注意偏向及其 ERP 特征. 应用心理学, 14(4), 291-296.

甄霜菊等. 2013. 暴力游戏对个体注意偏向影响的机制研究. 华南师范大学学报(社会科学版), (2): 67-73.

Achtman, R. L. , Green, C. S. , & Bavelier, D. 2003. Video games as a tool to train visual skills. *Restorative Neurology & Neuroscience,* 26(4-5): 435-446.

Anderson , C. A. & Bushman, B. J. 2002. Human aggression. *Psychology*, 53(1): 27.

Anderson, D. R. & Lorch, E. P. 1977. The effects of TV program pacing on the behavior of preschool children. *Educational Technology Research & Development,* 25(2): 159-166.

Bayraktar, F. & Gün, Z. 2007. Incidence and correlates of Internet usage among adolescents in North Cyprus. *Cyberpsychology & Behavior,* 10(2): 191-197.

Boot, W. R. et al. 2008. The effects of video game playing on attention, memory, and executive control. *Acta Psychological,* 129(3): 387-98, 1-10.

Brasel, S. A. & Gips, J. 2011. Media multitasking behavior: Concurrent television and computer usage. *Cyberpsychology Behavior & Social Networking,* 14(9): 527-534.

Feng, J. , Spence, I. & Pratt, J. 2007. Playing an action video game reduces gender differences in spatial cognition. *Psychological Science*, 18(10): 850-855.

Green, C. S. & Bavelier, D. 2003. Action video game modifies visual selective attention. *Nature*, 423(6939): 534-537.

Green, C. S. & Bavelier, D. 2007. Action-video-game experience alters the spatial resolution of vision. *Psychological Science*, 18(1): 88-94.

Griffiths, M. 1999. Internet addiction. *Psychologist*, 12: 246-251.

Johnson, J. G. et al. 2007. Extensive television viewing and the development of attention and learning difficulties during adolescence. *Archives of Pediatrics & Adolescent Medicine,* 161(5): 480-486.

Mistry, K. B. et al. 2007. Children's television exposure and behavioral and social outcomes at 5. 5 years: Does timing of exposure matter? *Pediatrics*, 120(4): 762-769.

Rosen, L. D. , Carrier, L. M., & Cheever, N. A. 2013. Face book and texting made me do it: Media-induced task-switching while studying. *Computers in Human Behavior*, 29(3): 948-958.

Spence, I. 2010. Video games and spatial cognition. *Review of General Psychology*, 14(2): 92-104.

Stevens, T. & Mulsow, M. 2006. There is no meaningful relationship between television exposure and symptoms of attention-deficit/Hyperactivity disorder. *Pediatrics*, 117(3): 665-672.

Swing, E. L. et al. 2010. Television and video game exposure and the development of attention problems. *Pediatrics*, 126(2): 214-221.

Tahiroglu, A. Y. et al. 2009. Short-term effects of playing computer games on attention. *Journal of Attention Disorders*, 13(6): 668-676.

Tahiroglu, A. Y. et al. 2008. Internet use among Turkish adolescents. *Cyberpsychology & Behavior the Impact of the Internet Multimedia & Virtual Reality on Behavior & Society,* 11(5): 537-543.

Zimmerman, F. J. & Christakis, D. A. 2007. Associations between content types of early media exposure and subsequent attentional problems. *Pediatrics,* 120(5): 986-992.

第八章　电子游戏与冲动性研究

一、研究的问题

电子游戏已经成为最流行、最受欢迎的娱乐方式。2002 年美国有将近 90%的儿童和青少年都在玩电子游戏（Gentile & Walsh，2002）。年轻人平均每天玩电子游戏的时间为 2 小时左右（Rideout et al.，2010），其中很大一部分的男性每天玩 4 小时或者更长时间（Bailey et al.，2010）。玩过多的游戏可能会导致游戏上瘾，其中，冲动性控制失败被认为是游戏上瘾的根本原因，这在病理性赌博的研究中得到了证实。尽管大家认为冲动性和游戏成瘾有着极大的联系，然而众多的研究却得出了不一样的甚至相互冲突的结论。

Lavin 等（1999）在关于大学生使用网络来寻求刺激的一项研究中发现玩过多的游戏和冲动性之间呈负相关；同样 Armstrong 等（2000）在关于互联网使用的潜在决定因素研究中提到玩过多的游戏和冲动性之间呈负相关。但 De Sousa（2011）在关于青少年电子游戏使用和注意力缺陷之间的关系的研究中发现过多的玩电子游戏和冲动性之间的关系呈正相关；Gentile 等（2011，2012）在玩电子游戏和注意力缺陷及冲动性之间的相关性研究表明，玩电子游戏和冲动性之间的关系呈正相关。Metcalf 和 Pammer（2013）在研究第一人称射击游戏中成瘾玩家和一般玩家的冲动性和相应的神经特征有何不同的文章中表明，由于之前的研究有太多的不一样的结果，所以玩太多的视频游戏和冲动性之间的关系尚不明确。他分析其原因可能是，冲动性不仅和玩游戏的时间有关，也和所玩游戏的类型相关。

而冲动性是一个复杂的概念，包含了多个不同维度。例如，Dickman（1990）提出了两种不同类型的冲动：功能性冲动和功能不良性冲动。在此研究基础之上，Dickman（1993）进一步将功能不良性冲动划分为三个维度，即反应性冲动、注意和抑制无能。

Patton 则将冲动性看作一种稳定的人格特质，鉴别出了认知冲动性、运动冲动性与无计划冲动性，并编制了 Barratt 冲动性量表（Barratt impulsiveness scale, BIS）。该量表发展至今被多次修订，已经有多种版本并被广泛使用，其中第十版本 BIS-10 包含 3 个因子：注意力冲动性，指不能将注意力集中在正在进行的事情上；运动冲动性，指遇事后没有经过考虑就刺激了行为；无计划冲动性，指行为前缺乏认真的思考和计划。

Brunner 等区分了冲动性决策和行为冲动性。冲动性决策是指个体缺乏对近期或者远期行为会对自身产生何种影响进行评估的能力，倾向于选择及时的享受，很难实现延迟满足；行为冲动性是指个体对受到自身或外界刺激时产生的行为倾向的抑制能力。与行为冲动性不同，冲动性决策是一种决策行为，个体在面临选择时需要衡量奖赏价值的大小，然后做出对自己最有利的决策（秦新娜等，2015）。因此，个体的冲动性决策在一定程度上影响其冲动性行为。

在这种背景下，本研究在调查大学生所玩游戏类型的基础上，主要从游戏时间和游戏内容两个维度出发，其中，内容方面以暴力游戏为例，即游戏暴力程度，来研究个体的冲动性决策与行为冲动性。本研究主要探讨以下问题：

（1）游戏时间和游戏暴力程度对大学生玩家冲动性决策的影响。

（2）游戏时间和游戏暴力程度对大学生玩家行为冲动性的影响。

二、数据与研究方法

（一）研究方法

本研究主要方法为行为实验方法，具体如下：

Winstanley 等（2006）等认为，测量冲动性的行为实验评定方法可分为两种：一是测量冲动性决策或冲动性选择，目前应用比较广泛的是爱荷华博弈任务（iowa gambling task，IGT）和延迟折扣任务（delay discounting task，DDT）。二是测量运动的冲动性或冲动性行为，目前应用比较广泛的是停止信号反应（stop-signal reaction time，SSRT）任务与（go/no-go）任务。

1. 延迟折扣范式与冲动性决策

DDT 是基于行为经济学的延迟折扣模型（models of delay discounting），该模型采用定量分析方法解释个体对延迟强化时间和延迟强化物折扣速度之间的函数关系。任务测量的是延迟奖励的价值与现时奖励的价值，反映在冲动性的操作化定义中就是，相比较大的延迟奖赏，个体偏好选择较小的即时奖赏（Rachlin et al.，1991）。

研究发现，冲动性个体往往更倾向于选择立即可得的较小奖赏，与非冲动性个体相比，冲动性个体对延迟奖励的折扣程度会高一些（JB，et al.，1999）。最近几年，心理学领域引入延迟折扣观点，产生了大量关于物质依赖、行为决策的实验范式，并成为研究冲动性决策的实验范式。

2. 停止信号任务范式与行为冲动性

停止信号实验任务是一种经典的研究反应抑制的模型，它通过计算机模拟真实的生活情境，在实验中要求被试快速而准确地执行一个行动（反应任务）或停止已经形成的行为冲动（停止任务）。这是一个迫选反应时任务（forced-choice reaction time task）。我们可以通过停止信号任务测量出被试对停止信号的反应速度与成功抑制率，从而客观真实地评估被试的抑制能力（吕杰，2011）。反应抑制是执行控制的一个关键组成因素，指抑制已经形成的反应动作冲动（Andrés，2003），确切地说，反应抑制就是抑制一些情况中我们不需要的又或者不恰当的行为，从而使我们可以对外界环境的刺激进行有目的的、灵活控制的行为反应（Verbruggen & Logan，2009）。

该任务是由 Logan 和 Tannock（1997）提出的测量冲动性行为的控制能力的实验范式，低的行为抑制能力即表现为控制行为能力的缺乏。

其中停止信号反应时向（SSRT）反映被试对于停止信号的反应速度，大多数研究都将其作为衡量反应抑制能力的直接指标，以评估被试是否具有反应抑制的缺陷。SSRT 值越高，表明被试对停止信号的反应时间越长，反应抑制能力越差，行为冲动性越强；SSRT 值越低，则意味着被试越能迅速地抑制住反应冲动，反应抑制能力越好，行为冲动性越弱（何博武，2013）。

（二）研究对象

共 338 人参加了此次问卷和量表的填写，所有填写问卷者均未参与过类似调查。回收有效问卷数为 282 份。其中男生占比 48.7%，女生占比 51.3%。样本的平均年龄为 22.3 岁。根据问卷调查情况及数据分析情况，选取 70 名被试进行实验室实验，获得实验数据 70 份。

（三）研究工具

研究工具包括游戏使用情况调查表、Anderson 和 Dill（2000）编制的电子游戏接触问卷（Video Game Questionnaire，VGQ）、利用心理实验专用软件 E-prime 编写的延迟折扣任务 DDT 实验程序，以及参照 Myerson 等（2003）的研究，采用虚拟奖金作为刺激材料。

三、游戏类型和游戏玩家的区分

（一）游戏类型

根据问卷数据，研究者将被调查者所玩游戏进行归纳整合，然后根据游戏的内容暴力得分加游戏的画面暴力得分，计算出该款游戏的暴力程度，将游戏区分为暴力游戏与非暴力游戏。

（二）游戏玩家

在上述游戏类型基础上，计算被试暴力游戏接触量，即（游戏的内容暴力得分+游戏的画面暴力得分）×游戏频率，求出所有游戏的平均分。得分在平均分以上的被试为暴力游戏玩家，得分在平均分以下的被试为非暴力游戏玩家，得分为零的被试为非游戏玩家。

为了排除实验前被试的游戏时间对实验结果的影响，本研究使用 SPSS17.0 对被试的游戏时间做了 t 检验，结果如表 8-1 所示，被试的游戏时间差异不明显，所以可以继续进行实验。

表 8-1　被试实验前游戏时间 t 检验

项目	检验值=10.523 809 52					
	t	df	p（双侧）	均值差值	差分的 95%置信区间	
					下限	上限
游戏时间	0.184	18	0.856	0.160 40	−1.671 8	1.992 6

四、实验结果

（一）实验一：电子游戏对冲动性决策的影响

1. 游戏时间对冲动性决策的影响

1）游戏时间高分组的延迟折扣率分析

在实验过程中，延迟奖赏的主观价值是由被试的选择决定的，延迟奖赏的主观价值呈偏态分布，数据分析应采用非参数检验的数据分析方法。延迟折扣率 k 由主观价值决定的，也呈偏态分布，所以，对延迟奖赏的主观价值和延迟折扣率 k 都需要使用中数作为集中趋势的分析指标，并采用进行非参数检验的统计方法进行推论分析。

对游戏时间高分组在不同金钱、不同时间条件下的延迟折扣率进行对比分析和 Wilcoxon singed-ranks 检验分析，分析结果如图 8-1 和表 8-2 所示。由表 8-2 可知，游戏时间高分组在 7 天时，200 元的延迟折扣率和 10 000 元的延迟折扣率无明显差异（$p>0.05$），游戏时间高分组在 30 天、90 天、180 天、365 天四个水平上，200 元的延迟折扣率显著和 10 000 元的延迟折扣率差异显著（$p<0.05$），由图 8-1 可知游戏时间高分组在 7 天、30 天、90 天、180 天、365 天五个水平上，200 元的延迟折扣率高于 10 000 元的延迟折扣率，即游戏时间高分组在面对 200 元时表现出较强的冲动性决策特征。

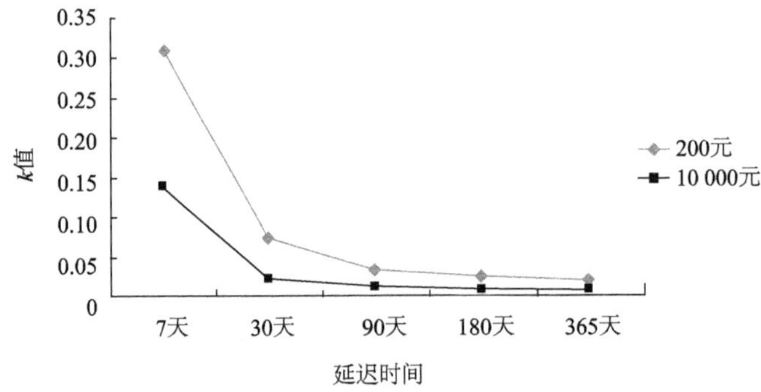

图 8-1 游戏时间高分组在不同延迟时间、不同金钱条件下 k 值差异比较

表 8-2　游戏时间高分组在不同延迟时间、不同金钱条件下的 *k* 值差异分析

项目	时间	延迟折扣物	*k* 值	Z	*p*（双侧）
游戏时间高分组	7 天	200 元	0.310	−1.677	0.094
		10 000 元	0.139		
	30 天	200 元	0.072	−2.682	0.007
		10 000 元	0.021		
	90 天	200 元	0.031	−2.347	0.019
		10 000 元	0.012		
	180 天	200 元	0.024	−3.237	0.001
		10 000 元	0.008		
	365 天	200 元	0.017	−2.114	0.035
		10 000 元	0.007		

2）游戏时间低分组的延迟折扣率分析

同样对游戏时间低分组在不同金钱、不同时间条件下的延迟折扣率进行对比分析和 Wilcoxon singed-ranks 检验分析，分析结果如图 8-2 和表 8-3 所示。从中可知游戏时间低分组在 7 天、30 天、90 天、180 天、365 天五个水平上，200 元的延迟折扣率显著高于 10 000 元的延迟折扣率（$p<0.01$ 或 $p<0.05$），即游戏时间低分组在面对 200 元金钱时表现出较强的冲动性决策特征。

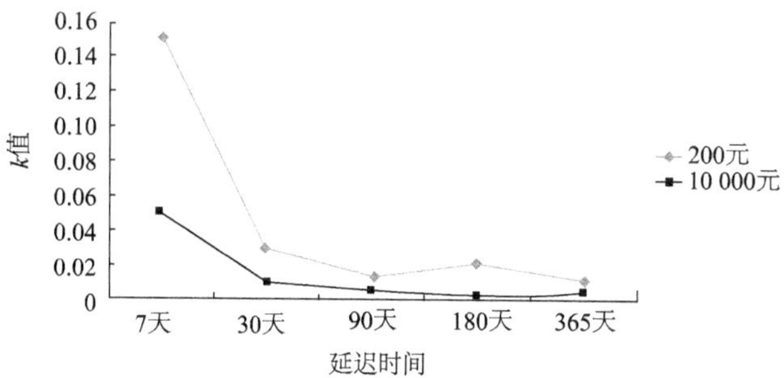

图 8-2　游戏时间低分组在不同延迟时间、不同金钱条件下 *k* 值差异比较

表 8-3　不同金钱、不同时间条件下游戏时间低分组的 k 值差异分析

项目	时间	延迟折扣物	k 值	Z	p（双侧）
游戏时间低分组	7 天	200 元	0.152	−2.002	0.045
		10 000 元	0.051		
	30 天	200 元	0.029	−3.101	0.002
		10 000 元	0.010		
	90 天	200 元	0.014	−2.519	0.012
		10 000 元	0.005		
	180 天	200 元	0.021	−4.397	0.000
		10 000 元	0.002		
	365 天	200 元	0.011	−2.782	0.005
		10 000 元	0.005		

3）游戏时间低分组与高分组之间延迟折扣率差异分析

对游戏时间低分组与游戏时间高分组在 200 元数值金钱、不同延迟时间下的延迟折扣率进行对比分析和 Mann-Whitney U 非参数检验，游戏时间低分组与游戏时间高分组在 200 元条件下的延迟折扣率差异比较结果如图 8-3 所示，延迟折扣率的非参数检验结果如表 8-4 所示。

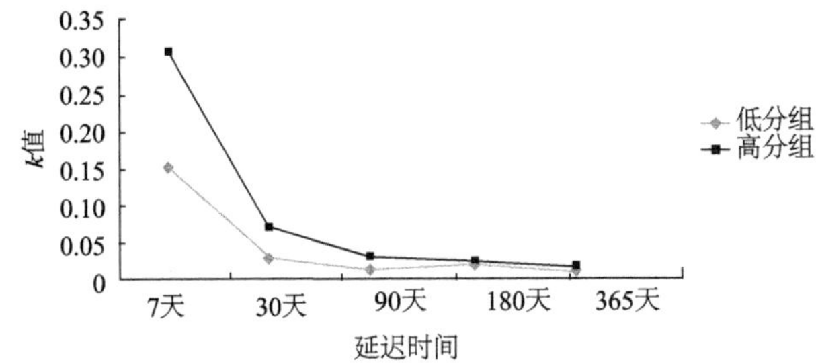

图 8-3　在 200 元条件下游戏时间低分组与高分组的 k 值差异比较

表 8-4　在 200 元条件下游戏时间低分组与高分组的 k 值的非参数检验

变量	$k1$ 值	$k2$ 值	$k3$ 值	$k4$ 值	$k5$ 值
Mann-Whitney U	402.000	500.000	452.000	516.000	524.000
Wilcoxon W	930.000	1028.00	980.000	1044.00	1052.00

续表

变量	k1 值	k2 值	k3 值	k4 值	k5 值
Z	-1.863	-0.581	-1.190	-0.362	-0.258
p（双侧）	0.062	0.561	0.234	0.718	0.796

注：k1 值指 200 元延迟 7 天，k2 值指 200 元延迟 30 天，k3 值指 200 元延迟 90 天，k4 值指 200 元延迟 180 天，k5 值指 200 元延迟 365 天

对游戏时间低分组与游戏时间高分组在 10 000 元数值金钱、不同延迟时间下的延迟折扣率进行对比分析和 Mann-Whitney U 非参数检验，游戏时间低分组与游戏时间高分组在 10 000 元条件下的延迟折扣率差异比较结果如图 8-4 所示，延迟折扣率的非参数检验结果如表 8-5 所示。

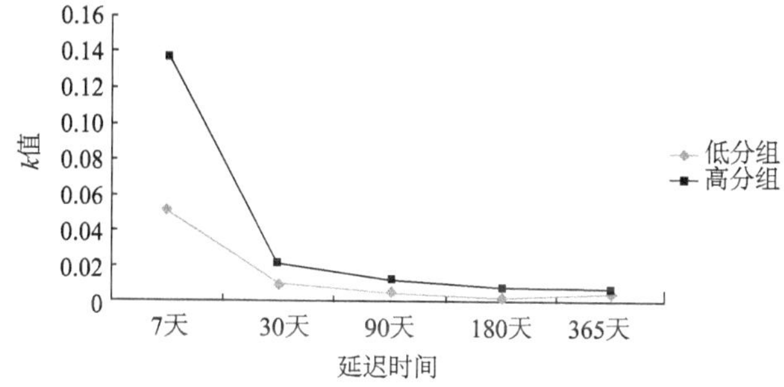

图 8-4　在 10 000 元条件下游戏时间低分组与高分组的 k 值差异比较

表 8-5　在 10 000 元条件下游戏时间低分组与高分组的 k 值的非参数检验

变量	M1 值	M2 值	M3 值	M4 值	M5 值
Mann-Whitney U	320.000	328.000	382.000	292.000	384.000
Wilcoxon W	848.000	856.000	910.000	820.000	912.000
Z	-2.973	-2.869	-2.094	-3.254	-2.063
p（双侧）	0.003	0.004	0.036	0.001	0.039

注：M1 值指 10000 元延迟 7 天，M2 值指 10000 元延迟 30 天，M3 值指 10000 元延迟 90 天，M4 值指 10000 元延迟 180 天，M5 值指 10000 元延迟 365 天

从表 8-4 可知，游戏时间低分组与游戏时间高分组在 200 元延迟折扣物条件下，7 天、30 天、90 天、180 天、365 天五个延迟水平上，不存在显著差异（$p>0.05$），即游戏时间低分组与游戏时间高分组在 200 元水平上，冲动性决策特征没有显著差异。从表 8-5 可知，游戏时间低分组与游戏时间高分组在 10 000 元延迟折扣物条件

下，7 天、30 天、90 天、180 天、365 天五个延迟时间水平上存在显著差异（$p<0.05$），即游戏时间高分组在 10 000 元延迟金额下表现出较强的冲动性特质。

2. 游戏暴力程度对冲动性决策的影响

1）游戏暴力程度高分组延迟折扣率分析

对游戏暴力程度高分组在不同金钱（200 元和 10 000 元）、不同时间条件下的延迟折扣率进行对比分析和 Wilcoxon singed-ranks 检验分析，分析结果如图 8-5 和表 8-6 所示。从中可知游戏暴力程度高分组在 7 天的延迟时间水平上，面对 200 元和 10 000 元不同程度的诱惑冲动性差异不显著（$p>0.05$）；在 30 天、90 天、180 天、365 天四个延迟时间水平上，对 200 元和 10 000 元价值不同程度的诱惑冲动性差异显著（$p<0.01$ 或 $p<0.05$），即游戏暴力程度高分组在面对 200 元的金额时表现出较强的冲动性决策特征。

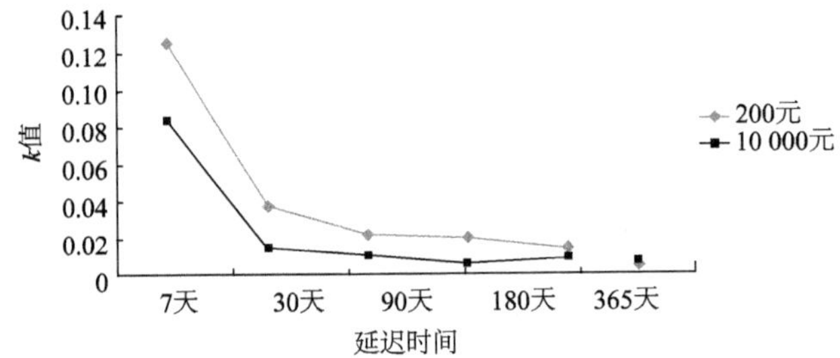

图 8-5 游戏暴力程度高分组在不同延迟时间、不同金钱条件下 k 值差异比较

表 8-6 游戏暴力程度高分组在不同延迟时间、不同金钱条件下的 k 值差异分析

项目	时间	延迟折扣物	k 值	Z	p（双侧）
游戏暴力程度高分组	7 天	200 元	0.126	−0.929	0.353
		10 000 元	0.084		
	30 天	200 元	0.037	−3.060	0.002
		10 000 元	0.015		
	90 天	200 元	0.022	−2.745	0.006
		10 000 元	0.011		
	180 天	200 元	0.020	−3.009	0.003
		10 000 元	0.007		
	365 天	200 元	0.014	−2.233	0.026
		10 000 元	0.009		

2）游戏暴力程度低分组的延迟折扣率分析

同样对游戏暴力程度低分组在不同延迟时间、不同金钱条件下的延迟折扣率进行对比分析和 Wilcoxon singed-ranks 检验分析，分析结果如图 8-6 和表 8-7 所示。从表 8-7 可知，游戏暴力程度低分组在 7 天、30 天、90 天、180 天、365 天五个水平上，200 元的延迟折扣率显著高于 10 000 元的延迟折扣率（$p<0.05$），即游戏暴力程度低分组在面对 200 元金额时，表现出较强的冲动性决策特征。

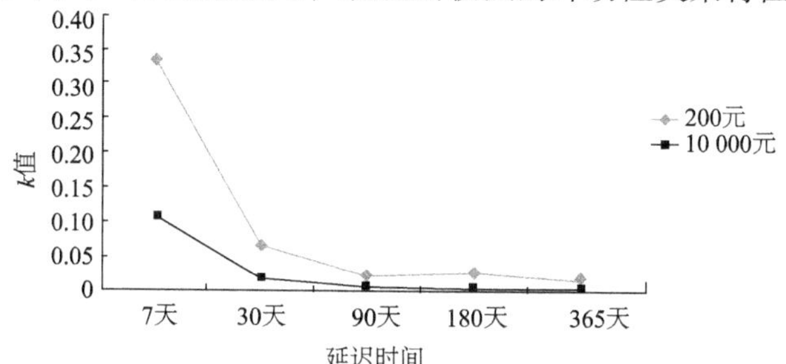

图 8-6　游戏暴力程度低分组在不同延迟时间、不同金钱条件下 k 值差异比较

表 8-7　游戏暴力程度低分组在不同延迟时间、不同金钱条件下的 k 值差异分析

项目	时间	延迟折扣物	k 值	Z	p（双侧）
游戏暴力程度低分组	7 天	200 元	0.334	−2.605	0.009
		10 000 元	0.108		
	30 天	200 元	0.065	−2.781	0.005
		10 000 元	0.016		
	90 天	200 元	0.023	−2.005	0.005
		10 000 元	0.007		
	180 天	200 元	0.025	−4.062	0.000
		10 000 元	0.003		
	365 天	200 元	0.014	−2.933	0.003
		10 000 元	0.003		

3）游戏暴力程度高分组和低分组延迟折扣率差异分析

对游戏暴力程度低分组与游戏暴力程度高分组在不同数额金钱、不同延迟时间下的延迟折扣率进行对比分析和 Mann-Whitney U 非参数检验，游戏暴力程度低分组与游戏暴力程度高分组在 200 元条件下的延迟折扣率的差异比较结果和非参数检验结果如图 8-7 和表 8-8 所示。

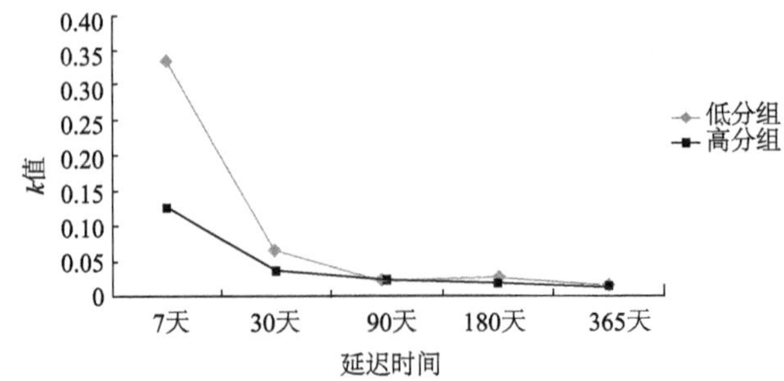

图 8-7 在 200 元条件下游戏暴力程度低分组与高分组的 *k* 值差异比较

表 8-8 在 200 元条件下游戏暴力程度低分组与高分组的 *k* 值的非参数检验

变量	*k*1 值	*k*2 值	*k*3 值	*k*4 值	*k*5 值
Mann-Whitney U	434.000	524.000	404.000	518.000	532.000
Wilcoxon W	962.000	1 119.000	999.000	1 113.000	1 127.000
Z	−1.443	−0.264	−1.810	−0.336	−0.155
p（双侧）	0.149	0.792	0.070	0.737	0.877

注：*k*1 值指 200 元延迟 7 天，*k*2 值指 200 元延迟 30 天，*k*3 值指 200 元延迟 90 天，*k*4 值指 200 元延迟 180 天，*k*5 值指 200 元延迟 365 天

对游戏暴力程度低分组与游戏暴力程度高分组在不同数额金钱、不同延迟时间下的延迟折扣率进行对比分析和 Mann-Whitney U 非参数检验，游戏暴力程度低分组与游戏暴力程度高分组在 10 000 元条件下的延迟折扣率的对比分析结果和非参数检验结果如图 8-8 和表 8-9 所示。

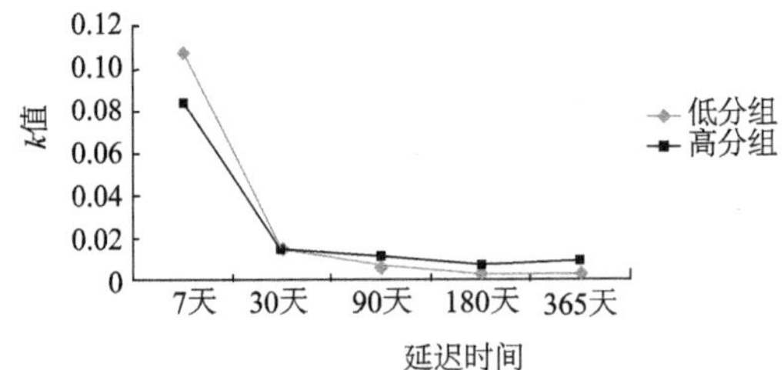

图 8-8 在 10 000 元条件下游戏暴力程度低分组与高分组的 *k* 值差异比较

表 8-9 在 10 000 元条件下游戏暴力程度低分组与高分组的 *k* 值的非参数检验

变量	*M*1 值	*M*2 值	*M*3 值	*M*4 值	*M*5 值
Mann-Whitney U	530.000	528.000	494.000	428.000	512.000

续表

变量	*M*1 值	*M*2 值	*M*3 值	*M*4 值	*M*5 值
Wilcoxon W	1 125.000	1 056.000	1 089.000	1 023.000	1 040.000
Z	−0.186	−0.213	−0.646	−1.498	−0.413
p（双侧）	0.853	0.832	0.518	0.134	0.680

注：*M*1 值指 10 000 元延迟 7 天，*M*2 值指 10 000 元延迟 30 天，*M*3 值指 10 000 元延迟 90 天，*M*4 值指 10 000 元延迟 180 天，*M*5 值指 10 000 元延迟 365 天

从表 8-8 可知，游戏暴力程度低分组与游戏暴力程度高分组在 200 元延迟折扣物条件下，7 天、30 天、90 天、180 天、365 天五个延迟水平上，不存在显著差异（$p>0.05$），即游戏暴力程度低分组与游戏暴力程度高分组在 200 元水平上，冲动性特征没有显著差异。从表 8-9 可知，游戏暴力程度低分组与游戏暴力程度高分组在 10000 元延迟折扣物条件下，7 天、30 天、90 天、180 天、365 天五个延迟时间水平上不存在显著差异（$p>0.05$），即游戏暴力程度低分组与游戏暴力程度高分组在 200 元和 10 000 元水平上冲动性特征均不存在差异。

（二）实验二：电子游戏对行为冲动性的影响

1. 游戏时间对行为冲动性的影响

1）被试之间的独立样本 t 检验

p（r/s）指的是被试在停止信号任务中对 stop 信号成功抑制的概率的大小。在本研究中，为保证数据的有效性，研究者删除成功抑制率太小或过大的数据，即剔除 p（r/s）大于 80%和小于 20%的数据，选择 p（r/s）接近 50%的被试测试数据。本次实验共有 70 人参加，最终选取游戏时间低分组被试 34 人、游戏时间高分组被试 30 人进行数据分析。数据采用 SPSS19.0 软件进行统计分析（表 8-10）。

研究者对两组样本之间的游戏接触量进行独立样本 t 检验，两组样本之间的电子游戏接触量差异性显著（$p<0.01$），即被试之间确实存在差异，被试实验数据具有代表性（表 8-11）。

表 8-10 被试之间的组统计量（N=64）

项目	排序	N	均值	标准差	均值的标准差
游戏频率	1	34	21.82	4.738	0.813
	2	30	34.47	4.883	0.892

表 8-11 被试之间的独立样本 t 检验

项目	变量	方差方程的 Levene 检验		均值方程的 t 检验			
		F	p	t	df	p（双侧）	均值差值
游戏频率	假设方差相等	0.028	0.867	−10.501	62	0.000	−12.643
	假设方差不相等			−10.481	60.505	0.000	−12.643

2）游戏时间高分组与低分组行为冲动性差异研究

对游戏时间低分组与游戏时间高分组在停止信号反应任务中产生的数据进行独立样本 t 检验，结果显示，游戏时间高分组的 SSRT 均值大于游戏时间低分组的 SSRT 均值，但不存在显著性差异（表 8-12，表 8-13）。

表 8-12 实验数据之间的组统计量（N=64）

变量	p（r/s）	ssd	SSRT	sr-rt	ns-rt	ns-hit	miss	Z	p
游戏时间低分组（N=34）	42.818	402.61	320.180	613.076	706.547	94.712	3.676	−0.812	0.17
游戏时间高分组（N=30）	46.280	391.85	329.320	636.900	721.747	96.547	2.687	−0.420	0.19

表 8-13 实验数据之间的独立样本 t 检验

项目	变量	方差方程的 Levene 检验		均值方程的 t 检验			
		F	p	t	df	p（双侧）	均值差值
SSRT	假设方差相等	0.929	0.343	−0.621	62	0.539	−27.302 4
	假设方差不相等			−0.650	22.188	0.523	−27.302 4

2. 游戏暴力程度对行为冲动性的影响

1）被试之间的独立样本 t 检验

剔除 p（r/s）大于 80%和小于 20%的数据，选择 p（r/s）接近 50%的被试测试数据。本次实验共有 70 人参加，最终选取游戏暴力程度低分组被试 32 人、游戏暴力程度高分组被试 30 人进行数据分析。数据采用 SPSS19.0 软件进行统计分析（表 8-14）。对两组样本之间的游戏接触量进行独立样本 t 检验，两组样本之间的游戏时间差异性显著（$p<0.01$），即被试之间确实存在差异，被试实验数据具有代表性（表 8-15）。

表 8-14　被试之间的组统计量（N=62）

项目	分组	N	均值	标准差	均值的标准误
游戏暴力程度	低分组	32	60.13	15.972	2.869
	高分组	30	183.13	69.470	12.683

表 8-15　被试之间的独立样本 t 检验

项目	变量	方差方程的 Levene 检验			均值方程的 t 检验		
		F	p	t	df	p（双侧）	均值差值
游戏暴力程度	假设方差相等	18.282	0.000	−9.602	59	0.000	−123.004
	假设方差不相等			−9.459	31.962	0.000	−123.004

2）游戏暴力程度高分组与低分组行为冲动性差异研究

对游戏暴力程度低分组与游戏时间高分组在停止信号反应任务中产生的数据进行独立样本 t 检验，结果显示，游戏暴力程度高分组的 SSRT 值与游戏时间低分组的 SSRT 值均值基本相同，不存在显著性差异（表 8-16，表 8-17）。

表 8-16　实验数据之间的组统计量（N=62）

变量	p（r/s）	ssd	SSRT	sr-rt	ns-rt	ns-hit	miss	Z	p
游戏暴力程度低分组（N=32）	42.444	424.39	314.787	642.825	742.494	96.231	3.113	−0.850	0.21
游戏暴力程度高分组（N=30）	47.453	366.29	318.244	605.633	683.980	94.647	3.460	−0.293	0.17

表 8-17　实验数据之间的独立样本 t 检验

项目	变量	方差方程的 Levene 检验		均值方程的 t 检验			
		F	p	t	df	p（双侧）	均值差值
SSRT	假设方差相等	3.472	0.073	0.076	60	0.940	3.4571
	假设方差不相等			0.074	30.524	0.942	3.4571

五、研究讨论

（一）游戏时间、游戏暴力程度与玩家的冲动性决策

1. 游戏暴力程度与个体偏好较小的及时奖赏

延迟折扣实验结论说明，游戏暴力程度高分组在 7 天的延迟时间水平上，在不同金钱条件下的冲动性水平无明显差异，在其他时间条件下面对 200 元金钱（低诱惑）时表现出较强的冲动性决策特质。游戏暴力程度低分组在不同时间条件下面对 200 元金钱（低诱惑）时表现出较强的冲动性决策特质。从实验结论可知，不管是游戏暴力程度高分组还是低分组被试都倾向于选择即时可得的较小的金额。该研究结论和本章研究结论一致，即个体偏好较小的及时奖赏，而不是较大的延迟奖赏。

2. 游戏暴力程度与冲动性决策无明显差异

游戏暴力程度低分组与游戏暴力程度高分组在不同时间条件和不同金钱条件下（200 元和 10 000 元），冲动性决策特质没有显著差异。

3. 高诱惑时暴力游戏时间与冲动性决策相关

延迟折扣任务实验假设大学生游戏暴力程度和玩家的冲动性决策呈正相关，即游戏暴力程度高分组大学生具有更高的冲动性人格特质，在延迟折扣实验任务中同样应该表现出较强的冲动性决策特质，即延迟折扣率更高。但本研究的实验结果表明，对于小额的金钱（200 元），大学生游戏暴力程度低分组与游戏暴力程度高分组两者之间的延迟折扣率基本相同，而且差异性不显著；而对于大额的金钱（10 000 元），两者在 7 天、30 天、90 天、180 天、365 天五个延迟时间水平上

虽然差异不显著，但游戏暴力程度高分组的延迟折扣率高于游戏暴力程度低分组。这可能说明对于小额的金钱，大学生游戏暴力程度高分组被试并没有表现出较强的冲动性决策特质，而对于大额的金钱，则表现出较强的冲动性决策特质。这可能是由于玩暴力游戏的大学生较多地接触暴力游戏，加之暴力游戏具有娱乐性和刺激性（心理亲和力），一定程度上使游戏行为得以强化，在与正常大学生同等情况下面对暴力游戏时，玩暴力游戏的大学生可能对电子游戏表现出较低的“免疫力”，即较高的行为冲动性（何博武，2013）。

（二）游戏时间、游戏暴力程度与玩家行为冲动性

1. 游戏时间和游戏暴力程度与行为冲动性无关

实验二采用停止信号反应时间任务对被试的冲动性行为进行考察，以深化电子游戏对大学生玩家行为冲动性影响的探究。实验结果表明，游戏时间高分组的SSRT均值大于游戏时间低分组的SSRT均值，但不存在显著性差异；游戏暴力程度高分组的SSRT均值与游戏暴力程度低分组的SSRT均值基本相同，不存在显著性差异。

2. 有游戏经验的用户具有较弱的行为抑制能力

根据停止信号反应时间实验任务结论推知，相比一般大学生，具有一定电子游戏经验的用户具有较弱的行为抑制能力，即高电子游戏经验者在现实生活中难以集中完成与游戏无关的任务。可以解释的是，在生活中，游戏者处在一个复杂的信息环境中，在执行与游戏无关的其他任务（如阅读、写作或思考等）时更容易受到其他信息的干扰。

参考文献

何博武. 2013. 大学生网络游戏行为及行为冲动性研究. 吉林: 吉林大学硕士学位论文.
李东. 2013. Q币对大学生网络游戏成瘾者冲动性行为的影响. 重庆: 西南大学硕士学位论文.
吕杰. 2011. 注意缺损多动障碍及其亚型的反应抑制研究. 中国健康心理学杂志, 19(7): 887-889.
秦幸娜等. 2015. 多巴胺对动物冲动性的影响. 心理科学进展, 02: 241-251.
史桂蓉等. 2016. 大学生手机依赖与冲动行为、拖延行为的相关性. 中国健康心理学杂志, 06: 916-919.

周亮，何晓燕，肖水源. 2006. 冲动性测量的方法学问题. 中国临床心理学杂志, 14(5): 455-457.

朱海. 2014. 冲动性研究现状及展望. 理论观察, 04: 65-66.

朱海. 2013. 中学生冲动行为及影响因素研究. 教学与管理, 36: 85-87.

Andrés, P. 2003. Frontal cortex as the central executive of working memory: Time to revise our view. *Cortex*, 39(4): 871-895.

Anderson, C, A. & Dill, K. E. 2000. Video games and aggressive thoughts, feelings, and behavior in the laboratory and in life. *Journal of Personality and Social Psychology*, 78 (4): 772-790.

Armstrong, L. , Phillips, J. G. & Saling, L. L. 2000. Potential determinants of heavier internet usage. *International Journal of Human-Computer Studies*, 53(4): 537-550.

Bailey, K. , West, R. & Anderson, C. A. 2010. A negative association between video game experience and proactive cognitive control. *Psychophysiology*, 47: 34-42.

De Sousa, A. 2011. Video game usage and attention deficit hyperactivity disorder (ADHD) symptoms in adolescents. *Indian Journal of Private Psychiatry*, 5: 55-59.

Dickman, S. J. 1990. Functional and dysfunctional impulsivity: Personality and cognitive correlates. *Journal of Personality and Social Psychology*, 58: 95

Gentile, D. A. et al. 2012. Video game playing, attention problems, and impulsiveness: Evidence of bidirectional causality. *Education Week*, (1): 62-70.

Gentile, D. A. & Walsh, D. A. 2002. A normative study of family media habits. *Journal of Applied Developmental Psychology*, 23(2): 157-178.

Lavin, M. et al. 1999. Sensation seeking and collegiate vulnerability to Internet dependence. *Cyberpsychology & Behavior*, 2(5): 425-430.

Logan, G. D. & Tannock, R. 1997. Impulsivity and inhibitory control. *Psychological Science*, 8(1): 60-64.

Metcalf, O. & Pammer, K. 2014. Impulsivity and related neuropsychological features in regular and addictive first person shooter gaming. *Cyberpsychology Behavior & Social Networking*, 17(3): 147-152.

Rachlin, H. , Raineri, A. & Cross, D. 1991. Subjective probability and delay. *Journal of the Experimental Analysis of Behavior*, 55(2): 233-244.

Richards, J. B. et al. 1999. Delay or probability discounting in a model of impulsive behavior: Effect of alcohol. *Journal of the Experimental Analysis of Behavior*, 71(2): 121-143.

Rideout, V. J. , Foehr, U. G. & Roberts, D. F. 2010. Generation M2: Media in the lives of 8 to 18-year olds. http: //www. kff. org/entmedia/entmedia012010nr. cfm[2012-3-15].

Verbruggen, F. & Logan, G. D. 2009. Models of response inhibition in the stop-signal and stop-change paradigms. *Neuroscience & Biobehavioral Reviews*, 33(5): 647-661.

Winstanley, C. A. , Eagle, D. M. & Robbins, T. W. 2006. Behavioral models of impulsivity in relation to ADHD: Translation between clinical and preclinical studies. *Clinical Psychology Review*, 26(4): 379-395.

第九章　新媒体环境下自我控制研究

一、自我控制的概念

人本主义心理学认为个体有通过自我控制的需求来发展自己、维持自己。自我控制是个体对自身的心理和行为的主动掌握，自觉地选择目标，适时地监督调节自己的认知、情绪及行为的过程；也是个体抑制冲动、抵制诱惑、延迟满足、坚持不懈地保证目标实现的一种综合能力（谭树华等，2012）。泰勒和斯切雷德（Taylor & Schneider，1989）提出了自我控制的机制——平衡需求，平衡需求主要有两种形式：一是主客观的平衡，它要求个体自觉地接受社会的规范，使得自己的观念和社会的要求协调一致；二是主观平衡，当主客观不平衡的时候，人们通过归因降低自己的标准或者改变自己的观念等，从而达到内心的平衡。自我控制也是指个体自主调节行为，使其与个人价值和社会期望相匹配的能力，平衡需求是产生自我控制的根本原因。

二、自我控制相关研究

（一）冲动性与自我控制

在互联网时代，青少年正面临着前所未有的诱惑与挑战，互联网使用如果控制不当便会出现网络成瘾、暴力犯罪、药物滥用、情绪低落甚至人格障碍等问题。自我控制是抵制冲动进而进行自我控制的过程，在面对诱惑时个体需面对两种力量：一种是呼吁个体做出合理行为的自我控制力量，另外一种是鼓励个体做出满足欲望行为的冲动力量。要精确预测自我控制结果必须同时考虑这两个方面对行为的影响（李琼和黄希庭，2012）。于是 Hofmann 等（2009）提出了著名的自我控制双系统模型（dual-systems model of self-control）（图 9-1），指出一个完整的自我控制模型包括两部分：冲动系统和自我控制系统。顾名思义，冲动系统负责产生冲动行为；自我控制系统担任监管角色，对冲动系统起辅助作用。

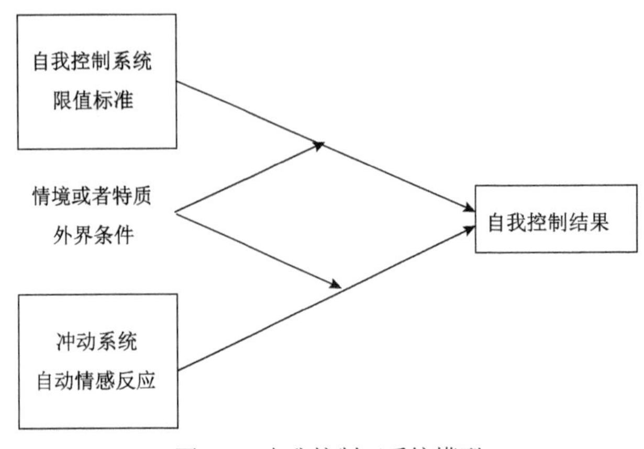

图 9-1 自我控制双系统模型

（二）注意力与自我控制

研究表明有限的注意力可能导致个体失控，专注于自我及个人标准，有助于个体成功时的自我控制。但注意力和自我控制之间的关系依赖于个体的心理过程和有关环境因素之间的复杂相互作用。Mann 和 Ward（2007）提出了自我控制的注意近视模型（the attentional myopia of self-control）（图 9-2），来解释注意力和自我控制之间的关系。当注意力资源受到限制时，个体可能只专注于最突出的行为线索，而忽视更远端的刺激，后续的动作就有可能在那些“中心”线索的近期独家激励下产生。这种缩小注意力焦点的状态称为“注意力近视”，当显著的线索起到促进个体违反自我标准的作用时，将会导致个体失去自我控制，当显著的线索起到抑制个体违反自我标准的作用时，会使个体增强自我控制。

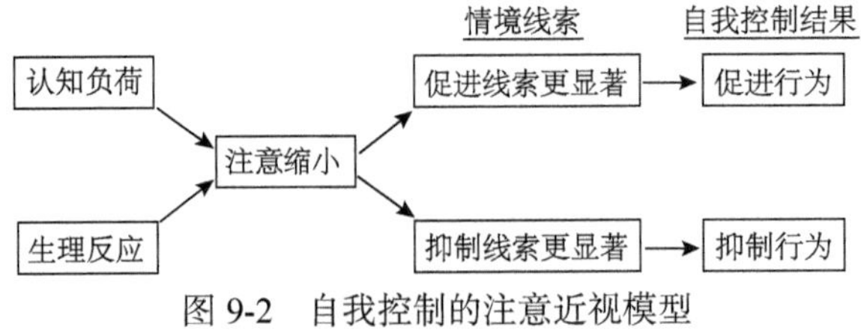

图 9-2 自我控制的注意近视模型

（三）网络成瘾和自我控制

关于网络成瘾和冲动性及自我控制的研究，梁虹等（2016）研究指出，青少年自我控制水平越低，网络成瘾倾向越高；冲动性越高，网络成瘾倾向越高。且青少年冲动行为对网络成瘾的影响更大。梅松丽等（2010）在基于延迟折扣任务的网络成瘾者冲动性研究一文中也得出类似的结论，网络成瘾得分与冲动性之间呈显著正相关。

（四）网络欺凌与自我控制

在关于网络欺凌与自我控制的研究中，研究者认为网络欺凌的发生并非受单一因素的影响，而是由多种因素交互作用的结果，与儿童自身、互联网的特性、家庭、学校教育、社区及宏观的社会环境等诸多因素相关（祝玉红等，2014）。而自我控制能力作为青少年自身因素具有至关重要的作用，如果青少年有良好的自我控制能力，冲动性行为发生率则会明显降低，网络欺凌行为的发生也随之减少。

在此种背景下，本研究以互联网中青少年的自我控制为切入点，探究青少年的媒体习惯、注意力、网络欺凌及冲动性对其自我控制的影响。

三、自我控制模型探讨

（一）自我控制与冲动性、注意力、网络游戏成瘾

本研究将青少年媒体习惯分为三个维度：学习、娱乐和游戏。学习维度包括与学习相关的资料与视频；娱乐维度包括与娱乐相关的娱乐资料和娱乐视频；游戏维度包括休闲小游戏、益智类卡牌游戏、手机游戏等六款游戏。其中，自我控制得分越高，说明其自我控制能力越强；冲动性得分越高，冲动性问题越明显；注意力缺陷得分越高，注意力缺陷问题越严重；网络游戏成瘾得分越高，成瘾程度越高。自我控制与青少年媒体习惯、冲动性、注意力、网络欺凌、网络游戏成瘾相关分析见表 9-1。

表 9-1 控制需求与青少年媒体习惯、冲动性、注意力、网络欺凌、网络游戏成瘾相关分析

变量	控制需求	性别	学习	娱乐	游戏	冲动性	注意力缺陷	网络欺凌	网络游戏成瘾
控制需求	1								
性别	0.059	1							
学习	0.013	0.135**	1						
娱乐	−0.045	−0.241**	−0.166**	1					

续表

变量	控制需求	性别	学习	娱乐	游戏	冲动性	注意力缺陷	网络欺凌	网络游戏成瘾
游戏	-0.045	-0.241**	-0.166**	-0.83**	1				
冲动性	-0.143**	-0.078	0.007	0.067**	0.066**	1			
注意力缺陷	-0.149**	-0.028	-0.023	0.036*	0.36	0.682**	1		
网络欺凌	-0.084**	-0.179**	0.026	0.0135**	0.210**	0.249**	0.149**	1	
网络游戏成瘾	-0.160**	-0.263**	-0.043	0.120**	0.135**	0.236**	-0.061	0.222**	1

注：**表示在 0.05 水平上显著相关，*表示在 0.1 水平上显著相关

由表 9-1 可知，控制需求与性别、学习、娱乐、游戏无显著相关；与冲动性、注意力、网络欺凌、网络游戏成瘾呈显著负相关。其中，与注意力缺陷、冲动性、网络游戏成瘾的负相关性尤为显著。在此基础上建立自我控制、冲动性、注意力缺陷与网络游戏成瘾的结构方程模型。

（二）自我控制框架下的结构方程模型

1. 研究假设

H1：冲动性通过自我控制影响网络游戏成瘾。

H2：冲动性通过注意力缺陷影响网络游戏成瘾。

H3：冲动性直接影响网络游戏成瘾。

H4：注意力缺陷通过自我控制影响网络游戏成瘾。

2. 模型建立

研究者对问卷收集的数据进行整理，据温忠麟等（2004）的中介效应检验程序，调用 AMOS21.0 软件建立以冲动性为外源潜变量，以自我控制、网络游戏成瘾、注意力缺陷为中介潜变量的结构方程模型（图 9-3）。

3. 模型拟合度检验

AMOS21.0 软件提供了多种模型拟合指数，通常采用绝对拟合指数 χ^2、RMR、GFI 及相对拟合指数 NFI、IFI、CFI 等指数对结构方程模型的拟合优度进行评价（吴明隆，2009）。本模型拟合指数结果如表 9-2 所示。

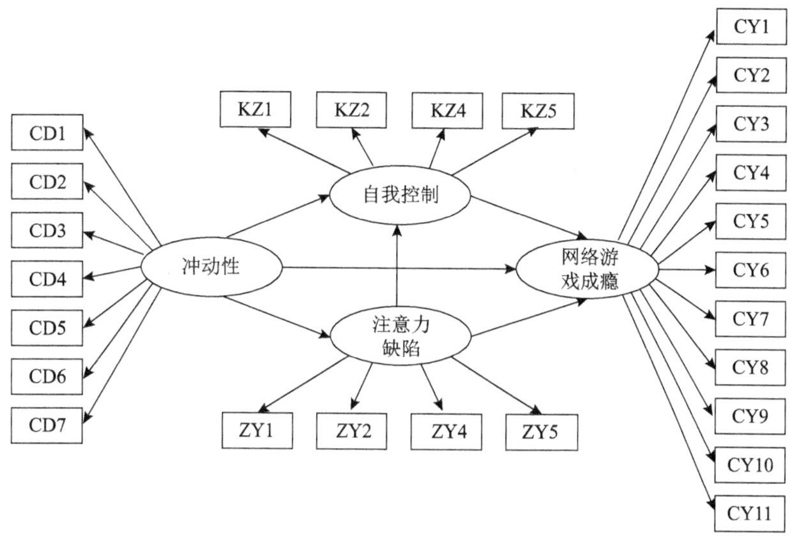

图 9-3　冲动性、自我控制、注意力缺陷与网络游戏成瘾的初始模型

表 9-2　模型拟合指数计算表

变量	χ^2	df	χ^2/df	RMR	GFI	AGFI	CFI	NFI	IFI	RMSEA
本模型	726.342	760.597	2.596	0.027	0.934	0.921	0.948	0.919	0.948	0.044

结构方程模型拟合程度的评价标准为：χ^2 越接近饱和，模型越好；RMR 小于 0.05，越小越好；GFI 大于 0.9；NFI、IFI、CFI 大于 0.9，越接近 1 越好；AIC 越接近饱和，模型越好（王华，2009）。本研究构建的结构方程模型的拟合指数基本符合标准，说明本模型的拟合度良好，具有较高的构建效度。

4. 模型参数估计

Amos21.0 分析软件采用极大似然估计（maximum likelihood，ML）法进行参数估计。本模型参数估计结果如表 9-3 所示。冲动性、自我控制、注意力缺陷与网络游戏成瘾的结构方程图见图 9-4。

表 9-3　模型参数估计结果

项目	因果关系	参数估计值	标准误	t	p
注意力缺陷	<--冲动性	0.518	0.043	12.011	***
自我控制	<--冲动性	0.032	0.056	0.574	0.566
自我控制	<--注意力缺陷	−0.104	0.07	−1.502	0.133

续表

项目	因果关系	参数估计值	标准误	t	p
网络游戏成瘾	<--冲动性	0.075	0.018	4.118	***
网络游戏成瘾	<--注意力缺陷	−0.061	0.022	−2.735	0.006
网络游戏成瘾	<--自我控制	−0.081	0.014	−5.671	***

注：***表示 $p<0.001$

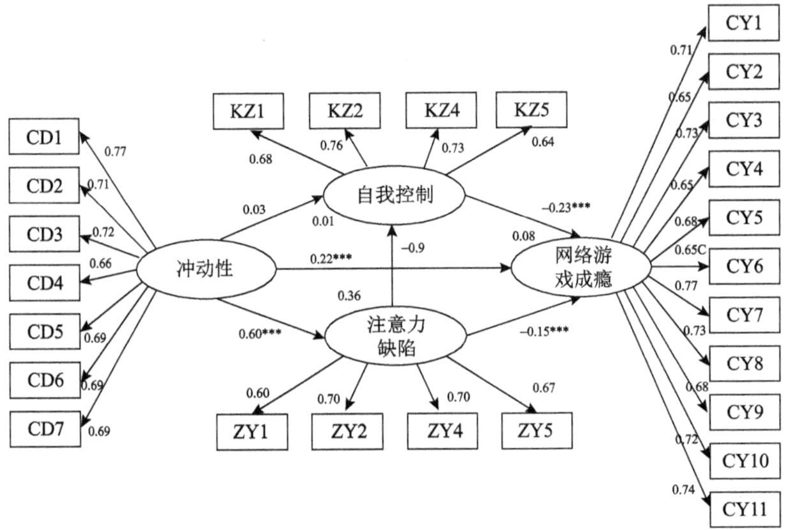

图 9-4 冲动性、自我控制、注意力缺陷与网络游戏成瘾的结构方程图

5. 模型结果分析

1）自我控制的中介作用

A. 自我控制在冲动性与网络游戏成瘾间的中介作用

表 9-3 给出了结构方程模型的参数估计值、标准误差、t 检验值及显著性。结果表明，冲动性对网络游戏成瘾及自我控制对网络游戏成瘾的路径系数比较理想，通过显著性检验达到 0.05 显著水平。然而，需要指出的是，冲动性对自我控制及注意缺陷对自我控制的 t 检验值较小，检验结果不显著，未能验证假设 H1，即自我控制在冲动性与网络游戏成瘾间没有起到中介作用。

B. 自我控制在注意力缺陷与网络游戏成瘾间的中介作用

由表 9-3 可知，注意力缺陷对网络游戏成瘾及自我控制对网络游戏成瘾的路径系数比较理想，通过显著性检验达到 0.05 显著水平。而注意缺陷对自我控制的

t 检验值较小，检验结果不显著，未能验证假设 H4，即自我控制在注意力缺陷与网络游戏成瘾间没有起到中介作用。

2）注意力缺陷的中介作用

在冲动性、注意力缺陷与网络游戏成瘾三者关系中，每条路径均达到显著水平（表 9-3）。由图 9-4 可知，三者关系中冲动性对网络游戏成瘾的总体效应为 0.31，间接效应为 0.09，直接效应为 0.22。故注意力缺陷在冲动性与网络游戏成瘾间起部分中介作用，中介效应占总效应的比例为 29%。这说明青少年的冲动性不仅直接影响网络游戏成瘾，还会通过注意力缺陷的中介作用影响网络游戏成瘾。

6. 模型结果讨论

1）冲动性、网络游戏成瘾与自我控制的关系

首先，由以上分析可知，首先青少年自我控制能力水平越高，冲动性水平越低；冲动性水平越高，网络游戏成瘾问题越严重。换言之，高自我控制水平的个体更能控制自己的行为。此研究结果与已有研究相符，例如，梁虹等（2016）在其青少年自我控制双系统与网络成瘾的关系研究中得出青少年自我控制水平越低，网络成瘾倾向越高；冲动性越高，网络成瘾倾向越高；同样，梅松丽等（2010）在《基于延迟折扣任务的网络成瘾者冲动性研究》一文中也得出类似的结论，网络成瘾得分与冲动性之间呈显著正相关。

其次，本研究还发现自我控制水平越高，网络游戏成瘾问题越轻。这进一步验证了 Kim 等、陶宇和李彩娜、何灿等、聂衍刚等的研究结果（Kim et al., 2008；陶宇和李彩娜，2009；何灿等，2012；聂衍刚等，2013）。此结果有以下几种解释方式：①精神分析理论将人格结构分为本我、自我和超我，其中本我是指人的本能，具有即时满足的冲动倾向，遵循享乐原则（聂衍刚等 2013）。网络游戏成瘾是个体对网络游戏情境的反应，在这一虚拟情境中个体沉迷于网络游戏，以此来逃避现实，寻求“即时享乐”的感觉。②自我控制资源理论认为个体自我控制依赖有限能量资源，个体在完成自我控制任务后消耗了有限的资源，导致自控资源的短暂缺失（即自我损耗状态），减少资源用于其他任务，使得个体在这些任务中表现较差，进而影响随后的自我控制任务（Muraven et al., 1998）。自我损耗会削弱个体在网络中抵抗诱惑、克服戒网困难的效果，

从而导致网络成瘾的发生。③从临床心理学角度可以将网络成瘾看作是一种冲动控制障碍，网络成瘾形成的本质就是缺乏对上网冲动行为的控制（聂衍刚等，2013）。

最后，由于冲动性与自我控制路径及注意力与自我控制路径未达到显著性检验水平（$p=0.566>0.05$，$p=0.133>0.05$），因此本研究并未得出自我控制在冲动性与网络游戏成瘾间起中介作用，以及自我控制在注意力缺陷与网络游戏成瘾间起中介作用的结论。这与已有研究不符，如聂衍刚等（2013）指出，自我控制在非功能性冲动对网络成瘾影响中起部分中介作用，功能性冲动通过自我控制的完全中介作用对网络成瘾中的人际与健康问题产生影响。

2）注意力缺陷在冲动性与网络游戏成瘾间的中介作用

A. 注意力缺陷、冲动性与网络游戏成瘾

由结构方程模型可知，冲动性与注意力缺陷呈显著正相关，换言之，冲动性水平越高的个体，越容易存在注意力缺陷问题。冲动行为（impulsive behavior）是任意的、无计划的、鲁莽的、具有潜在危险的、不计后果的、对结果没有足够考虑的行为表现（朱海，2013）。Dickman（1990）认为，个体间不同的冲动性可能反映了他们在分配注意力机制上的差异，冲动的人的行为缺乏思考。

此外，注意力缺陷与网络游戏成瘾呈显著负相关。存在注意力缺陷问题的个体，不易于形成网络游戏成瘾。注意力缺陷导致个体无法集中注意力或长时间集中注意力进行某种活动，而网络游戏成瘾表现为在成瘾物质作用下，难以控制地过度使用网络、玩游戏等。

B. 注意力缺陷在冲动性与网络游戏成瘾间的中介作用

本研究还考察了注意力缺陷在冲动性对网络游戏成瘾影响中的作用机制，研究结果揭示了冲动性通过注意力缺陷影响网络游戏成瘾。首先，注意力在冲动性对网络游戏成瘾影响中起部分中介作用，即冲动性不仅直接影响网络游戏成瘾，还通过注意力间接影响网络游戏成瘾。由图 9-4 可知，注意力缺陷与网络游戏成瘾路径系数为负值（$\beta=-0.15$），即注意力缺陷水平越高，越不容易产生网络游戏成瘾。此结果可以通过注意力资源分配进行解释。从注意力资源在信息资源上的分配看，在现代信息社会中，社会信息存量以爆炸性的方式增长，过量的信息使人们应接不暇，而存在注意力缺陷问题的青少年，更使其原本有限的注意力资源严重短缺（苏君华和周林兴，2003）。

（三）模型相关结论

在该模型下，本研究发现青少年的冲动性、自我控制与网络游戏成瘾之间存在显著的相关性。青少年自我控制能力水平越高，冲动性水平越低；冲动性水平越高，网络游戏成瘾问题越严重。换言之，高自我控制水平的个体更能控制自己的行为，不易出现网络游戏成瘾问题。

此外，研究发现自我控制在冲动性与网络游戏成瘾间的中介作用不显著，此结论与以往研究结论不符。

最后，本研究发现注意力缺陷在冲动性与网络成瘾间起着部分中介作用，即冲动性不仅直接影响网络游戏成瘾，还通过注意力缺陷间接影响网络游戏成瘾。这可能是由于在互联网时代，信息以爆炸性的方式增长，严重分散了青少年的注意力，进而对青少年网络游戏成瘾问题有所缓解。

参考文献

何灿等. 2012. 自尊与网络游戏成瘾——自我控制的中介作用. 中国临床心理学杂志, 01: 58-60.

李琼, 黄希庭. 2012. 自我控制: 内涵及其机制与展望. 西南大学学报(社会科学版), 02: 41-52, 173.

梁虹等. 2016. 青少年自我控制双系统与网络成瘾的关系研究. 中国全科医学, 09: 1076-1080.

梅松丽等. 2010. 基于延迟折扣任务的网络成瘾者冲动性研究. 心理科学, 03: 722-725, 735.

聂衍刚, 窦凯, 王玉洁. 2013. 冲动性与网络成瘾: 自我控制的中介作用. 宁波大学学报(教育科学版), 03: 7-12.

苏君华, 周林兴. 2003. 注意力资源与信息服务业发展. 情报杂志, 12: 60-61.

谭树华等. 2012. 自我损耗: 理论、影响因素及研究走向. 心理科学进展, 05: 715-725.

陶宇, 李彩娜. 2009. 自我控制对网络成瘾与父母教养方式的中介作用研究. 中国健康心理学杂志, 12: 1444-1447.

王华. 2009. 中国省级区域餐饮业竞争力的结构方程模型. 旅游科学, 03: 23-27

温忠麟等. 2004. 中介效应检验程序及其应用. 心理学报, 05: 614-620.

吴明隆. 2009. 结构方程模型——AMOS 的操作与应用. 重庆: 重庆大学出版社.

朱海. 2013. 中学生冲动行为及影响因素研究. 教学与管理, (36): 85-87.

祝玉红, 陈群, 周华珍. 2014. 国外网络欺凌研究的回顾与最新进展. 中国青年研究, 11: 80-85.

Dickman, S. J. 1990. Functional and dysfunctional impulsivity: Personality and cognitive correlates. *Journal of Personality & Social Psychology*, 58(1): 95-102.

Hofmann, W. , Friese, M. & Strack, F. 2009. Impulse and self-control from a dual-systems perspective. *Perspectives on Psychological Science: A Journal of the Association for Psychological Science*, 4(2): 162-176.

Kim, E. J. et al. 2008. The relationship between online game addiction and aggression, self-control and narcissistic personality traits. *European Psychiatry*, 23(3): 212-218.

Mann, T. & Ward, A. 2007. Attention, self-control, and health behaviors. *Current Directions in Psychological Science*, 16(5): 280-283.

Muraven, M. , Tice, D. M. & Baumeister, R. F. 1998. Self-control as limited resource: Regulatory depletion patterns. *Journal of Personality & Social Psychology*, 74(3): 774-789.

Taylor, S. E. & Schneider, S. K. 1989. Coping and the simulation of events. *Social Cognition*, 7: 174-194.

第十章　社交媒体中青少年情绪研究

一、问题的提出

社交网站是社交媒体的一部分，为人们提供在线并能与他人分享的个人空间（Bib S. Barnes，2006）。它具有即时通信的功能，又发挥着微博的作用，能根据用户需求提供多元化、差异化的服务，满足用户线上线下需要，因此社交网站吸引了大量的用户群，也为青少年表露心声、表达自己的情绪提供了网络平台。

我们选择覆盖率广泛、青少年使用较多的社交网站——QQ 空间，对青少年的情绪特点及现实情绪和社交网站中的情绪展开分析，具体包括基于情绪的正负性、稳定性、情绪的强度和频率，并借助文本分析和自编问卷从以下三个方面进行探讨：①青少年的情绪特点；②社交网站中青少年的行为特点与情绪表达；③现实中青少年情绪和社交网站中情绪之间的关系。

二、青少年的情绪

（一）青少年的情绪特点

1. 情绪的概念和分类

现代心理学中将情绪定义为“情绪是一种心理过程，是人对客观事物的态度体验及相应的行为反应。”（彭聃龄，2004）。快乐、悲伤、愤怒、恐惧和厌恶五种情绪被广泛认定为基本情绪（Dalgleish & Power，2004）。但越来越多的研究都支持积极/消极模式的两维度情绪分类（石林，2000）。正性情绪也称为积极情绪，负性情绪也称为消极情绪（张娟等，2015）。积极情绪是个人对有意义的事情的独特即时反应，是一种暂时的愉悦（Fredrickson，2001）。正性情绪具有正面的、积极的、正效价的特征，如快乐、兴趣、幸福感、满足和爱，它能够激发、调节个体产生积极反应的心理状态。负性情绪，具有负面的、消极的、负效价的特征，如紧张、悲哀、愤怒、烦恼等。

情感体验具有强度和频率两种属性（邱林，2011）。本研究中将情绪分为情绪强度、情绪频率和情绪稳定性三种属性。其一，情绪事件对个体意义的大小表现为情绪具有强度特征，对事情的情绪的深度决定情绪的强度大小。同时，情绪的强度越大，自我卷入的倾向也越大，人的整个精神状态为情绪所支配的程度越大。强度变化幅度表现为强-弱两级，例如，喜可以从适宜—愉快—欢乐—大喜—狂喜；怒可以从愤怒—大怒—暴怒等。其二，情绪的频率是指近一周内被调查者体验的情绪的频繁程度。其三，情绪波动幅度的大小反映了情绪的稳定性，情绪稳定性受个体个性的成熟度和个体的认知成熟度所共同制约，又会受认知-情绪系统的影响（受各种社会因素、具体情境等的制约）而发生一定的变化，总体保持着相对的稳定性，不仅反映了人格特质，还描述了人的心理健康（段晓莉等，2008）。朱智贤（1989）在《心理学大辞典》中将情绪稳定性定义为："人的情绪状态受外界（或内部）条件变化而产生波动的情况。一些情绪较为稳定的人不易为一般的情境引起强烈的情绪反应，或引起的情绪反应较为缓慢。如当遇到事业成败等重大生活事件时，较易控制自己的情绪。情绪不稳定的人对事物的发生则容易引起情绪反应，生活琐碎小事也可招致强烈的情绪变化，一经引起情绪波动，对情绪的控制较差。这种情绪的稳定性与个人意志强弱有关，它是个性的重要特质之一。"

2. 青少年情绪的特点

青少年的情绪处于发展阶段。青少年整体的情绪表现特点是：情绪的表现形式由外在冲动性向内在文饰性转变；情绪持续时间逐渐增长，出现心境化趋势；情绪体验内容更加深刻、丰富，社会性情绪占主导地位；情绪的认知结构更加复杂，表情认知能力得到很大发展（张文新，2002）。在情绪的稳定性、强度和频率方面，青少年情绪的特点具体如下。

1）情绪的强度

青少年初期的情绪的基本特征之一就是情绪强度大。对于同一个刺激，青少年对其产生的情绪反应强度要大得多，甚至达到震慑人心的程度。另一方面，这种表面情绪表现的强度并不与体验的深度成正比。处于青少年中后期的个体开始对冲动的情绪进行克制和忍耐，情绪反应的强烈程度逐渐降低（张文新，2002）。积极情绪的强度要高于消极情绪的强度（Brebner，2003）。

在整个人生中，情绪的强度表现出男女性别差异，青少年的情绪强度有着相同的特点。女生在积极、消极情感强度上的得分均高于男生（黄飞和张建新，2010）。而且在同一文化当中，女性的积极情绪与消极情绪强度的相关程度比男性高。在中国，女性的积极情绪与消极情绪强度的正相关程度比男性高；而在美国，女性的积极情绪与消极情绪强度的负相关程度比男性高（乔建中和姬慧，2002），同时女性的消极情感强度要高于男性（Parkes，1990）。民族间情绪强度存在性别差别，黎族男大学生的积极情感强度比女生高，而且男生在积极情感和消极情感的相关程度上比女生稍高；但相关方向截然相反，男生的积极情感与消极情感呈显著正相关，女生呈显著负相关，表明男生积极情感增加的同时，消极情感不一定减少，相反，若增加女生的积极情感，其消极情感可能减少（喻爱军等，2013）。

社会的发展促使对人才素质的要求更加苛刻，加之义务教育的强制性措施，大多数青少年是在学校度过这一时期的。处于不同年级，青少年来自生活和学习的压力不一样，情绪体验强度也存在着差异，总体表现为低年级的青少年积极情感强度得分高、消极情感强度得分低。例如，在中学生中，初一学生积极情感最高，高一、高二学生消极情感得分最高（黄飞和张建新，2010）。对 17～25 岁、26～33 岁、34～39 岁、40 岁以上四个年龄段的 500 人进行分析发现，情绪体验强度随着年龄的增长呈现上升趋势（Linley et al.，2016）。

2）情绪的频率

青少年情绪发生的频率往往比较高（张文新，2002），而且积极情绪体验频率要远远高于消极情绪体验频率，几乎为两倍的关系（Brebner，2003）。情绪体验的频率和情绪体验的强度之间彼此相关（Watson et al.，1988）。情绪频率在性别上的差异与情绪强度在性别上的差异类似。美国的研究指出，女性比男性能感受到更频繁的悲伤情绪，而男性比女性则表现出更频繁的生气情绪（Simon & Nath，2004）。女性比男性体验到的消极情绪也更频繁（Bordwine & Huebner，2010），其中体验频率最高的情绪是兴趣、好奇、友好、愉快、正面。不同性别在喜爱、欢乐、骄傲、恐惧、愤怒和悲伤的情绪体验上存在较大的性别差异。女生在 12 个情绪词的体验频率上高于男生；男生仅在欣喜若狂的体验频率上高于女生。情绪的体验频率随着年龄的增长呈现一种U形变化，34～39岁年龄段的人积极情绪体验频率最高；初中生的积极情绪体验频率要高于高中生的积极情绪体验频率（Linley et al.，2016）。

3）情绪的稳定性

情绪稳定的人遇到情绪事件时较易控制自己的情绪，不稳定的人对生活中琐碎的小事也能有较大的情绪变化，情绪控制较差。

青少年报告的情绪高峰体验要远高于他们的父母（包括积极的情绪体验和消极的情绪体验），而且现在的情绪波动幅度也要比以往大得多（Richards & Heather M·H，1994）。霍尔（Hall，1904）是最早描述青春期发展的心理学家之一，他认为青春期是伴随生理成熟到社会独立过程的紧张所导致的一个“暴风骤雨”的时期，并提出了“风暴与压力”理论。阿奈特在总结青春期的研究中，发现研究数据在一定程度上支持青春期“风暴”理论（Arnett，1999），认为青少年正处于一个特殊阶段，他们很容易出现激烈的情绪波动，即情绪化（梁艳，2011）。

（二）社交网站与情绪

当发生情绪事件后，人们倾向自愿与他人分享自己的情绪体验。情绪的社会分享（social sharing of emotion）理论表明，分享情绪可以促进社会交互和改善人际关系。通过与他人分享情绪可以进行自我嘉奖。2001年，Rimé B & Zech E等人的研究表明，情绪的社会分享包括潜在的或者间接的交流。在间接的交流形式中，分享对象是在符号水平上出现，比如写信或写日记，或者以诗歌、音乐或绘画的形式创造某种艺术作品。社交网站为用户提供了间接分享情绪的平台。

有不少研究通过社交网站挖掘用户情绪，如通过挖掘网站用户的情绪状态，分析用户情绪的时间特点、类型特点。已有的研究中发现社交网站中表达的情绪和一年中的不同季节、一周中的不同天、一天中的不同时间段相关（Bollen et al.，2010；Miller，2011；董颖红，2014），节假日也是人们情绪变化的时间节点，其中中国人在周六的正面情绪最高，周三的负面情绪最高，而且负面情绪词是正面情绪词的两倍，但在绝对数量上，正面情绪词的总提及数约是负面情绪词的两倍（彭凯平，2014）。博客中“憎恨”是八种影响中国人主观幸福感的情绪中影响力最强的一种，会造成非常消极的影响（Qi et al.，2015）。

（三）现实情绪与社交网站情绪

2010 年 kramer（2010）发现，生活满意度得分和个体更新状态的整体正性情绪有显著的正相关。换而言之，现实生活中快乐的人会在更新状态的时候使用更多的正性情绪词。

利用正性情绪词和负性情绪词统计的方法来探讨社交网站中情绪和现实情绪的关系已经被广泛地应用于人际交互和心理学领域。Gill 表示在短微博文本中，生气的被试表达更高频率的消极情绪词（Gill et al.，2008）。Hancock 等表明即时通信交流的信息中情绪词的向性分类能被用来区分快乐浪漫的夫妻和不开心的夫妻（Hancock et al.，2007）。

神经质人格也反映了一个人体验心理困扰的倾向，高水平的神经质对危险更敏感（Shen et al.，2015）。Tov 等在 2013 年的研究中指出，LIWC（Linguistic Inquiry and Word Count，语言获得和词汇计数）的消极情绪词与自我报告的消极情绪呈显著相关，积极情绪和自我报告的积极情绪之间的关系受到每天收集到的样本和采样周期的影响（Tov et al.，2013）。

三、数据来源和处理

（一）数据采集

研究者在南京市随机选取了两所中等职业学校的 12 个班级参与本次调查，共收集到有效数据 258 份，被试年龄范围为 14～21 岁。

数据收集方式包括通过问卷收集 QQ 空间使用和情绪相关信息，以及通过腾讯微博备份工具收集 QQ 空间中发表的状态。

（二）调查工具

1. 腾讯微博备份工具

腾讯微博备份工具由东莞瑞详电子公司开发制作，本研究通过该工具采集数据时备份了 QQ 说说及表情和评论信息。

2. QQ 空间使用的一般情况问卷

研究者通过在问卷中设置题项明确 QQ 空间相关的变量信息，包括和同类社交网站相比，QQ 空间的使用率；QQ 空间使用年限（Q 龄）；QQ 空间信息的隐蔽情况；使用 QQ 空间的主要功能。

3. 情绪稳定性量表

艾森克（Eysenck，H・J・1970）将人格特质分为外倾性、神经质和精神质，形成“三因素模型”，并依据这一模型编制了艾森克人格问卷（Eysenck Personality Questionnaire，EPQ，1976）。本研究选用艾森克“三因素模型”中的神经质维度测量个体的情绪稳定性。情绪稳定性量表由 24 个题项组成，被试根据自己的真实感受对所描述的情况选择“是”或者“否”，然后根据评价标准计算量表的得分，测得情绪稳定性的大小，得分越高，情绪稳定性越差。

4. 正性负性情绪量表

1988 年，戴维等为测量短期内的正性情绪和负性情绪的心理特征，用描述性形容词组成正性情绪和负性情绪量表（Watson，1988）。2008 年，中国学者邱琳等（2008）对该量表进行了修订，用于测量个体主观幸福感，其中正性情绪分量表内部一致性信度达到 0.85 以上，负性情绪分量表内部一致性信度达到 0.77 以上，重测结果也表明该量表具有良好的重测信度。2013 年，王鑫强用该量表在平均年龄为 14.32 ± 1.715 岁的中学生中测量的 Cronbach α 系数达到 0.799（王鑫强，2013）。

邱琳修订版的 PANAS（Postive and Negative Affect Schedule，正性负性情绪量表）量表包括正性情绪量表和负性情绪量表两个分量表，每个量表由 9 个情绪体验形容词组成，要求被试在 5 点量表（1=非常轻微或根本没有，5=非常强烈）上回答上一周在多大程度上体验到这些词汇所描述的情绪（表 10-1）。戴维的研究证实情绪体验强度和频率之间进行转换具有较大的灵活性。本研究在使用邱琳修订的量表基础上评价被试在一周内体验到各词汇所描述的情感的频率。

表 10-1 PANAS 量表说明

内容	题项及情绪体验形容词	题数/项
正性情绪量表	6、7、8、9、10、14、15、16、17 感激的、活跃的、兴奋的、自豪的、欣喜的、快乐的、精力充沛的、兴高采烈的、充满热情的	9

续表

内容	题项及情绪体验形容词	题数/项
负性情绪量表	1、2、3、4、5、11、12、13、18 害怕的、内疚的、紧张的、恼怒的、 难过的、惊恐的、羞愧的、易怒的、战战兢兢的	9

（三）数据预处理

1. 情绪词数据预处理

本研究使用了文本情绪词词库和表情符词库。研究者根据大连理工大学信息检索研究室林鸿飞教授的情绪词库列表，构建了包含情绪词、情绪词分类、情绪词强度一共 27 467 条记录的文本情绪词库。情绪分为 7 大类 21 小类，分为两种向性：正性情绪和负性情绪（情绪类别中 P 开头的表示正性情绪词，N 开头的表示负性情绪词）。情绪强度分为 1、3、5、7、9 这五档，9 表示强度最大，1 为强度最小（徐琳宏等，2008）。

研究者在研究中选用被经常使用的、腾讯 QQ 空间默认的 105 个表情符，将表情符和表示的代码一一对应，构建了表情符库。

根据输出的信息计算 QQ 空间正性/负性情绪词次数、QQ 空间正性/负性情绪波动幅度大小、正性/负性情绪平均强度，分别计算情绪强度、情绪词数量和情绪波动幅度。

2. 情绪稳定性预处理

情绪稳定性量表一共 24 个题项，经过信效度分析，Cronbach α 系数为 0.797，折半系数为 0.811。量表中所有的题项答“是”得 1 分，答“否”得 0 分，从而得到每位被试的情绪稳定性得分，范围为 0～24 分。分数越高，情绪稳定性越差；分数越低，情绪稳定性越好。根据男女生的均值和标准差，计算出对应的 T 分数，其中 T 分在 43.3～56.7 分为中间型，T 分在 38.5～43.3 分或 56.7～61.5 分为倾向型，T 分在 38.5 分以下或 61.5 分以上为典型。

3. 正负性情绪频率情况预处理

正性情绪和负性情绪量表，经信效度分析，正性情绪量表 Cronbach α 系数为

0.841，折半系数为 0.799。本量表分为正性情绪强度分量表和负性情绪强度分量表，其中正性情绪强度分量表 Cronbach α 系数为 0.905 ，折半系数为 0.851；负性情绪强度分量表 Cronbach α 系数为 0.847，折半系数为 0.806。根据邱琳对量表的计分方法，计算被试一周内正性情绪和负性情绪频率的得分，范围为 0～45 分。分数越高表明一周内被调查者体验到更多次数的该种情绪。

4. 情绪强度预处理

PANAS 问卷由 18 个情感词组成，找到每个情感词对应的情感强度，然后和情感词出现的频率进行加权处理，得到正性情绪和负性情绪的情感强度大小。

四、数据分析

学者戴媛（2013）对初中学生的调查显示，情绪稳定性存在性别和年级差异，男生的情绪稳定性要显著好于女生，初一至初三年级情绪稳定性逐渐下降。另情绪心理学家对男性和女性在情绪体验和表达上的对比研究发现，女性在正性情绪和负性情绪的相关程度上比男性更高（Bagozzi et al.，1999）。从 Myspace 的数据中也可以看出 Myspace 是一个情绪丰富的环境，女性更可能发出和接收正性情绪，在负性情绪方面男女无显著差异（Thelwall et al.，2010）。从上述研究案例中，可以看到男女生情绪在体验和表达上存在差异，情绪稳定性也存在年级差异。据此，本研究数据拟从年级、性别对青少年的情绪和学习进行分析。

（一）QQ 空间使用情况

本研究调查的人口统计学变量主要为年级、性别和年龄。性别的名义变量中 1 表示男生，2 表示女生。年级的名义变量中 12 表示 2012 级学生，15 表示 2015 级学生。

首先对被试的 QQ 空间使用情况进行简要分析，包括以下几个方面：主要在 QQ 空间中做些什么事情、QQ 空间的隐蔽性如何、QQ 空间使用多少年。简单的统计结果如图 10-1 所示。青少年在 QQ 空间中的行为相对均衡，但仍存在一定差异，无论是 2012 级还是 2015 级学生，他们都更倾向于在空间中发布/更新说说，男女生在上传照片的行为上有显著的不同。在分享/转发信息的时候，被试也习惯性地加入自己的心得体会，由此看出青少年主要在 QQ 空间中表达自己的近况、感受，并表露自己的想法。

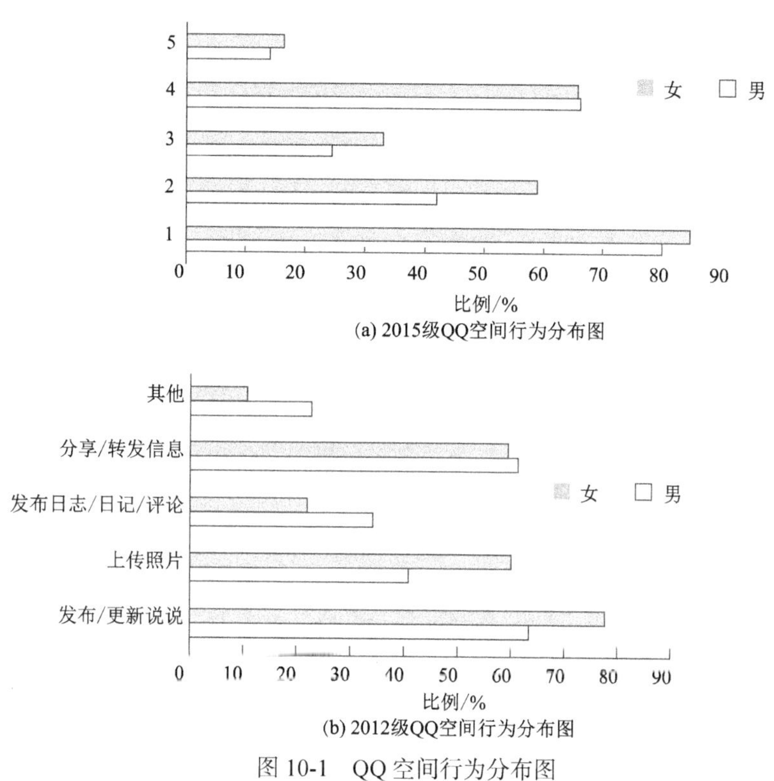

图 10-1　QQ 空间行为分布图

被调查的 258 名青少年平均已使用 QQ 空间 5 年，最少使用 1 年，时间长的达到 13 年。2012 级学生 Q 龄要明显大于 2015 级学生的 Q 龄，发表的说说的数量也有比较大的差异。其中超过一半（177 名）的学生有 QQ 小号，只有 94 名学生的空间对所有人开放，说明被试对 QQ 中的行为具有比较强的隐私性和保密性意识。虽然有无 QQ 小号和 QQ 空间开放性并无明显的相关关系，但从 QQ 小号和 QQ 开放性的分组图中可以看出，青少年呈现出既有小号，QQ 空间也半开放的状态（图 10-2）。另 QQ 空间的开放性存在性别差异，女生倾向于将空间展现出来，与同伴共享。

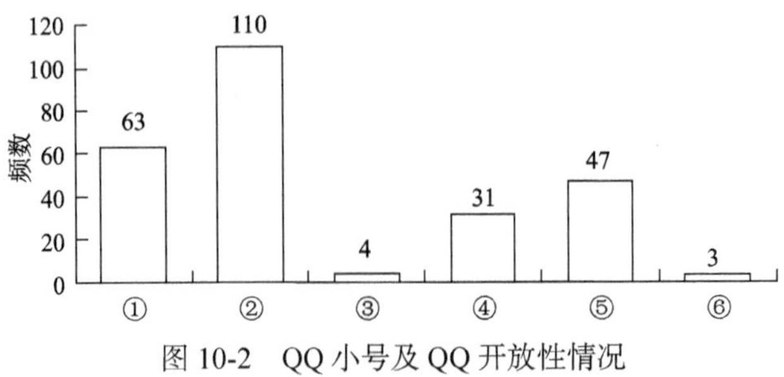

图 10-2 QQ 小号及 QQ 开放性情况

访谈了解到在 2015 年上半年以前，2012 级学生大部分使用 QQ 空间，之后，2012 级学生微信的使用量增多。截至调查时间，相比于微信，2015 级学生仍然在 QQ 空间活跃得比较频繁。但根据调查数据分析发现，2012 级和 2015 级在 QQ 空间使用上存在差异（$p<0.01$）；但 QQ 空间的使用量并没有明显比微信朋友圈多，这与互联网调查报告显示的数据不一致。可能的原因一方面是青少年理解能力相对较弱，研究设置的题项拗口，导致被试出现理解性错误；另一方面，微信正在兴起，近段时间被试在微信中的活跃度较高（图 10-3）。

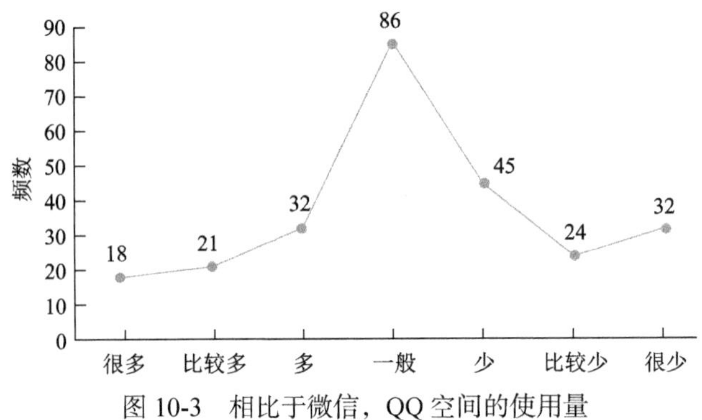

图 10-3 相比于微信，QQ 空间的使用量

（二）QQ 空间情绪

研究者统计了 QQ 空间中的情绪词数量、强度和波动幅度三方面数据。由表10-2可知（P_Sum、N_Sum 分别表示正性情绪词数量和负性情绪词数量；P_Mean、N_Mean 分别表示正性情绪词强度和负性情绪词强度；P_SD、N_SD 分别表示正性情绪波动幅度和负性情绪波动幅度），相对于负性情绪词，正性情绪词波动幅度比较大。QQ 空间正性情绪词强度均值大于 QQ 空间负性情绪词强度均

值。QQ 空间中情绪词数量也具有相同的规律，而且正性情绪词数量几乎为负性情绪词数量的两倍。

表 10-2　QQ 空间情绪描述性统计

	P_Sum	N_Sum	P_Mean	N_Mean	P_SD	N_SD
均值	522.626 3	270.984 6	11.808 6	9.121 6	12.766 4	9.536 5
标准差	1543.298 86	653.809 45	7.924 47	3.844 9	7.839 96	10.224 98

通过对不同年级的青少年在 QQ 空间中情绪的独立 t 检验（表 10-3）发现，情绪词数量存在年级差异。而且相对于 2015 级的青少年，2012 级的青少年在 QQ 空间表达的情绪词更少，无论是正性情绪词[图 10-4（a）]还是负性情绪词[图 10-4（b）]。

表 10-3　不同年级的被试 QQ 空间情绪独立样本 t 检验

变量	方差方程的 Levene 检验		均值方程的 t 检验					
	F	p	t	p（双侧）	均值差值	标准误差值	差分的 95% 置信区间	
							下限	上限
N_sum	26.844	0.000	−3.582	0.000	−334.666 67	93.431 52	−518.944 61	−150.388 72
			−2.906	0.005	−334.666 67	115.175 64	−563.894 94	105.438 39
P_sum	21.334	0.000	−3.205	0.002	−706.291 20	220.400 03	−1 140.951 18	−271.631 22
			−2.565	0.012	−706.291 20	275.358 71	−1 254.482 34	−158.100 06

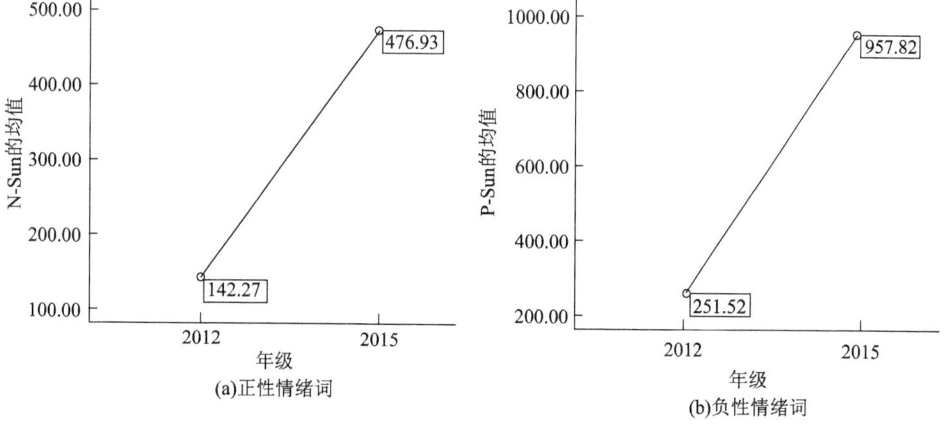

图 10-4　不同年级的被试 QQ 空间情绪波动幅度均值图

（三）现实情绪体验

对青少年的年级和性别与情绪稳定性（Mean=8.36，SD=4.124）、正性情绪频率（Mean=27.03，SD=7.413）、负性情绪频率（Mean=20.39，SD=5.575）等的 Pearson 相关分析结果如表 10-4 所示。

表 10-4 不同年级、不同性别的被试现实情绪体验分析表

变量	情绪稳定性	正性情绪频率	负性情绪频率	正性情绪强度	负性情绪强度
性别	−0.189**	0.017	0.069	0.044	−0.034
年级	0.056	−0.028	0.035	−0.042	0.096

注：**表示在 0.01 水平（双侧）上显著相关

2012 级和 2015 级青少年在情绪稳定性、正性情绪频率、负性情绪频率、正性情绪强度和负性情绪强度上并无明显差异。

对不同性别的数据分析发现，男生情绪较稳定，女生情绪波动比较大。与男生（7.39 ± 4.44）相比，女生之间的情绪稳定性差异较小（8.99 ± 3.79）之间差异较小；男女生在近一周内的正性情绪频率和负性情绪频率体验上无明显差异；男女生在正性情绪强度和负性情绪强度上无明显差异。

（四）各考察变量间的相关性分析

（1）通过 K-S 检验，考察的变量，包括情绪稳定性，一周内正性情绪频率，一周内负性情绪频率，QQ 空间正性情绪波动幅度、强度、数量，QQ 空间负性情绪波动幅度、强度、数量均呈正态分布。为分析方便，根据艾森克人格问卷中情绪稳定性量表的计算方法，研究者将情绪稳定性分为情绪很稳定、情绪比较稳定、情绪稳定性一般、情绪不稳定、情绪很不稳定五个等级。从图 10-5 可以看出，青少年的情绪稳定性基本服从标准正态分布。

（2）通过单样本 t 检验比较青少年的情绪值和标准常模的差异，检验值取龚耀先 1994 年公布的成人常模：男生年龄=16 岁，均数=12.31 岁；女生年龄=16 岁，均数=12.06 岁。结果表明，青少年男生（平均年龄为 16.68 岁）的情绪稳定性大小和标准化常模存在显著差异（t=−4.038，p=0.000）。青少年女生（平均年龄为 17.60 岁）的情绪稳定性大小和标准化常模无显著差异。

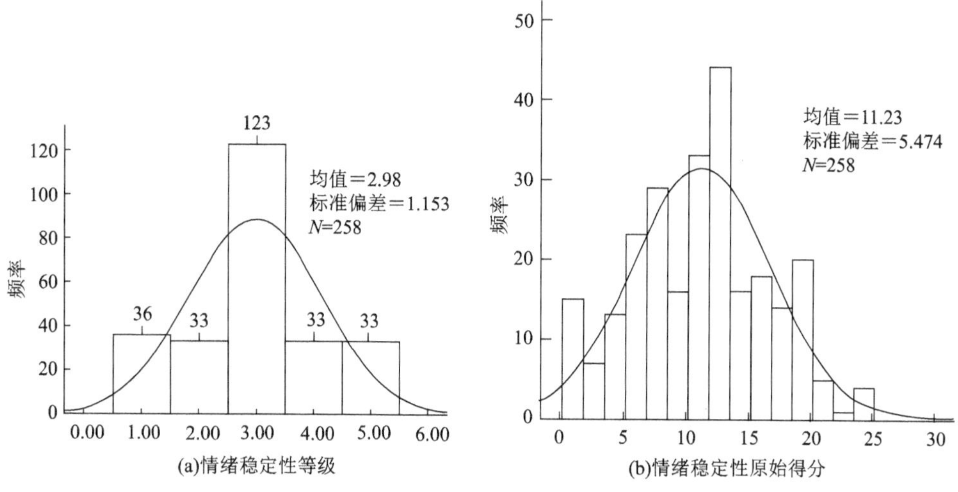

图 10-5　情绪稳定性分布图

QQ 空间正性和负性情绪波动幅度根据 Mean+SD 分成三个等级，情绪波动幅度小（情绪波动幅度<Mean-SD）、情绪波动幅度一般（Mean-SD～Mean+SD）和情绪波动幅度大（情绪波动幅度<Mean+SD）。

（3）现实情绪与 QQ 空间表达的情绪之间的相关关系。分析现实体验到的情绪之间的相关关系时发现，情绪稳定性和负性情绪频率显著负相关，说明情绪稳定的青少年体验到的负性情绪频率相对更少，也说明艾森克人格问卷的神经质维度的得分与负性情绪体验频率呈正相关，如表 10-5。青少年体验到的正性情绪频率和体验到的负性情绪频率在 0.01 水平上呈正相关，一定程度上说明正性情绪和负性情绪并不完全相互独立，而是存在着相互影响，而且是正相关。对 QQ 空间中的情绪数据处理时也发现了类似的关系，如表 10-6 所示。

表 10-5　青少年现实情绪之间的相关关系

变量	情绪稳定性	负性情绪频率	负性情绪强度	正性情绪频率	正性情绪强度
情绪稳定性	1				
负性情绪频率	−0.256**	1			
正性情绪频率	0.060	0.202**		1	
正性情绪强度	−0.085	0.027		0.243**	1
负性情绪强度	−0.080	0.280**	1	0.069	0.056

注：**表示在 0.01 水平（双侧）上显著相关

表 10-6　青少年 QQ 空间中情绪的相关关系

	N_Sum	N_Mean	N_SD	P_Sum	P_Mean	P_SD
N_Sum	1					
N_Mean	0.139	1				
N_SD	0.127	0.777**	1			
P_Sum	0.968**	0.097	0.093	1		
P_Mean	0.070	0.242**	0.384**	0.068	1	
P_SD	0.265**	0.461**	0.372**	0.236**	0.841**	1

注：**表示在 0.01 水平（双侧）上显著相关

QQ 空间中的正性情绪强度（P_Mean）和负性情绪强度（N_Mean）存在正相关（$p<0.01$），QQ 空间中的正性情绪波动幅度（P_SD）和负性情绪波动幅度（N_SD）存在正相关（$p<0.01$），QQ 空间中的正性情绪词数量（P_Sum）和负性情绪词数量（N_Sum）存在正相关（$p<0.01$）。

如表 10-7，通过 Pearson 相关分析发现，青少年情绪稳定性与 QQ 空间表达的情绪词数量（P_Sum、N_Sum）在 0.05 水平上呈显著正相关，说明情绪稳定的学生经常在 QQ 空间表达情绪词，情绪不稳定的青少年在 QQ 空间表达的情绪词较少。青少年体验到的负性情绪频率和发表的情绪词强度（P_Mean、N_Mean）在 0.01 水平上呈显著相关，说明负性情绪体验频繁的学生表达的情绪强度大。青少年体验到的正性情绪频率和发表的正性情绪词强度在 0.01 水平上相关，说明正性情绪体验频繁的学生表达的正性情绪强度大。

表 10-7　青少年现实情绪与 QQ 空间表达的情绪之间的相关关系

	情绪稳定性	负性情绪频率	负性情绪强度	正性情绪频率	正性情绪强度
N_Sum	0.179*	−0.117	−0.075	−0.019	−0.064
N_Mean	−0.078	0.224**	−0.039	−0.012	−0.139
N_SD	0.033	0.097	0.023	−0.058	−0.089
P_Sum	0.180*	−0.122	−0.056	−0.004	−0.055
P_Mean	−0.003	0.187**	0.202**	0.155*	−0.054
P_SD	0.074	0.080	0.117	0.016	−0.134

注：**表示在 0.01 水平（双侧）上显著相关，*表示在 0.05 水平（双侧）上显著相关

QQ 空间的情绪波动幅度（P_SD、N_SD）与情绪稳定性、体验的情绪频率、体验的情绪强度之间未发现明显相关关系。

（五）各考察变量间的回归分析

Shen（295）在探索 facebook 行为对人格特质预测的研究中表明，facebook 用户的性别、朋友的数量、部落的数量、兴趣的数量、消极情绪词的数量均值可以对神经质进行预测。在本研究中，与神经质（情绪稳定性）有关的人口统计学变量和 QQ 中的数据有性别、Q 龄、正性情绪词数量、负性情绪词数量。研究者据此研究如何利用 QQ 相关的数据推断情绪稳定性（原始得分），在未改造模型的情况下，进行线性逐步回归分析，得出如表 10-8 所示结果：负性情绪词的数量与性别可以对情绪稳定性得分进行预测，首先是负性情绪词的数量，其次是性别；正性情绪词数量、Q 龄并不能对神经质人格进行预测。

表 10-8　情绪稳定性回归分析表

模型	非标准化系数		标准化系数	t	p
	B	标准误差	试用版		
N_Sum	11.685	0.437		26.748	0.000
	−0.002	0.001	−0.204	−2.858	0.005
N_Sum	9.056	1.385		6.541	0.000
	−0.002	0.001	−0.197	−2.771	0.006
性别	1.632	0.816	0.142	1.999	0.047

五、研究结论

（一）青少年的情绪特点

（1）整体来说，在 QQ 空间中，青少年发表的正性情绪词的数量比负性情绪词的数量多，几乎为两倍关系；正性情绪词的频率和波动幅度也比负性情绪词高，从某方面说明在 QQ 空间中青少年更愿意展现出积极乐观的一面，传递正性情绪。

（2）从性别差异来说，在现实中，青少年女生比男生表现出情绪更不稳定的特点。

（3）研究发现正性情绪和负性情绪相互影响。一周内体验到的正性情绪和负性情绪的频率（0.202，$p<0.01$）、QQ 空间中正性情绪词的数量和负性情绪词的数量（0.968，$p<0.01$）、QQ 空间中正性情绪强度和负性情绪强度（0.242，$p<0.01$）、QQ 空间中正性情绪波动幅度和负性情绪波动幅度（0.372，$p<0.01$）之间彼此存

在很强的正相关性，这在一定程度上说明了正性情绪和负性情绪不完全独立，存在着相互作用。

（二）社交网站行为和青少年情绪

首先，青少年在 QQ 空间中的行为主要是发布/更新说说，通过 QQ 空间来发表自己对某件事情的看法，表达自己的情绪。

其次，青少年的 QQ 空间隐私性较强。被调查者中仅有少部分人的空间对所有人开放，而且大部分青少年都有单独的 QQ 小号。

最后，青少年的 QQ 空间行为存在性别和年级差异。上传照片的 QQ 空间行为、Q 龄大小、QQ 空间使用多少、是否有 QQ 小号、QQ 空间中正性情绪波动幅度都表现出男女差异。Q 龄大小、是否有 QQ 小号、QQ 空间中发表的正负性情绪词的数量存在年级差异。

（三）现实情绪和社交网站中情绪

（1）被调查的青少年在 QQ 空间中的表现相对活跃，整体来说青少年更倾向于在 QQ 空间中表达正性情绪，不同被试的情绪波动幅度差异较大，情绪稳定性不同的被试在 QQ 空间中发表的情绪词的数量存在显著差异。已有研究表明，人格特质和正性情绪、负性情绪有很强的直接关系（Kardum & Hudek-Knežević，1996）。本研究仅仅调查了人格特质的一个维度，部分验证了不同人格特质的青少年在 QQ 空间中的表现存在差异。

（2）一周内负性情绪词频率和 QQ 空间中的负性情绪词强度呈正相关，正性情绪词频率和 QQ 空间中的正性情绪词强度呈正相关，这在一定程度上说明情绪频率体验高的被试倾向于在空间中表达更强烈的情绪。

（3）现实情绪稳定性，作为人格特质的测量维度，分为中间型、倾向型和典型三方面五个级别，反映了负性情绪体验的频率。

参 考 文 献

戴媛. 2013. 初中生学习自控力、情绪稳定性与学业成绩的相关研究. 南昌: 江西师范大学, 1-40.

董颖红. 2014. 微博客社会情绪的测量及其与社会风险感知和风险决策的关系. 天津: 南开大学

博士学位论文.
段晓莉, 张俊涛, 张玉雷. 2008. 职业院校学生情绪稳定性的初步分析. 中国成人教育, (12): 102-103.
龚耀先. 1984. 艾森克个性问卷在我国的修订. 心理科学通讯, (04): 13-20,67.
黄飞, 张建新. 2010. 2247 名中学生的自我效能、自尊与积极/消极情感. 中国心理卫生杂志, 24(2): 149-152.
梁艳. 2011. 青少年早期日常情绪体验的发展特点及影响因素的研究. 西安: 陕西师范大学硕士学位论文.
彭聃龄. 2004. 普通心理学. 北京: 北京师范大学出版社.
彭凯平. 2014 . "幸福中国"大数据研究. 心理技术与应用,(8): 3-4.
乔建中, 姬慧. 2002. 文化和性别在积极情绪和消极情绪中的作用. 心理科学进展, 10 (1): 108-113.
邱林. 2011. 情感幸福感的测量. 华南师范大学学报(社会科学版), (05): 137-142,160.
邱琳,郑雪,王雁飞. 2008. 正性情绪负性情绪量表(PANAS)的修订. 应用心理学, (03): 249-254,268.
石林. 2000. 情绪研究中的若干问题综述. 心理学动态,(01): 63-68.
王鑫强. 2013. 生命意义感量表中文修订版在中学生群体中的信效度. 中国临床心理学杂志, (05): 764-767,763.
徐琳宏等. 2008. 情感词汇本体的构造. 情报学报, 27(2): 180-185.
喻爱军等. 2013. 黎族大学生积极/消极情感的性别差异. 中国健康心理学杂志, (21)9: 1399-1402.
张娟等. 2015. 中学生心理素质与正性情绪的关系: 情绪弹性的中介作用. 中国特殊教育,(09): 71-76.
张文新. 2002. 青少年发展心理学. 济南: 山东人民出版社.
朱智贤. 1989. 心理学大辞典. 北京: 北京师范大学出版社.
Arnett, J. J. 1999. Adolescent storm and stress, reconsidered. *American Psychologist,* 54(5): 317-326.
Bagozzi R. P. , Wong, N. & Yi, Y. 1999. The role of culture and gender in the relationship between positive and negative affect. *Cognition & Emotion,* 13(13): 641-672.
Bib S.Barnes. 2006. A privacy paradox: Social networking in the United States. *First Monday Journal Article.*
Bollen, B. J. , Mao, H. & Zeng, X. J. 2010. Twitter mood predicts the stock market. ArXiv e-prints. *Journal of Computational Science,* 2(1): 1-8.
Bordwine, V. C. & Huebner, E. S. 2010. The role of coping in mediating the relationship between positive affect and school satisfaction in adolescents. *Child Indicators Research,* 3(3): 349-366.
Brebner, J. 2003. Gender and emotions. *Personality and Individual Differences*, 34(3): 387-394.
Dalgleish, T. & Power, M. J. 2004. Emotion-specific and emotion-non-specific components of posttraumatic stress disorder (PTSD): Implications for a taxonomy of related psychopathology. *Behaviour Research & Therapy,*. 42(9): 1069-1088.
Eysenck, H. J. et al. 1976. *Manual of the Eysenck Personality Questionaire*. Lonton: Hodder and Stoughton.
Fredrickson, B. L. 2001. The role of positive emotions in positive psychology. The broaden-and-build

theory of positive emotions. *American Psychologist*,56(3): 218-226.

Gill, A. J. et al. 2008. The language of emotion in short blog texts. *ACM Conference on Computer Supported Cooperative Work*, 299-302.

Hall, G. S. 1904. *Adolescence: Its psychology and its Relation to Phycology, Anthropology, Sociology, Sex, Crime, Religion, and Education(Vols. Ⅰ& Ⅱ)*. Englewood Cliffs, NJ: Prentice-Hall.

Kardum, I. & Hudek-Knežević, J. 1996. The relationship between Eysenck's personality traits, coping styles and moods. *Personality & Individual Differences*, 20(3): 341-350.

Larson, R. & Richards, M.H. 1994. *Divergent Realities: The Emotional Lives of Mothers, Fathers, and Adolescents*. New York: Basic Books.

Linley, P. A. et al. 2016. Examining the intensity and frequency of experience of discrete positive emotions. *Journal of Happiness Studies*, 17(2): 875-892.

Miller, G. 2011. Social scientists wade into the tweet stream. *Science*, 333(6051): 1814-1815.

Parkes, K. R. 1990. Coping, negative affectivity, and the work environment: Additive and interactive predictors of mental health. *The Journal of Applied Psychology*, 75(4): 399-409.

Qi, J. , Fu, X. & Zhu, G. 2015. Subjective well-being measurement based on Chinese grassroots blog text sentiment analysis. *Information & Management*, 52(7): 859-869.

Rimé B, Zech E. 2001. *The Social Sharing of Emotion: Interpersonal and Collective Dimensions*. Boletin de Psicologia.

Shen, J. , Brdiczka, O. & Liu, J. 2015. A study of Facebook behavior: What does it tell about your neuroticism and extraversion? *Computers in Human Behavior*, (45): 32-38.

Simon, R. W. & Nath, L. E. 2004. Gender and emotion in the United States: Do men and women differ in self-reports of feelings and expressive behavior? *American Journal of Sociology*, 109(5): 1137-1176.

Thelwall, M. , Wilkinson, D. & Uppal, S. 2010. Data mining emotion in social network communication: Gender differences in MySpace. *Journal of the American Society for Information Science & Technology*, 61(1): 190-199.

Tov, W. et al. 2013. Detecting well-being via computerized content analysis of brief diary entries. *Phychological Assessment*, 25(4): 1069.

Watson, D. , Clark, L. A. & Tellegen, A. 1988. Development and validation of brief measures of positive and negative affect: The PANAS scales. *Journal of Personality & Social Psychology*, 54(6): 1063-1070.

Watson, D. 1988. The vicissitudes of mood measurement: Effects of varying descriptors,time frames, and response formats on measures of positive and negative affect. *Journal of Personality and Social Psychology*, 55(01): 128.

第十一章　青少年认知需求研究

一、认知需求

（一）认知需求的定义

认知需求（need for cognition，NFC）是人类的需要和动机之一，泛指个体对事物的追寻、认知、了解的内在动力，如求知欲、好奇心等（Cacioppo JT & Petty RE，1982）。认知需求概念最初是由 Cohen 等 1955 在研究认知动机中的个体差异时提出的，并将认知需求定义为“一种理解世界意义的需求”（a need to make sense of the world）。Cohen 等将其描述成用有意义的、整合的方式组织相关情景的需要。认知需求强调过程取向而不是结果取向，即当这种需求不获满足时个体的紧张和被剥夺感，从而促使个体积极地努力去组织情景、提高理解（Cohen et al.，1955）。

1982 年 Cacioppo 和 Petty 为了验证他们提出的态度与说服理论，把认知需求与“对环境进行组织加工的倾向性”这种格式塔模型相区别，使认知需求得到进一步发展。Cacioppo 和 Petty 认为，认知需求是指“个体倾向参与和享受认知努力活动时所表现的一种稳定的个体差异”（a stable individual difference in the tendency to engage in and enjoy cognitively effortful activities）（Cacioppo & Petty，1984）。

后来研究大都赞同上述概念，认为认知需求作为一种认知动机，反映的是个体的认知差异，其实质上是认知动机上的差异。高认知需求者通常有较强的内在兴趣去从事信息处理或认知活动，并从中体验到快乐，而低认知需求者则倾向于避免那些要花很多心思进行思考的情境。例如，在一个相对有条理的情景中，低认知需求的人会认为这个情境是井井有条的，而高认知需求的人会认为这个情境是模棱两可、含糊不清的，为了更清楚地认识这个情境，他们就要付出较多的认知努力来正确理解这个情境并且将其理解进行合理化解释（徐洁和周宁，2010）。

因此，认知需求实际上反映了个体对于阅读、思考、判断、推理、决策和问题解决等复杂认知活动的内部动机，它直接关系到个体对于学习活动和创造活动的兴趣、体验、主动性和最终的成绩。虽然对认知需求的描述不尽相同，但大多数学者一致认为认知需求与个体的努力及行为倾向、复杂问题解决（Nair & Ramnarayan，2000）、学习成效（Gülgöz，2001）、消费行为、创造性行为（陈羽屏等，2012）等相关。

（二）认知需求量表

Cacioppo 和 Petty（1982）为了测量认知需求的个体差异，发表了第一个认知需求量表，经过方差分析、内部一致性和因素分析，初步确立了包含 34 个题目的认知需求量表。为了更高效地评定认知需求，Cacioppo、Petty 和 Kao 于 1984 年修订了原有认知需求量表，由 34 个题目缩减为 18 个题目。经实验证明，这 18 题认知需求量表具有很高的内部一致性。据此，可将被试按照量表得分划分成高认知需求者和低认知需求者。

该认知量表没划分维度，因此在后续的研究中，Tanaka 等（1988）在原来的 34 题项上确定了三个量表，分别是认知的持久性（享受从事认知任务）、认知的信心（有信心从事认知活动）和认知的复杂性（复杂或简单的信息处理需求偏好）。而 Davis 等（1993）则在 18 个题项的量表中确定了两个维度：认知努力的享受及偏好解决问题的乐趣。在上述基础上，Lord 和 Putrevu（2006）在探索认知需求量表维度的研究中，通过最大似然因子分析等方法揭示了认知量表中存在的四个维度，即认知刺激的享受、复杂性偏好、认知努力的承诺和理解的欲望。Furnham 和 Thorne（2013）则认为 34 个题项的量表具体可分为认知挑战的动机、获得知识和理解的动机及快乐的思考。

国内对于认知需求和认知需求量表的研究较少，徐洁等从概念角度对认知需求进行深入剖析，认为认知需求主要在努力程度、自主性和结果、应用范围这三方面影响个体的信息加工（徐洁和周宁，2010）。高泉丰（1990）针对 18 个选项的短题本进行修订，发展制定出中文认知需求初版。邝怡等也以 Cacioppo 等的短题本为基础进行修订，改为 17 个题项的中文量表，作为研究大学生认知需求的工具（邝怡等，2005）

（三）认知需求的相关研究

已有的研究表明，认知需求与以下变量呈正相关：好奇心（Olson et al.，1984）、创造倾向、创造思考（邱皓政和蔡启通，1991；蔡文玲，1994）、寻求刺激及冒险（邱皓政，1991； Olson et al.，1984）、信息性质和思维活动程度（Leary et al.，1986）、行为归因时的认知复杂程度（Fleteher et al.，1986）、认知方式（Cacioppo & Petty，1982）、自尊（Osberg，1987）、一般自我效能（蔡文玲，1994）、语文智力的能力测量（Cacioppo et al.，1983）等。

认知需求与死搬教条（Cacioppo & Petty，1982）、内外向性（Fleteher et al.，1986）和社会焦虑呈负相关；而与寂寞感、害羞、社交性、测试焦虑（Cacioppo & Petty，1982；Osberg，1987）等特质无关（王幸生，2009）。除此，与年级、性别及成绩相关的研究如下。

1. 性别、年级与认知需求

青少年的性别、年级与认知需求之间的关系并不确定。Tanaka 等（1988）将认知需求量表分为认知持续性、认知自信、认知复杂性（cognitive persistence, cognitive confidence and cognitive complexity）三个维度，对大学生进行问卷调查，发现女生在认知持续性维度上的得分高于男生，并且差异显著。王幸生（2009）对 1000 名大学生进行问卷调查，发现认知需求在性别、年级方面的差异不显著。而王彦朴和王有智（2010）使用认知需求量表对 630 名一至三年级本科生进行调查，发现大学生认知需求在性别（$F=2.696$，$p<0.01$）、年级（$F=9.896$，$p<0.01$）上存在显著差异。在性别上，男生认知需求高于女生；在年级上，大一学生的认知需求高于大二、大三的学生。张晋萍（2004）采用问卷调查法，以中学生为对象，对初一、初二、高一、高二共计 536 名学生进行了认知需求调查，结果显示，在性别上男生的认知需求高于女生，且差异显著；在年级上，初一学生认知需求最高，其次是高二学生，高一学生的认知需求得分最低，但各年级学生在认知需求上差异不明显。

2. 成绩与认知需求

认知需求与成绩呈显著相关（Dwyer，2008）。低认知需求的个体可能只是倾向于表面的学习，而认知需求高的个体可能会更倾向于深入学习，且考试中表现得更好。研究证明认知需求与高中学习成绩、本科学习成绩等呈显著正相关（Jebb et al.，2016）。

综上所述，结合认知需求维度及已有的研究结论，本研究将重点讨论不同性别、年级青少年的认知需求差异，以及其认知需求与成绩之间的关系。

二、实证研究

（一）认知需求量表

在本研究中认知需求是采用由 Cacioppo 等（1984）编制的 18 个题项的认知需求量表（NCS）测定的，采用 5 点计分法，从不完全符合到完全符合，分别记 1～5 分。题目是描述个人特点的句子，正项表述如“我更喜欢复杂的问题，而不是简单的问题”，负项表述如“我不喜欢思考”。在计总分或者平均分时，将负向表述题目反向计分。重测信度系数为 0.87，总分越高，表示个体的认知需求越高。之后将被试按照得分划分成高认知需求者和低认知需求者，并且将认知需求量表按照 Lord 和 Putrevu（2006）研究中的题项分布，分为认知刺激的享受、复杂性偏好、认知努力的承诺、理解欲望等四个维度。

（二）认知需求数据分析

对认知需求的各维度进行相关性分析，具体如表 11-1 所示。

表 11-1　认知需求各维度的相关系数表

维度	认知需求	认知刺激的享受	复杂性偏好	认知努力的承诺	理解欲望
认知需求	1.00				
认知刺激的享受	0.899**	1.00			
复杂性偏好	0.531**	0.301**	1.00		
认知努力的承诺	0.719**	0.567**	0.841**	1.00	
理解欲望	0.769**	0.568**	0.776**	0.797**	1.00

注：双侧检验，**表示在 0.01 水平上显著相关

从表 11-1 中可以看出，认知刺激的享受维度得分对认知需求的得分最为相关

（r=0.899），其次是理解欲望（r=0.769）、认知努力的承诺（r=0.719）、复杂性偏好（r=0.531）。各维度中认知努力的承诺与复杂性偏好的相关性最高（r=0.841），其次是理解欲望与认知努力的承诺（r=0.797），其中复杂性偏好与认知刺激的享受的相关性最低（r=0.301）。

（三）不同性别与认知需求

1. 不同性别青少年与认知需求维度

青少年全体及男女生在认知需求维度上的平均数和标准差如表 11-2 所示。从表 11-2 中可以看出，青少年的认知需求得分为（3.23 ± 0.46），其中男生的认知需求得分（3.21 ± 0.46）低于女生的得分（3.25 ± 0.46）。男生认知刺激的享受维度的得分低于女生得分，但在复杂性偏好、认知努力的承诺、理解欲望三个维度上的得分均高于女生。

在此数据分析的基础上，研究者对男女生在认知需求各维度上的差异进行独立样本 t 检验，结果如表 11-2 所示，不同性别青少年的认知需求得分不存在显著差异，但在认知刺激的享受、复杂性偏好、认知努力的承诺三个维度上的得分差异显著。

表 11-2　青少年认知需求基本描述

变量	总体（N=866）		男（N=428）		女（N=458）		t 检验	
	M	SD	M	SD	M	SD	t	p
认知需求	3.23	0.46	3.21	0.46	3.25	0.46	−0.989	0.323
认知刺激的享受	3.20	0.62	3.15	0.64	3.24	0.60	−2.067	0.039
复杂性偏好	3.41	0.89	3.53	0.93	3.29	0.83	4.078	0.000
认知努力的承诺	3.32	0.70	3.38	0.72	3.26	0.67	2.498	0.013
理解欲望	3.34	0.69	3.36	0.69	3.33	0.68	0.720	0.472

根据国外实证研究中以样本分数的中位数来划分高低认知需求者的方式，本研究也按照中位数（3.16）的方式，将青少年分为高认知需求者和低认知需求者。具体情况如表 11-3 所示。

表 11-3 高低认知需求基本描述

变量	总体（N=866）		男（N=428）		女（N=458）	
	M	SD	M	SD	M	SD
低认知需求	2.90	0.24	2.93	0.22	2.87	0.26
高认知需求	3.56	0.38	3.58	0.42	3.54	0.35

从表 11-3 中可以看出，高认知需求的男生平均分（3.58 ± 0.42）高于高认知需求的女生平均分（3.54 ± 0.35）。

2. 不同性别青少年认知需求与成绩

在上述数据分析的基础上，我们对不同性别青少年的成绩与认知需求的相关度进行分析，表 11-4 列出了不同性别青少年的成绩与认知需求的相关系数。

表 11-4 青少年成绩与认知需求各维度的相关分析

变量	总体（N=886）	男生（N=428）	女生（N=458）
认知需求	0.272**	0.187**	0.351**
享受平均	0.213**	0.134**	0.288**
复杂偏好	0.243**	0.209**	0.303**
认知努力的承诺	0.271**	0.233**	0.325**
理解欲望	0.270**	0.198**	0.344**

注：双侧检验，**表示在 0.01 水平上显著相关，*表示在 0.05 水平上显著相关

从表 11-4 中可以看出，青少年的成绩与其认知需求呈显著的正相关（r=0.272），其中男生的成绩与其认知需求相关的程度（r=0.187）低于女生的成绩与其认知需求的相关程度（r=0.351）。这说明，比起男生，女生的认知需求与其成绩更加相关。并且在认知维度上，男生的认知努力的承诺维度与其成绩的相关性最高（r=0.233），女生是理解欲望与其成绩相关性最高（r=0.344）。

3. 不同性别高低认知需求者与成绩

不同性别高低认知需求者与成绩的相关分析具体如表 11-5 所示。

表 11-5　高低认知需求者与成绩的相关分析

变量	总体（N=886）		男生（N=428）		女生（N=458）	
	低认知需求者	高认知需求者	低认知需求者	高认知需求者	低认知需求者	高认知需求者
认知需求	0.138**	0.254**	0.104	0.219**	0.173*	0.301**
享受平均	−0.012	0.224**	−0.019	0.190**	0.000	0.268**
复杂偏好	0.192**	0.212**	0.172**	0.231**	0.217**	0.247**
认知努力的承诺	0.185**	0.246**	0.160*	0.285**	0.215**	0.255**
理解欲望	0.161**	0.257**	0.111	0.253**	0.226**	0.274**

注：双侧检验，**表示在 0.01 水平上显著相关，*表示在 0.05 水平上显著相关

从表 11-5 可知，高低认知需求者的认知需求与其成绩之间的相关程度不同，高认知需求者与成绩之间的相关程度（r=0.254，p<0.01）显著高于低认知需求者（r=0.138，p<0.01）；在性别上也存在差异，不管是男生还是女生，其高认知需求者的每个认知维度都与成绩相关；低认知需求的男生，其认知需求与成绩没有关系，在复杂偏好（r=0.172，p<0.01）和认知努力的承诺（r=0.160，p<0.05）两个维度存在相关性；低认知需求的女生，其认知需求与成绩的相关很弱（r=0.173，p<0.05），但在复杂偏好（r=0.217，p<0.01）、认知努力的承诺（r=0.215，p<0.01）及理解欲望（r=0.226，p<0.01）三个维度上存在显著相关性。

（四）不同年级与认知需求

1. 不同年级与认知需求维度

按照认知发展阶段理论，小学生（9～12 岁）正处于由具体运算向形式运算阶段过渡的时期，他们的思维主要从具体形象思维逐步过渡到抽象逻辑思维；大学生则主要以抽象逻辑思维为主。因此，本研究分别对小学生（9～12 岁）和大学生（18～22 岁）的认知需求进行分析，其平均数和标准差如表 11-6 所示。从表 11-6 中可以看出，小学生的认知需求得分为 3.30（±0.46），高于大学生的得分 3.25（± 0.39）。在认知需求四个维度上，小学生的认知刺激的享受维度得分低于大学生，但在复杂性偏好、认知努力的承诺、理解欲望三个维度上的得分均高于大学生。

对小学生、大学生在认知需求各维度上的差异进行独立样本 t 检验，结果如表 11-6 所示，他们在复杂性偏好、认知努力的承诺、理解欲望三个维度上的得分存在显著差异。

表 11-6　小学生、大学生认知需求基本描述

变量	小学（N=82）		大学（N=59）		t 检验	
	M	SD	M	SD	t	p
认知需求	3.30	0.46	3.25	0.39	1.156	0.250
认知刺激的享受	3.14	0.76	3.21	0.57	−0.145	0.885
复杂性偏好	4.13	0.87	3.44	0.65	5.210	0.000
认知努力的承诺	3.71	0.53	3.34	0.55	4.401	0.000
理解欲望	3.73	0.67	3.35	0.53	4.122	0.000

为了证明小学生、大学生在高低认知需求的比例上是否有显著性差异，研究者进行了交叉表分析，具体情况如表 11-7 所示。

表 11-7　小学生、大学生与认知需求的交叉表分析　　（单位：%）

变量	小学生	大学生	合计
低认知需求	53.7^{a}	44.1^{b}	49.9
高认知需求	46.3^{a}	55.9^{b}	50.1
合计	100.0	100.0	100.0

注：在表中，字母 a，b 是用来表示数据是否存在显著差异（P<0.05），数据没有标注或是有一个共同的字母上标，则表明数据间不存在显著差异

从表 11-7 中可以看出，在低认知需求者中，小学生的比例为 53.7%，高于大学生的低认知需求者比例 44.1%，存在显著差异；在高认知需求者中，小学生的比例为 46.3%，低于大学生的高认知需求者的比例 55.9%，同样存在显著差异。

2. 不同年级青少年认知需求与成绩

在上述数据分析的基础上，我们对小学生、大学生的成绩与认知需求的相关度进行分析， 其中小学生的成绩与认知需求的相关程度（r=0.236，p=0.017）低于大学生的成绩与认知需求的相关程度（r=0.440，p=0.000）。这说明，大学生的

学习成绩与其自身的认知需求更为相关。

三、研究结论与讨论

（一）认知需求得分与认知刺激的享受维度相关性最高，与复杂性偏好相关性最低

认知刺激的享受维度得分与认知需求的得分最为相关（r=0.899），其次是理解欲望（r=0.769）、认知努力的承诺（r=0.719）、复杂偏好（r=0.531）。

（二）不同性别青少年在认知需求上不存在显著差异，但是在认知需求的不同维度上差异显著

男生的认知需求得分（3.21 ± 0.46）低于女生（3.25 ± 0.46），但差异不显著。男生在复杂性偏好、认知努力的承诺两个维度上的得分均显著高于女生，女生在认知刺激的享受维度上的得分显著高于男生。

不同性别青少年在认知维度上的差异可能与传统的性别角色观念及男女对各自社会角色的扮演意识有关。男生更倾向于从事和喜欢需要认知努力的任务来证明自己，体现自己的价值，成就动机显著高于女生，所以更喜欢挑战复杂的事情，承担解决复杂事情的责任；而女生则是更偏好认知刺激的享受。

（三）青少年的成绩与其认知需求呈显著正相关；女生的认知需求与其成绩更加相关；高认知需求者的认知需求得分与成绩更加相关

青少年的成绩与其认知需求呈显著的正相关（r=0.272），女生的认知需求与其成绩更加相关。且不同性别青少年其成绩与认知需求相关的维度存在差异，男生的认知努力的承诺维度与其成绩的相关性最高（r=0.233），女生的理解欲望与其成绩相关性最高（r=0.344）。

高认知需求者的认知需求得分与成绩更加相关，高认知需求者与成绩之间的相关程度（r=0.254，p<0.01）显著高于低认知需求者（r=0.138，p<0.01）；在性别上也存在差异，不管是男生还是女生，其高认知需求者的每个认知维度都与成绩相关；但是低认知需求的男生或者女生在相关的认知需求维度上则存在差异。

认知需求高的青少年对问题有较强的兴趣和积极的态度，愿意付出更多的认知努力。奥尔森等（1984）发现了认知需求和学业好奇心（academic curiosity）呈显著正相关。这表明，高认知需求的人更可能从事学术活动而不是因为对外在奖励的期望。与学术活动有关的研究表明，认知需求和问题解决是有关系的。Heppner等（1983）指出，高认知需求的本科学生能更好地解决问题。

高认知需求者比低认知需求者更可能投入到信息加工活动中，并且更努力地、有效地加工处理信息，能够根据信息做出有效的评估和判断，以及将加工处理后所得到的结果运用到相应的具体范围；而低认知需求者面对认知任务时，在加工处理信息时却截然不同，不仅不会积极努力地加工处理信息，而且对这些信息的评估和判断都是根据一些外部线索，最终将加工处理后所得到的结果泛化（徐洁和周宁，2010）。并且，高认知需求的学生有更高的自尊、积极的生活态度；相比之下，认知需求低的学生有较低的自尊，易感到悲观和孤独，从而导致缺乏学习的信心、成绩不理想（PreranaHuli & Aminbhavi，2014）。

在学校中，女生可能更多地按老师的要求思考问题，注意力集中，往往有较强的责任感，学习态度好，所以认知需求与成绩更加相关，并且对学习内容的理解欲望更强，成绩会更好；男生则整体上不如女生学习认真，注意力易分散，所以只有自己承诺认知努力才能有更好的成绩。

（四）小学生中高认知需求者的比例显著低于大学生中高认知需求者比例

小学生的认知需求得分为 3.30（±0.46），高于大学生的得分 3.25（±0.39）。但是在高认知需求者比例中，小学生的比例为 46.3%，低于大学生中高认知需求者的比例 55.9%，且差异显著。

在认知需求四个维度上，小学生的认知刺激的享受维度得分低于大学生得分，差异不显著。但小学生在复杂性偏好、认知努力的承诺、理解欲望三个维度上的得分均高于大学生得分，且存在显著差异。

有研究发现，小学高年级学生的认知需求表现并不低，大多数五、六年级的小学生对于复杂的认知或者思考活动是喜欢并乐意从事的（师保国和许晶晶，2008）。相比大学生，小学生对外界事物充满了好奇，有很强的理解欲望。

（五）比起小学生，大学生的学习成绩与其自身的认知需求更为相关

小学生的成绩与认知需求的相关程度（r=0.236，p=0.017）低于大学生的成绩与认知需求的相关程度（r=0.440，p=0.000）。这说明，大学生的学习成绩与其自身的认知需求更为相关。

大学的教学模式与小学有着明显的差别，如专业性强、进度快、信息量大、学生自由支配时间多等特点，所以大学生要更加自觉、自立，才能有好的成绩。并且，小学生更多的是在家长、老师的帮助、指导下进行学习，而大学生更多的是自学，自己制订学习计划，所以认知需求与他们的学习成绩更为相关。

参考文献

陈羽屏, 王彦, 钟建安. 2012. 认知需求在消费选项、时间与决策规避行为之间的调节. 人类工效学, (3): 41-44.

邝怡等. 2005. 大学生认知需求量表的修订. 中国心理卫生杂志, (01): 57-60.

师保国, 许晶晶. 2008. 小学高年级儿童认知需求及其与班级气氛的关系. 中国特殊教育, (10): 87-92.

徐洁, 周宁. 2010. 认知需求对个体信息加工倾向性的影响. 心理科学进展, (04): 685-690.

王幸生. 2009. 认知需求、专业承诺、择业效能感与大学生学习适应状况的关系. 西安: 陕西师范大学硕士学位论文.

王彦朴, 王有智. 2010. 大学生认知需求、成就动机与专业承诺的关系. 中国健康心理学杂志, (10): 1244-1246.

张晋萍. 2004. 中学生一般自我效能感、认知需求和创造性的关系研究. 太原: 山西大学硕士学位论文.

Cacioppo, J. T, Petty, R. E. 1982. The need for cognition. *Journal of Personality & Social Psychology*, 42(1): 116-131.

Cacioppo , J. T. , Petty, R. E. & Kao, C. F. 1984. The efficient assessment of need for cognition. *Journal of Personality Assessment*, (3): 306-307.

Cohen, A. R. , Stotland, E. & Wolfe, D. M. 1955. An experimental investigation of need for cognition. *Journal of Abnormal Psychology*, (2): 291-294.

Davis, T. L. , Severy, L. J. , Kraus, S. J. , & Whitaker, J. M. 1993. Predictors of sentencing decisions: The beliefs, personality variables, and demographic factors of juvenile justice personnel. *Journal of Applied Social Psychology*, 23, 451-477.

Dwyer, M. 2008. *Need for Cognition, Life Satisfaction, and Academic Achievement.* United states: Epistimi.

Elias, S. M. & Loomis, R. J. 2002. Utilizing need for cognition and perceived self-efficacy to predict academic performance. *Journal of Applied Social Psychology*, (8): 1687–1702.

Fletcher, E J. O. , Danilovics, P. , Fernandez, G. , Peterson, D. , & Reeder, G. D. 1986. Attributional complexity: An individual difference measure. *Journal of Personality and Social Psychology*, 51, 875-884.

Furnham, A. & Thorne, J. D. 2013. Need for cognition its dimensionality and personality and intelligence correlates. *Journal of Individual Differences*, (4): 230-240.

Gülgöz, S. 2001. Need for cognition and cognitive performance from a cross-cultural perspective: Examples of academic success and solving anagrams. *Journal of Psychology Interdisciplinary & Applied*, (1): 100-112.

Heppner, P. P. , Reeder, B. L. , & Larson, L. M. 1983. Cognitive variables associated with personal problem solving appraisal: Implications for counseling. *Journal of Counseling Psychology,* 30: 537-545.

Leary, M. R. , Sheppard, J. A. , McNeil, M. S. , Jenkins, T. B. , & Barnes, B. D. 1986. Objectivism in information utilization: Theory and measurement. *Journal of Personality Assessment*, 50: 32-43

Lord, K. R. & Putrevu, S. 2006. Exploring the dimensionality of the need for cognition scale. *Psychology & Marketing*, (1): 11-34.

Nair, K. U. & Ramnarayan, S. 2000. Individual differences in need for cognition and complex problem solving. *Journal of Research in Personality*, (3): 305-328.

Olson, K. , Camp, C. , & Fuller, D. 1984. Curiosity and need for cognition. *Psychological Reports*, 54: 71-74.

PreranaHuli, VA Aminbhavi. 2014. The impact of need for cognition on self-esteem of P. G. students. *IOSR Journal of Humanities and Social Science*(3) : 55-62.

Tanaka, J. S. , Panter, A. T. & Winborne, W. C. 1988. Dimensions of the need for cognition: subscales and gender differences. *Multivariate Behavioral Research*, (1): 35-50.

第十二章　新媒体对自我意识的影响

自我亦称自我意识或自我概念，主要是指个体对自己存在状态的认知，是个体对其社会角色进行自我评价的结果。具体地说，自我意识就是个体对自身的认识和对自身周围世界关系的认识，就是对自己存在的觉察。自我意识包括以下三方面的内容：一是个体对自身生理状态的认识和评价，主要包括对自己的体重、身高、身材、容貌等体像和性别方面的认识，以及对身体的痛苦、饥饿、疲倦等的感觉。二是对自身心理状态的认识和评价，主要包括对自己的能力、知识、情绪、气质、性格、理想、信念、兴趣、爱好等方面的认识和评价。三是对自己与周围关系的认识和评价，主要包括对自己在一定社会关系中的地位、作用，以及对自己与他人关系的认识和评价。

网络作为一种新兴的信息传播媒介以前所未有的速度和深度影响着政治、经济、文化等各个领域，引起人们生活方式、生产方式和思想观念的各种变化，也给当代青少年的思想观念、价值观念、行为方式等带来了许多影响和冲击。青少年自我意识的发展必然会受到网络文化及网络使用行为的影响（王梅，2004）。

当个体关注于自己的体重、身高、身材、容貌等，就形成了身体自尊；关注于自己在社会关系中的地位、作用，以及对自己与他人关系的认识和评价时，就形成了自我建构。本研究主要考察个体的自我建构和身体自尊受媒体的影响。

一、自我建构

（一）自我建构定义

自我建构（self-construal）最早由 Markus 和 Kitayama 于 1991 年提出，是一种从自我和他人关系的角度来理解自我的认知结构（Hardin et al.，2004），指个体在认识自我时，会将自我放在一种参照体系中进行认知。人们或是将自我看作与他人相分离的独立实体，或是将自我置于社会关系网络中的一部分（刘艳，2011）。

Markus 和 Kitayama 将自我建构分为独立型自我建构（independent self）和依存型自我建构（interdependent self）两种。独立型自我建构者以自我为中心，独立、自主、不受他人的影响，他们的行为主要是参照自己内心的想法或者感情，不会考虑到与外界的关系。相反，依存型自我建构者以集体为中心，考虑整体联系，将自己视为集体的一部分，积极与他人建立联系，减少差异，是集体中不可缺少的一部分（Markus & Kitayama，1991）。

1996 年，研究者 Brewer 和 Gardner 进一步发展了 Markus 等的理论，将依存型自我建构扩展为两个部分：从自己与他人的亲密关系中定义自我、从自己和所从属团体的关系中定义自我。个体的自我建构都包含三个组成部分：个体自我（individual self）、关系自我（relational self）和集体自我（collective self）。这一思想被 Sedikides 等（2001）命名为三重自我建构理论（the tripartite model of self-construal）(Brewer & Gardner，1996；Sedikides & Brewer，2002；刘艳，2011）。

独立的和依存的自我建构同时共存于每一个人身上，Brewer 等明确指出情境因素会影响哪种建构倾向被激活，成为当前情境中主导的自我建构倾向。因此，从稳定性的角度看,自我建构可区分为特质性自我建构（chronic self-construal）和情境性自我建构（situational self-construal）两大类（刘艳，2011）。

（二）媒体对自我建构的影响

面对网络技术的发展，青少年自我建构的情境因素也发生变化，如网络中的个体印象是建立在对网络化身（在网络中代表个体的头像、图标、标签）、网络行为（状态、评论、点赞）的识别与认同的基础之上。而选择网络化身形象的过程又是个体对现实人格进行重塑的过程（罗婷和周治金，2013）。青少年在网络交往中的行为也具有自我建构类型（独立型-依存型自我建构者）的特征。

自我表露（self-disclosure）、自我呈现（self-presentation）是交流中最重要的方面，并且随着人际关系的发展，会有更深层次、更真诚的交流，个人也倾向于向他人展示自我。在社交网络环境中，个人倾向于披露更多关于自己的私人信息，呈现更多的内容（Hew，2011）。网络的匿名性也是影响个体交往行为的因素。网络匿名会让使用者在交流沟通时忘记行为规范，发表过激的言论或者中伤他人的言语（Mckenna，2000）。因此，青少年在媒体中的行为是对现实人格的反映、补充或重塑。

二、身体自尊

（一）身体自尊的概念

身体自尊（亦可以称作“躯体自尊”），是指“个体对自我身体不同方面的评价”，对身体不同方面满意或者不满意感（胡自豪和谢国栋，2011）。身体自尊是一个复杂的现象，在本质上是多维的，可以包括知觉、情感、认知或行为障碍（Thompson，1990；Banfield & Mccabe，2002；Parks & Read，1997）。

身体自尊具有内隐和外显两个结构，内隐身体自尊是客观存在的，由于反应时测量本身容易受到许多情景状态因素的影响，内隐身体自尊的测量指标并不稳定，它和外显身体自尊之间既相互独立又存在着低度相关（何波和汤舒俊，2009）。

身体自尊包含多方面的心理体验，是个体对自己身体的一种认知、行为和情感表现，常被用来描述个体满意或者不满意他们的身体和外表的水平。Mendelson认为身体评估包括至少三个方面：一个人对自己的总体感知、对身体体重的感知和评估，以及对别人眼中的外表的评估。在很大程度上，评估一个人的身体是基于社会环境的反馈（Lipowska et al.，2016）。

（二）媒体对身体自尊的影响

在当今网络社会下，媒体对身体自尊的影响日渐显著。例如在电影、杂志和电视节目中，瘦被一致性地强调着并用作女性的奖励。在今天的媒体中呈现出来的女性形象比以前的媒体呈现出来的女性形象更瘦，比大多数的实际女性瘦。这个信念是普遍的，时尚模特、卡通人物、电影电视演员、美国小姐选美冠军都比过去的几十年瘦（Grabe et al., 2008）。随着媒体的发展，媒体对人的影响也在不断变化，例如，现在女性理想体象以瘦为美，而男性的理想体象向两级分化；一部分倾向于瘦，另一部分倾向于“胖”——肌肉发达、V形身材（Furnham et al., 2002）。理想体象是个人对自己身体外表的期望,它的形成与社会文化中外表的审美标准息息相关（陈欣等，2007）。

根据传播理论（communications theories），重复接触媒体内容会让观众接受其描述，并把它当作现实的反映。在这种情况下，媒体对瘦的一致性描述让女性将该信念视为规范和期望，具有吸引力。然而，媒体对女性身体的描述十分扭曲，如果女性将媒体呈现出来的女性形象作为现实理想，就会降低对自己身体的满意度，并且付诸行动，如节食、厌食、暴食、吃减肥药等（Grabe et al.，2008）。这样，青少年通过与媒体理想角色的对比，身体自尊也会随之降低（Wilcox & Laird，2000）。

当前，青少年成为网络的主要用户，网络的载体媒体也在青少年当中相当普及，青少年媒体的使用一直是家长和社会担心的热点问题（中国互联网络信息中心，2012）。在这种背景下，本研究从青少年的角度出发，研究媒体对青少年自我建构、身体自尊的影响。

三、媒体使用对自我建构的影响的研究

（一）研究对象

通过网络问卷，截至2015年8月，本次共调查青少年886人，年龄为9～22岁，其中男生428人（48.3%），女生458人（51.7%）。

（二）研究工具

1. 媒体使用问卷

通过自编问卷，调查青少年网络行为现状。问卷内容包括一般人口学变量如性别、年龄等，以及网络使用行为等。其中网络社交行为包括不同社交平台的使用状况及社交平台的状态更新情况。

2. 自我建构量表

1994年Singelis根据Markus 和 Kitayama（1991）提出的自我建构理论，编制了适合学生使用的自我构建量表（Self-constructional Scales，SCS），共24个题项，其中12个项目是测量独立自我建构，另12个项目是测量相互依存自我建构，每个项目采用7点评分（1=非常不同意，7=非常同意），该量表的独立自我分量表和依存自我分量表内部一致性系数分别是0.69和0.73（Singelis，1994）。

2008年，王裕豪等在检测自我建构量表的中文版使用效果时，用该量表在平均年龄为 17～25 岁之间的学生中测量的结果为：依存自我建构和独立自我建构分量表的内部一致性系数分别达到了0.76和0.81，总量表的内部一致性系数达到

了 0.88（王裕豪等，2008）。

Hardin 等（2004）改编的自我建构量表，在 Singelis 自我建构量表的基础上添加了 6 个题项，共 30 项，可以分为 2 个维度，其中 15 个项目是测量独立自我建构，另 15 个项目是测量相互依存自我建构；也可以分为 6 个维度，分别为自主（autonomy/assertiveness）、个人主义（individualism）、行为一致性（behavioral consistency）、自我主导（primacy of self）、集体荣誉（esteem for group）、关系依赖（relational interdependence）。每个项目采用 7 点评分（1＝非常不同意，7＝非常同意），问卷信效度良好。

本研究在使用 Hardin 等修订的量表基础上评价学生的自我建构类型。

（三）数据分析

1. 青少年媒体使用与自我建构类型

在本次调查的 886 名青少年中，27.7%的青少年是独立型自我建构者，72.3%的青少年是依存型自我建构者。12.1%的青少年不会通过网络与他人联系，87.9%的青少年则表示会通过社交平台与他人交流，保持联系；在使用社交媒体交流的青少年中，只有 72.9%的青少年会更新社交网站的状态、心情，27.1%的青少年则表示只是通过社交网站交流，不会在社交网站上披露自己的心情或者更新状态、上传照片等。

2. 自我建构与媒体使用关系

为了调查不同类型自我建构者与社交媒体使用、更新之间的关系，研究者进行了交叉表分析，具体情况如表 12-1 所示。

表 12-1 自我建构者与社交媒体的关系 （单位：%）

自我建构者		独立型	依存型	合计
社交媒体	使用	85.7[a]	88.8[a]	87.9
	更新	68.2[a]	67.4[a]	67.6

注：在表中，字母 a，b 是用来表示数据是否存在显著差异（$P<0.05$），数据没有标注或是有一个共同的字母上标，则表明数据间不存在显著差异

从表 12-1 中可以看出，在独立型自我建构者中，使用社交媒体交流的青少年

比例为 85.7%，略少于依存型自我建构者中使用社交媒体的青少年比例 88.8%，没有显著差异；在更新社交媒体状态上，独立型自我建构者的比例为 68.2%，略高于依存型自我建构者的比例 67.4%，但是差异也不显著。

四、媒体环境对身体自尊的影响的研究

（一）研究对象

本次研究中的被试来自安庆市的两所中学，年级横跨初一年级、初二年级和高一年级，各年级学生各 80 名。排除漏选、多选，以及答案具有明显规律性特征的问卷后，剩下 232 份有效问卷，其中男生 140 人，女生 92 人；初一年级学生 77 名，初二学生 76 名，高一学生 79 名。被试的年龄在 13 岁到 18 岁，平均年龄为 14.9（±1.416）岁。没有体重特别重的被试，且被试的社会经济地位相差不大。

（二）研究工具

1. 身体自尊量表

身体自尊量表由 Franzoi 和 Shields 在 1984 年编制（Franzoi & Shields，1984），经何玲和张力为等在 2002 年修订为中文版，该量表共 32 个项目，根据身体自尊三维结构模型（图 12-1）分为三个维度：男性分为性吸引力、身体强壮和身体状况（physical condition，PC）；女性则分为性吸引力（sex attractiveness，SA）、关心体重（weight concern，WC）和身体状况（physical condition，PC）。男女总项目相同，对应维度中的项目有重合却不尽相同。被试在“有非常消极的感受”到“有非常积极的感受”五个等级上进行自我评价，分数越高，身体自尊水平越高。

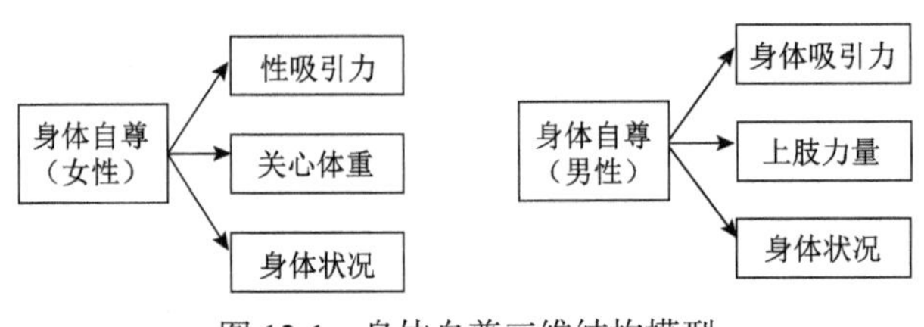

图 12-1　身体自尊三维结构模型

该量表在国外得到广泛的应用，具有较高的信度和效度，并报告了良好的效标效度，其中男性维度效度分别为0.81、0.85、0.86；女性维度效度分别为0.78、0.87、0.82（张力为和陈荔，2005）。

2. 媒体影响问卷

本研究采用自编的媒体影响问卷，调查青少年在生活中受媒体影响的程度。问卷内容包括接触媒体的时间及受媒体影响改变形体的程度等。题项如“你受电视或电脑等媒体的影响，常常参加体育锻炼以改变体型”“你觉得电视或电脑等媒体上的偶像明星的身体外表是理想型的”等。

（三）数据分析

1. 身体自尊的性别差异

青少年全体及男女生在身体自尊上的平均数和标准差如表12-2所示。从表12-2可以得出，男性的身体自尊得分（102.83 ± 17.79）高于女性的身体自尊得分（91.97 ± 15.211）；根据取样得到的数据，利用单因素方差分析对不同性别青少年的身体自尊进行差异性检验，结果如表12-3所示（F=23.148，p=0.000），可以看出身体自尊在性别方面的差异比较明显。独立样本 t 检验结果同样表明性别差异比较明显（t=4.969，p=0.000）。

表 12-2 身体自尊均值表

性别	男（N=140）		女（N=92）		总体（N=232）	
	M（均值）	SD（标准差）	M	SD	M	SD
身体自尊	102.83	17.795	91.97	15.211	98.52	17.608

表 12-3 性别和身体自尊的单因素方差分析

		Sum of Squares（平方和）	df	Mean Square（均方）	F	p
身体自尊	Between Groups（各组间）	6 549.104	1	6 549.104	23.148	0.000
	Within Groups（组内）	6 5072.788	230	282.925		
	Total（总计）	71 621.892	231			

2. 媒体影响与身体自尊

研究者分别对男性和女性的媒体影响和身体自尊关系进行相关分析，分析结果如表 12-4 所示。

表 12-4 媒体影响和身体自尊相关性分析

性别		男				女			
		身体状况	性吸引力	身体强壮	身体自尊	身体状况	性吸引力	关心体重	身体自尊
媒体影响	*r*	0.211*	0.291**	0.357**	0.315**	−0.048	−0.109	−0.131	−0.127
	p（双侧）	0.012	0.000	0.000	0.000	0.649	0.299	0.212	0.228

注：双侧检验，**表示在 0.01 水平上显著相关，*表示在 0.05 水平上显著相关

从表 12-4 中可以看出，女性的媒体影响和身体自尊并没有明显的相关，男性的媒体影响和身体自尊的相关性（r=0.315）比较显著。且媒体影响与男性的性吸引力和身体强壮维度的相关也十分显著。

五、研究结论

（一）自我建构与媒体使用

关于自我建构与媒体使用的研究发现，依存型自我建构者更多地使用社交媒体与他人交流、维持关系，但是更少地在社交平台更新自己的状态。

研究发现，比起独立型自我建构者，依存型自我建构者为了与他人保持联系、融入群体，有更强烈的动机使用社交媒体，并且通过使用社交媒体获得更大的满足感（Kim et al.，2010）。独立型自我建构者很少在意社交网站的自我形象管理或者是否发表的状态暴露了自己的信息，而依存型自我建构者更加注重自我隐私，相对较少地在社交网站披露自己的信息（Long & Zhang，2014）。

Chen 和 Marcus（2012）也发现，被试使用社交网站主要是为了与他人交流，保持现有关系；并且线上线下交流的内容数量、真实性等没有差异。独立型自我建构者在线上线下的交往行为没有显著性差异，但是依存型自我建构者在线上的交流则会为了保持与他人的关系，减少自我表露、自我呈现的信息，而发表更多的与他人相关的信息或者更多维护他人的行为。

（二）身体自尊与性别

研究发现，身体自尊存在性别上的差异，男性的身体自尊水平显著高于女性。

本项关于身体自尊的研究的结果与前人的研究结果相符，如 Duncan 等(2004) 的一项跨文化研究发现，身体自尊存在性别上的差异，男孩的身体自尊水平显著高于女孩。

（三）身体自尊与媒体影响

男性的媒体影响和身体自尊方面呈显著相关，而且呈正相关，这一结论与 Mcgee 等（2005）的研究结果一致。但是研究结果同时表明，女性的媒体影响和身体自尊几乎没有关系。

综上，网络环境对青少年的自我建构和身体自尊方面都有影响。因此，我们要引导青少年健康地使用媒体，使其成为青少年自我意识形成的有利工具。

参考文献

陈欣, 蒋艳菊, 叶浩生. 2007. 大学生媒体影响、体重指数和身体自尊的关系. 应用心理学, 13(2): 119-124.

何波, 汤舒俊. 2009. 大学生内隐身体自尊与外显身体自尊关系的测量研究. 体育科技文献通报, 17(12): 123-125.

何玲. 2002. 青少年身体自尊与生活满意感的关系. 北京体育大学硕士学位论文.

胡自豪, 谢国栋. 2011. 肥胖大学生与普通大学生外显自尊与内隐自尊实验分析. 绵阳师范学院学报, 30(5): 107-109.

刘艳. 2011. 自我建构研究的现状与展望. 心理科学进展, 19(3): 427-439.

罗婷, 周治金. 2013. 网络化身对青少年身份认同构建的影响. 中国青年研究, (1): 84-87.

王梅. 2004. 大学生网络行动与自我意识——对华中科技大学 428 名大学生的调查分析. 湖北: 华中科技大学硕士学位研究论文.

王裕豪, 袁庆华, 徐琴美. 2008. 自我建构量表(SCS)中文版的初步试用. 中国临床心理学杂志, 16(6): 602-604.

张力为, 陈荔. 2005. 六种身体自我测量方法的比较. 体育科学, 25(1): 74-79.

中国互联网络信息中心(CNNIC). 2013. 2012 年中国青少年上网行为调查报告. http://www.cnnic.net.cn/hlwfzyi/hlwxzbg/qsnbg/201312/PO20131225339891898596.pdf.

Banfield, S. S. & Mccabe, M. P. 2S002. An evaluation of the construct of body image. *Adolescence*, 37(146): 373-393.

Brewer, M. B. & Gardner, W. 1996. Who is this we? Levels of collective identity and self representations. *Journal of Personality & Social Psychology*, (1): 83-93.

Chen B, Marcus J. 2012. Students' self-presentation on Facebook: An examination of personality and self-construal factors. *Computers in Human Behavior*, 28(6): 2091-2099.

Duncan, M. J. , Al-Nakeeb, Y. & Nevill, A. M. 2004. Body esteem and body fat in British school children from different ethnic groups. *Body Image*, 1(3): 311-315.

Franzoi, S. L. & Shields, S. A. 1984. The body-esteem scale: Multidimensional structure and sex differences in a college population. *Journal of Personality Assessment* , 48: 173-178.

Franzoi, S. L. 1994. Further evidence of the reliability and validity of the body esteem scale. *Journal of Clinical Psychology*, 50: 237-239.

Furnham, A. , Badmin, N. & Sneade, I. 2002. Body image dissatisfaction: Gender differences in eating attitudes, self-esteem, and reasons for exercise. *Journal of Psychology Interdisciplinary & Applied*, 136(6): 581-596.

Grabe S, Ward L M, Hyde J S. 2008. The role of the media in body image concerns among women: A meta-analysis of experimental and correlational studies. *Psychological Bulletin*, 134(3): 460-476.

Hardin, E. E. , Leong, F. T. L. & Bhagwat, A. A. 2004. Factor Structure of the self-construal scale revisitedimp lications for the multidimensionality of self-construal. *Journal of Cross-Cultural Psychology*, 35(35): 327-345.

Hew, K. F. 2011. Students' and teachers' use of Facebook. *Computers in Human Behavior*, 27(2): 662-676.

Kim, J. H. , Kim M. S. & Nam, Y. 2010. An analysis of self-construals, motivations, Facebook use, and user satisfaction. *International Journal of Human-Computer Interaction*, 26(11): 1077-1099.

Lipowska, M. et al. 2016. Gender differences in body-esteem among seniors: Beauty and health considerations. *Archives of Gerontology & Geriatrics*, 67: 160-170.

Long, K. & Zhang, X. 2014. The role of self-construal in predicting self-presentational motives for online social network use in the UK and Japan. *Cyberpsychology Behavior & Social Networking*, 17(7): 454-459.

Markus, H. R. & Kitayama, S. 1991. Culture and the self: Implications for cognition, emotion, and motivation. *Psychological Review*, 98(2): 224-253.

Mcgee B. J. et al. 2005. Perfectionistic self-presentation, body image, and eating disorder symptoms. *Body Image*, 2(1): 29-40.

Mckenna, K. Y. A. 2000. Plan 9 from cyberspace: The implications of the internet for personality and social psychology. *Personality & Social Psychology Review*, 4(1): 57-75.

Parks, P. S. & Read, M. H. 1997. Adolescent male athletes: Body image, diet, and exercise. *Adolescence*, 32(127): 593-602.

Sedikides, C. & Brewer, M. B. 2002. Individual, relational and collective self: Partners, opponents, or strangers? In *Individual Self, Relational Self, Collective Self*(pp. 1-4). London: Psychology Press.

Sedikides, C. , & Brewer, M. B. 2001. *Individual Self, Relational Self, Collective Self.* Individual *Self, Relational Self, Collective Self.* London: Psychology Press.

Singelis, T. M. 1994. The measurement of independent and interdependent self-Construals. *Personality and Social Psychology Bulletin*, 20(5): 580-591.

Thompson, J. K. 1990. Body image disturbance: Assessment and treatment. In *Body Image Disturbance : Assessment and Treatment*. London: Pergamon Press.

Wilcox K. & Laird, J. D. 2000. The impact of media images of super-slender women on women's self-esteem: Identification, social comparison, and self-perception. *Journal of Research in Personality*, 34(2): 278-286.

第十三章 新媒体环境下青少年友谊研究

传统的人际交往受到了时间、地域的限制，人们被限制在较小的时空范围之内。网络为人们创造了一个虚拟平台，开辟了一个全新的社会交往场域（黄少华，2009）。网络交往已经成为广大民众交流沟通、分享与获取信息不可或缺的重要渠道。

青少年时期被喻为个体心理发展的“断乳期”，是个体由儿童向成人过渡的关键期，青少年的生理、心理、智力都得到了较快发展，而青少年的人际交往模式也呈现出新的特点：青少年正逐渐地减少与父母的交往，更多地投入到与朋友或同伴的交流中去（张茜，2003）。同伴交往的增加直接影响了良好同伴关系的建立，而网络交往的诸多便利恰好为青少年的同伴交往带来了契机，满足了青少年的交往心理及社交需求。谢新洲和张炀（2011）调查发现，青少年群体已经成为网络交往的主力军，以 QQ、MSN、微博、微信等为代表的网络交往是使用最多的网络社交手段。网络交往的广泛使用给青少年人际交往带来影响，而同伴交往是青少年人际交往的主要方面，是同伴关系建立的基础。因此，网络交往也会相应地影响青少年同伴关系。在这种背景下，我们想探究媒体对青少年的友谊有哪些方面的影响。

一、媒体对人际关系的影响

Li 等（2005）研究发现，即时通讯媒介能够加强个人与朋友、家人及他人之间的沟通；即时通讯工具对朋友间的亲密关系从口头上、情感上和社会上都产生了确定性的影响；频繁地使用即时信息对话显著地激发了面对面人际交流的愿望（Hu，2004）。因此，网络交往扩大了人际交往的范围，是对网下面对面人际关系的有益补充，网络交往可以建立真实的、亲密的、牢固的人际关系（Wallace、Peris、McCown & Whitty，2005）。但 Sproull 等并不同意上述观点，他们认为在互联网上不可能建立真诚的、亲密的和稳定的人际关系，Sproull

（2011）认为互联网上的交往与传统社会人际关系不同。Kiesler 等（1984）等研究者认为网络人际关系是肤浅的、不真实的与不健康的。

二、青少年同伴关系

相对于儿童阶段而言，青少年与同伴之间的互动更为频繁、复杂（王雅春和曹华，2010），良好的同伴关系对于青少年个体身心发展至关重要。同伴交往是青少年社会化生活中的一个重要组成部分，其特性直接影响青少年人生观、世界观和价值观的形成（苗红妍，2006）。

同伴关系是指年龄相同或相近的青少年儿童之间的一种共同活动，是一种相互协作的关系，主要指同龄人或心理发展水平相当的个体间在交往过程中建立起来和发展起来的一种人际关系，它在儿童青少年的发展和社会适应中具有成人无法替代的独特作用（王雅春和曹华，2010）。同伴关系可以分为同伴接纳和友谊（沙利文，1953）。Bukowski 和 Hoza（1989）区分了同伴关系的两个方面：同伴接纳是一种群体指向的单向结构，反映的是群体成员对个体的态度，包括喜欢或不喜欢、接纳或排斥；同伴接纳水平是个体在同伴群体中社交地位的反映。友谊关系则是一种以个体为指向的双向结构，反映的是两个个体间的情感联系。

关于青少年友谊质量研究，Bukowski 和 Hoza（1989）提出了友谊测量的层次模型：第一层次为两个个体之间是否存在双向选择积极的情感关系——友谊；第二层次指友谊的范围，即拥有的相互认可的朋友的数量；第三层次则是友谊的质量，即朋友之间提供的支持、陪伴或冲突水平。这一模型已成为评价友谊的基本框架。Berndt 和 Perry（1990）等研究从积极属性（如亲社会行为、亲密、信任）和消极属性（如竞争、冲突）及交往频率等方面评价友谊质量。Parker 和 Asher（1993）则采用 6 个维度编制了友谊质量问卷。邹泓（1998）等对 Parker 和 Asher（1986）等编制的友谊质量问卷进行了重新修订，去除了部分不适合中国学生的项目。

三、研究问题及研究工具

（一）研究问题

在这种新环境下，研究者对青少年的友谊状况进行研究，具体包括以下几方面：

（1）媒体使用是否影响青少年同伴交流。

（2）媒体使用是否影响青少年同伴接纳。

（3）媒体环境是否影响青少年友谊；如果有影响，表现在哪些维度上。

（4）新媒体环境下青少年友谊的影响因素有哪些。

（二）研究工具

1. 基本信息及媒体使用

本部分收集的数据主要包括被试人口学基本信息及网络通信工具使用信息，其中，人口学基本信息包括被试的性别、年龄、所在年级、父母文化程度；网络通信工具使用信息包括使用时间、频率、交往范围、交往方式、交往话题等。

2. 友谊质量测量

Parker 和 Asher（1993）在 Bukowski 等（1987）编制的问卷基础上进一步发展了友谊质量问卷，该问卷共 40 题，分为 6 个维度，即肯定与关心、帮助与指导、陪伴与娱乐、亲密袒露与交流、冲突解决策略和冲突与背叛。邹泓等（1998）对其进行了修订，重新修订为信任与支持、陪伴与娱乐、肯定价值、亲密袒露与交流和冲突与背叛 5 个维度，共 38 道题目。被试在 5 点量表上作答，每道题目答案从“完全不符合”到“完全符合”，依次记 1～5 分，其中冲突与背叛维度反向计分，每个维度上各题目得分之和的平均分代表各维度得分。该量表各维度内部一致性系数为 0.73～0.88。本套修订后的友谊质量问卷将作为本次研究同伴友谊质量部分数据收集的调查问卷。

3. 同伴接纳水平测量

本研究采用同伴评定法作为同伴接纳水平数据收集的测量工具。同伴评定法要求被试对班级或群体内所有成员都作出具体评价，通过计算具体分数划分接纳水平高低。本次研究调查问卷中将包含一份被试所在班级的全班同学的姓名排列表，每个姓名后有一个 5 点计分的等级评定标准，从“基本不交流，关系很远”到“经常交流，关系很近”，依次记 1～5 分。要求被试按照等级评定标准，对班级内其他同学进行打分，每位同学所得分数的总分的平均分即为该同学的同伴评定分数。最后，对个人所得分数进行标准化，按照 $Z>1$（高接纳）、$Z<-1$（低接纳）、

$-1<Z<1$（一般）区分不同接纳水平。同伴评定法的重测信度在几个维度上都达到了 0.8 以上，且大量相关研究结果也表明，同伴评定法具有较好的效标关联效度和结构效度。

4. 数据来源

本研究数据来源如下：

（1）青少年网络交往使用和青少年同伴接纳，数据来自某中学 559 名学生。其中，男性 261 名，占被试总数的 46.69%；女性 298 名，占被试总数的 53.31%；年龄在 12 岁到 17 岁之间。

（2）青少年友谊质量研究，共有 844 人参加，其中，男性 411 人，女性 433 人，比例分别为 48.7%和 51.3%，年龄在 9 岁到 22 岁之间。

四、研究结果

（一）网络交往使用状况

1. 网络交往使用与话题选择

559 名被试中使用网络交往的为 539 人，不使用的为 20 人，比例分别为 96.4%和 3.6%；其中，男生中使用网络交往的为 246 人，不使用的为 15 人，使用率占 94.25%；女生中使用网络交往的为 293 人，不使用的为 5 人，使用率占 98.32%，女生网络通讯工具使用率高于男生，见表 13-1。

表 13-1　网络交往使用人数比例（N=559）

网络交往	性别	人数/人	比例/%
使用	男生	246	44
	女生	293	52.40
不使用	男生	15	2.70
	女生	5	0.90

在网络交往工具选择方面，有 410 人选择腾讯 QQ 作为交流工具，占 76.07%；

94 人同时选择使用腾讯 QQ 和微信作为交流工具，占 17.44%；33 人以 QQ 或微信作为交流工具，另外还会使用 YY、微博、贴吧等作为交流工具，占 6.12%；最后，有 2 人选择通过游戏与他人交往。

在交往话题选择方面，没有固定的交往话题的为 344 人，以自己感兴趣的内容为交往话题的为 249 人，以学习中遇到的问题为交往话题的为 228 人，以生活琐事为交往话题的为 184 人，另外有 2 人选择以游戏为交往话题。

2. 网络交往对象及交流时间

在网络交往对象方面，80.17%的被试有固定的网络交往对象；在网络交往使用网龄中，4 年及以上的人数占 49.54%，其次为 3 年占 22.45%，2 年的为 13.73%，1 年及以下的相对较少；在网络交往使用频率方面，平均每周与同学交流 5 次及以上的人数占 39.15%，每周交流在 1 到 3 次的人数分布基本接近，分别占 17.07%、14.47%、20.59%，4 次的人数最少，占 8.72%；在网络交往时间方面，有 63.64%的被试交往时间在 1 小时以内，交往时间在 1～2 小时的居其次，占 23.93%，交往时间在 2 小时及以上的相对较少，占 12.43%，被试网络交往时间集中于 1 小时左右。

3. 网络交往使用网龄性别差异

为检验网络交往使用在性别、年级、年龄及父母文化程度 4 个维度上是否存在差异，研究者分别对网络交往使用网龄、频率、时间在性别、年级、年龄和父母文化程度上进行方差分析。结果表明，网络交往使用网龄、频率、时间在年级和年龄两个维度上都达到了显著水平，在父母文化程度维度上差异性水平不显著；网龄在性别维度上差异性水平显著，使用频率和使用时间在性别维度上差异性水平不显著（表 13-2）。

表 13-2 网龄性别差异（N=559）

性别	M	SD	F	p
男	3.80	1.36	13.181	0.000
女	4.20	1.09		

女生网络交往使用网龄（M=4.20，多于 3 年）高于男生（M=3.80，不到 3 年），标准差女生小于男生，女生比男生更早地接触网络交往。

4. 网络交往时间话题与学校表现

通过对网络交往时间和话题在朋友与家人维度上的差异性独立样本 t 检验，由统计结果（表 13-3）可以看出，各维度都处在“增加了”与“没有变化”之间，与朋友交往时间和话题的增加幅度大于与家人交往时间和话题的增加幅度。总体来看，网络交往使得中学生同伴之间的交流时间和话题明显增加，而与父母交流时间与话题增加不明显。

表 13-3　网络交往时间和话题（N=559）

维度	M	SD	t	p
与家人交往时间	2.67	0.66	93.50	0.000
与朋友交往时间	2.43	0.58	96.27	0.000
与家人交往话题	2.49	0.73	78.78	0.000
与朋友交往话题	2.37	0.56	97.30	0.000

在个人学校表现方面，主要从网络交往使用后，个人在校的课堂讨论与发言变化、作业完成变化、学习计划制订、听讲与笔记记录变化、学科成绩表现等方面获取数据，学生在 5 点量表上作答，从“非常不符合”到“非常符合”分别计为 1～5 分。经独立样本 t 检验后结果显示，各维度值均处在“不确定”到“有些符合”之间，网络交往的使用对中学生的在校表现无显著影响。

（二）同伴接纳

为探讨同伴接纳，我们采用班级提名，要求被试对班级或群体内所有成员都做出具体评价，计算分析同伴接纳。

1. 同伴接纳性别与年级差异

通过单因素方差分析，可得具体结果如表 13-4 所示，根据统计结果可以看出，中学生同伴接纳水平在性别维度上不存在显著差异，女生同伴接纳平均分略高于男生，标准差略低于男生，说明女生同伴接纳水平略好于男生。但是，中学生同伴接纳水平在年级维度上存在显著差异（$p<0.05$），通过 Scheffe 法进行事后比较可知，初一年级同伴接纳水平与初二年级同伴接纳水平存在显著差异，初一年级

同伴接纳平均得分最高，且显著高于初二年级，方差也小于初二年级；高一年级同伴接纳平均得分介于初一和初二年级之间，略高于初二年级，略低于初一年级；初二年级同伴接纳水平最低。

表 13-4　同伴接纳性别与年级差异（*N*=559）

维度		*M*	SD	*F*	*p*
性别	男	3.43	0.51	0.442	0.506
	女	3.46	0.48		
年级	初一	3.54	0.42	8.102	0.000
	初二	3.36	0.52		
	高一	3.44	0.54		

由表 13-5 可以看出，在性别维度上，男生高接纳人数比例高于女生，男生低接纳水平人数比例略低于女生，女生一般接纳水平人数比例高于男生。在年级维度上，三个年级高接纳人数比例接近整体高接纳人数比例。高一年级低接纳水平人数比例最高，初二年级低接纳人数比例最低，初一年级低接纳人数比例与整体比例接近。初二年级一般接纳水平人数比例最高，初一年级和高一年级一般接纳水平人数比例接近整体水平。总体而言，中学生同伴接纳水平较多处在一般水平，高接纳与低接纳人数比例较低。

表 13-5　中学生同伴接纳不同水平性别与年级人数比较（*N*=559）

维度		低接纳/人	比例/%	一般/人	比例/%	高接纳/人	比例/%
性别	男	57	15.70	250	68.87	56	15.43
	女	58	17.21	244	72.40	35	10.39
年级	初一	43	16.92	177	69.69	34	13.39
	初二	36	14.46	180	72.29	33	13.25
	高一	36	18.27	137	69.55	24	12.18
总体		115	16.43	494	70.57	91	13.00

2. 网络通讯工具使用与同伴接纳

为了说明网络通讯工具与中学生同伴接纳的关系，本研究进行了网络通讯工具的使用网龄、交往频率、交流时间与同伴接纳水平的相关分析，具体结果见表 13-6。

表 13-6 网络通讯工具使用与中学生同伴接纳相关系数（N=559）

维度	使用网龄	交往频率	交流时间
同伴接纳	0.051	0.008	−0.020

由表 13-6 可以看出，网络通讯工具使用网龄、交往频率、交流时间与同伴接纳水平相关性不显著。使用网龄、交往频率与同伴接纳呈正相关，交流时间与同伴接纳呈负相关。

（三）青少年友谊现状

1. 友谊模型分析

为了探讨新媒体环境下青少年友谊是否发生变化，我们对 844 名年龄为 9～22 岁的青少年进行了友谊调查，在 Parker 和 Asher（1993）关于友谊质量 6 个维度划分的基础上，分别对信任支持、陪伴娱乐、肯定价值、亲密交流和冲突背叛 5 个维度及友谊质量进行统计，并与媒体习惯、人口学相关数据做数据分析，具体见表 13-7。

表 13-7 新媒体环境下青少年友谊现状（N=844）

变量	友谊质量总分		信任支持		陪伴娱乐		肯定价值		亲密交流		冲突背叛	
	B	Exp(B)	B	Exp(B)	B	Exp(B)	B	Exp(B)	B	Exp(B)	B	Exp(B)
常数	0.126	1.134	4.573***	96.875	1.359***	3.893	1.343***	3.832	0.218***	1.243	−0.128*	0.88
人口学变量												
性别	0.909***	2.482	−0.271	0.763	0.806***	2.239	−0.763***	0.466	−1.045***	0.352	0.410**	0.664
年级												
中学	0.788**	2.199	−3.933	0.02	−0.384	0.681	−0.276	0.759	0.393	1.482	−0.426	0.653
其他	0.024	1.024	4.143	63.014	−0.342	0.711	−0.292	0.747	−0.037	0.964	−0.519	0.595
地区												
县城	0.137	1.147	6.218*	501.729	0.888*	2.43	0.866*	2.376	0.613*	1.846	−0.401	0.67
农村	0.453**	1.573	−0.425	0.654	0.633**	1.884	0.662**	1.939	0.291	1.338	0.099	1.104
父亲职业												
农民	−0.033	0.968	−0.059	0.942	0.075	1.078	0.007	0.993	−0.218	0.804	0.063	1.065
其他	−0.031	0.969	13.713	0.297 4	0.787*	0.455	−1.006**	0.366	−0.398	0.672	−0.869**	0.419

续表

变量	友谊质量总分		信任支持		陪伴娱乐		肯定价值		亲密交流		冲突背叛	
	B	Exp(*B*)	*B*	Exp(*B*)	*B*	Exp(*B*)	*B*	Exp(*B*)	*B*	Exp(*B*)	*B*	Exp(*B*)
母亲职业												
农民	−0.026	0.975	−2.369*	0.094	−0.206	0.814	−0.177	0.838	0.292	1.339	−0.413	0.662
其他	−0.515	0.597			0.464	1.591	0.548	1.73	0.161	1.175	−0.03	1.03
成绩												
体育成绩												
良好	0.755**	2.127	4.898	133.97	0.466	1.593	0.329	1.389	0.574**	1.776	0.396	1.486
不及格	0.767***	2.154	1.162	3.195	0.861***	2.366	0.641**	1.899	0.508**	1.662	0.356	1.428
文化成绩												
良好	0.351	1.42	0.063	1.065	0.982***	2.671	0.815**	2.26	−0.21	0.81	0.388	1.474
差	0.154	1.167	2.355	10.534	0.529**	1.689	0.458**	1.581	−0.153	0.858	0.255	1.291
新媒体设备												
手机	−2.148***	0.117			−0.463	0.63	0.79	2.203	0.166	1.181	0.710	2.035
其他	0.076	0.927	0.622	1.863	−0.122	0.886	0.032	1.033	−0.039	0.961	−0.325	0.723
朋友圈												
陌生	−0.012	.988	−1.062	0.346	−0.279*	0.757	−0.078	0.925	0.322	1.38	−0.179	0.836
熟悉	−0.505	0.604	−1.062	0.346	−0.03	0.97	0.024	1.024	−0.355	0.701	−1.008***	0.365
熟悉+陌生	−0.049	0.952	−0.31	0.733	0.028	1.028	0.096	1.101	−0.019	0.982	−0.655***	0.52
不更新	0.107	1.113	0.626	1.87	0.261	0.77	−0.178	0.837	0.369	1.447	−0.980***	3.75
新媒体内容												
娱乐信息	−0.085	0.919	0.007	1.007	0.121	1.129	0.175	1.192	0.027	1.027	0.075	1.077
娱乐视频	−0.081	0.922	−0.694	0.499	−0.038	0.963	−0.278*	0.757	−0.074	0.929	−0.053	0.949
游戏	0.171	1.186	−0.707	−493	0.045	1.047	0.009	0.991	0.057	1.059	−0.398*	0.672
其他	0.790***	2.204	4.040*	56.84	0.574**	1.775	0.856***	2.353	0.355*	1.426	−0.396**	0.673
	−2 对数似然值=826.035		−2 对数似然值=37.901		−2 对数似然值=602.013		−2 对数似然值=646.406		−2 对数似然值=872.442		−2 对数似然值=912.456	

注：***表示 $p<0.001$，**表示 $p<0.01$，*表示 $p<0.05$

其中，将影响友谊质量的要素分为人口学变量和新媒体变量两部分。在人口学变量中的性别变量，本研究设定男生为 1，女生为 2；年级变量，1 为小学，2 为中学，3 为其他；父亲职业变量，1 为工人，2 为农民，3 为其他；母亲职业变量，1 为工人，2 为农民，3 为其他；地区变量，1 为城市，2 为县城，3 为农村；

体育成绩变量，1 为优秀，2 为良好，3 为不及格；文化成绩变量，1 为优，2 为良好，3 为差。对于新媒体部分，手机变量，0 为没有手机，1 为有手机；其他设备变量，0 为有，1 为无；朋友圈变量，0 为无设备，1 为陌生，2 为熟悉，3 为熟悉+陌生，4 为不在网上更新状态；娱乐信息变量，0 为不查找，1 为查找；娱乐视频变量，0 为不看娱乐视频，1 为看娱乐视频；游戏变量，0 为不使用新媒体观看游戏视频，1 为使用新媒体观看游戏视频；其他变量，0 为不使用新媒体观看其他视频，1 为使用新媒体观看其他视频。

表 13-7 列出了友谊质量总分、信任支持、陪伴娱乐、肯定价值、亲密交流和冲突背叛 6 个维度的 *B* 值和 Exp（*B*）值。六个模型的检测结果均存在显著性。

友谊质量总分模型显示，在人口学变量中性别、年级和体育成绩对因变量有显著影响。其中男生与女生相比，女生的友谊质量总分更高；年级变量中，中学生对友谊质量总分影响最显著；体育成绩变量中，成绩良好和不及格对因变量有显著影响。在新媒体部分，是否拥有手机及是否使用新媒体观看其他视频对因变量有显著性影响，其中友谊质量总分与手机变量呈负相关，其他因素与因变量之间不显著。

信任支持模型中，人口学变量中的地区和母亲职业对因变量有显著性影响。其中，学校在县城对因变量有显著性影响且呈正相关，而母亲职业为农民对因变量有显著性影响，且呈负相关。此外在新媒体变量部分是否使用新媒体观看其他视频与因变量之间影响显著且呈正相关。

陪伴娱乐模型中，人口学变量中的学校所在地区、体育成绩、文化成绩对因变量有显著性影响。其中男生与女生相比，女生的陪伴娱乐得分更高；与学校所在地为城市（该变量未进入回归模型，所以无显著影响）相比，学校在县城和农村的对因变量有显著性影响，其中学校在农村对因变量影响最大；体育成绩变量中，成绩不及格与因变量显著相关；文化课成绩中成绩良好与成绩差与因变量呈显著正相关，其中成绩良好对因变量影响最大。在新媒体变量中，朋友圈变量、是否观看其他视频变量与因变量显著相关。朋友圈中的与陌生人交流与因变量呈显著负相关，而是否观看其他视频与因变量呈显著正相关。

肯定价值模型中，人口学变量中的性别、学校所在地、父亲职业、体育成绩和文化成绩与因变量显著相关。其中性别与因变量呈负相关，学校在农村和县城与学校在城市相比对因变量有显著性影响，其中学校在农村对因变量影响最大；父亲职业中，与农民和工人（该变量未进入回归模型，所以无显著影响）相比，其他职业对肯定价值有显著性影响，且呈负相关；体育成绩不及格与因变量显著相关且呈正相关；文化成绩良好和差与因变量显著正相关，其中成绩良好影响最大。新媒体变量中娱乐视频与其他与因变量显著相关，是否观看娱乐视频与因变量呈负相关，观看其他视频与因变量呈正相关。

亲密交流模型中，人口学变量中的性别、学校所在地和体育成绩与因变量显著相关。其中性别与因变量呈显著负相关，学校在县城对因变量有显著性影响，体育成绩良好和不及格对因变量有显著性影响；新媒体变量中是否使用新媒体观看其他视频与因变量显著相关，且呈正相关。

冲突背叛模型中，人口学变量中的性别变量和父亲职业变量与因变量显著相关，其中性别与因变量呈显著正相关，而父亲职业变量中的其他职业与农民和工人相比与呈显著负相关。新媒体变量中朋友圈变量、游戏视频变量和其他视频变量对因变量有显著影响。其中与不使用朋友圈相比，熟悉、熟悉+陌生和不更新朋友圈与因变量呈显著负相关，并且在熟悉的朋友圈更新状态对因变量影响最大，熟悉+陌生次之；此外，是否观看游戏视频和其他视频与因变量呈显著负相关。

2. 青少年友谊影响因素

综上，影响青少年友谊的因素有性别、年级和体育成绩，以及拥有手机和观看视频等媒体习惯；其中，女生比男生的友谊质量好，中学生比小学生和大学生友谊总分高。

具体在友谊 5 个维度方面，影响信任支持、肯定价值和亲密交流的因素有城市/农村、体育成绩、性别及习惯使用视频；除此，母亲是农民的孩子信任支持得分低，父亲是农民和工人的肯定价值得分低；在冲突背叛方面，友谊和使用朋友圈最为相关。

五、结果讨论

（一）网络通讯工具使用基本情况

1. 网络通讯工具使用与话题选择

研究结果显示，女生网络通讯工具的使用率高于男生。这可能与男女生的性别角色和特征有关（王威，2012），由于女生的性情比较温和，她们更愿意与周围的同伴交流互动，相比之下，男生的交际圈则小于女生。网络通讯工具的出现恰好满足了他们的交流需求，研究结果也显示，超过 90%的男女生都在使用网络通讯工具。随着年级的增加，网络通讯工具的普及率也在逐步增长，高一年级的网络通讯工具使用率已达到 99%以上。中学时期的青少年正处在由与家庭父母的交往向与同伴交往的过渡期，他们越来越希望能及时地了解周围同伴的信息。相关研究显示，青少年总体网络即时通讯使用率为 91.1%，中学生群体使用率为 91.9%，超出了青少年总体使用水平。

在网络通讯工具选择方面，结果显示，腾讯 QQ 是选择率最高的工具，总体被试 90%以上使用腾讯 QQ 与同伴交往，另外还有少数人使用微信、YY 或是游戏。QQ 为用户提供了娱乐休闲、开放服务等多种功能，使其拥有了大量的客户群（庞怡等，2006）。而近几年来兴起的 YY、微信等也凭借其实时的信息交互功能吸引了大量青少年。

另外，研究结果也显示，中学生的网络即时交往话题不固定，主要以自己感兴趣的内容或是生活与学习中的琐事为主。由于中学生尚未完全踏入社会，他们所面临的主要是学习问题，他们不必担心生活压力，在课后之余，他们会选择自己感兴趣的内容主动去了解与关注。网络通讯工具提供的个人之间和群体之间的交流服务，为他们提供了即时交流的平台，他们可以就自己关注与渴望获得的信息内容展开探讨。此外，少数迷恋网络游戏的个体会在游戏中与同伴交流，而其交流内容也多是与游戏有关。因此，学校与家长应该合理干预中学生网络交往，正确引导，预防网络依赖、网络成瘾。

2. 网络交往对象选择

研究结果显示，现实中熟悉的朋友是中学生主要的网络交往对象，这与以往的研究是一致的（田丽和安静，2013）。中学生主要的活动场所是家庭和学校，他们学校中的同学也很少是来自外地，因此他们的同伴也集中分布在他们周围。进入青春期的青少年渴望能够持续与同伴交流，网络即时交流成为现实面对面交往的延续，而如今网络通讯工具功能的日趋丰富也强有力地吸引了渴望随时随地交往的青少年。

3. 网络通讯工具使用网龄、交往频率、交流时间

研究结果显示，网络通讯工具的使用网龄集中在3～4年；交往频率5次及以上比例最高，表明多数中学生每天都在使用网络通讯工具；交流时间集中在1～2小时。网络通讯工具使用网龄在性别维度上差异性显著，女生高于男生。网络通讯工具使用网龄、交往频率和交流时间都在年级和年龄维度上差异性显著，随着年级与年龄增长而不断增长，高中阶段网络工具使用网龄、交往频率、交流时间显著高于初中阶段。

造成上述差异的因素可能有如下几方面：首先是男女生性别特点差异（梁玉葵，2012），由于女生进入青春期早于男生，女生在对同伴的交流依赖程度上也会略高于男生，因此女生同伴之间对于交往的渴望程度也会加强，网络通讯工具正好满足了她们的交流愿望。因此，相对于男生，女生会更早地去接触网络通讯工具。其次，由于初高中学生都要完成一定量的课后与课外作业，校内交流相对减少，网络即时交往成为校外即时互动交流的便利渠道。但是由于既要完成课外作业又要每天按时上学，因此他们的交流时间会相对被控制。最后，由于初高中学生不断成长，高中生面临更大的升学压力，高中生更加希望能够通过交流缓解来自家庭与学校的压力。网络即时交往使得他们能够互相倾诉，暂时缓解内心矛盾。

4. 网络交往下的个人交往与在校表现变化

本研究发现，中学生网络通讯工具的使用使其与朋友之间交流的话题与时间均增加，而与家人交流的话题与时间改变不明显。网络通讯工具的使用对中学生自身的在校表现无显著影响。

网络即时通讯只是他们的交流工具，青少年只会对他们感兴趣的内容发表自己的观点。学生自身的在校表现更多地被理解为是成绩的提高，在校表现依赖于老师的引导与自身的努力。网络通讯工具成为青少年密切互动的便利渠道，服务于同伴交流，较少被理解为能够对自身的在校表现产生显著影响。

（二）网络通讯工具与中学生同伴接纳

1. 中学生同伴接纳性别与年级差异

研究结果显示，中学生同伴接纳水平在性别维度上不存在显著差异，女生接

纳水平略高于男生。以往研究已经发现，女生同伴关系好于男生同伴关系，而同伴接纳水平是个体在同伴群体中的社交地位的反映（邹泓等，1998），是同伴关系的主要方面。女生在同伴交往中的性格优势决定了她们能够比男生更快地融入同伴群体，也给同伴留下较为深刻的印象。另外，处于青春期阶段的青少年男女都渴望得到更多的伙伴，绝大多数个体会积极地参与到群体活动中来。因此，中学生同伴接纳在性别上差异性不显著。

本研究以班级为单位对同伴接纳水平进行了标准化研究，调查对象的同伴接纳水平被分为三个等级：低接纳、一般、高接纳。研究结果显示，70%左右个体处于一般接纳水平，17%左右个体处于低接纳水平，13%左右个体处于高接纳水平，并且在性别和年级维度上各阶段的个体比例接近总体各维度比例。上述结果表明，大多数中学生同伴接纳处在一般水平，高接纳人群数低于低接纳人群数，这与邹泓等（1998）的研究结果是一致的。在群体之中，每个个体都会通过自身特点、自身行为方式及对他人的态度，确立自己在群体中的地位（邹泓等，1998）。群体之中，高接纳者与低接纳者是被群体之中大多数人非常认同的或极不认同的两个极端部分，因此这部分人数会较少，大多数人会有几个较熟悉的朋友。

2. 网络通讯工具与中学生同伴接纳关系

根据研究结果，网络通讯工具使用网龄和交往频率与同伴接纳呈正相关，交流时间与同伴接纳呈负相关，但相关系数都不显著。

王晓辰等（2008）指出，社会行为、社会认知、教师接纳、学业成绩、自我概念和家庭环境等因素都会影响青少年儿童的同伴接纳。亲社会、友善的行为容易被同伴接纳，而攻击性行为则会引起拒绝；掌握了较多的社交策略和交往技巧的个体也会提高自身接纳水平；在学校中被老师认可或是学习成绩较好者也会更容易被同伴群体认可；通过交流，可以加强个体对自我的认识，而良好的家庭环境是构建和谐人际关系的基础，以此来推动青少年个体亲密交流、互相认可。综上可知，中学生同伴接纳是受多种因素影响的，可能单纯的网络即时交流对于同伴接纳所起作用较小。

此外，本研究中网络即时交流时间与同伴接纳呈负相关。究其原因，长时间的网络社交可能会使青少年个体变得孤立，不能正确对待现实交流，出现网络成瘾等问题（刘涛，2012）。因此，家长应适当控制青少年网络交流，加强青少年社会适应能力的培养；学校要加强网络文明规范教育，使青少年科学上网，做文明网民；全社会都应该关注网络环境建设，营造良好氛围，让青少年通过网络交往能够更好地适应社会生活，形成积极的价值观。

（三）新媒体与青少年友谊质量

影响友谊的变量有性别、年级和体育成绩，以及拥有手机和观看视频等媒体习惯；具体在友谊 5 个维度方面，影响信任支持、肯定价值和亲密交流的因素有城市/农村、体育成绩、性别及习惯使用视频；影响冲突背叛的重要因素是媒体使用中的朋友圈。

1. 友谊质量性别差异

研究表明，女生同伴友谊质量显著好于男生同伴间的友谊质量，这与以往的研究相符合。已有研究指出（王威，2012），青少年同伴关系存在显著性别差异，可能主要是由于性别特点和角色有关。通常情况下，女生的性格比较温和，也比较善于与他人交往，她们会选择与亲密的同伴分享自己的小秘密。而男生之间建立良好的同伴关系则需要较长的时间，男生要在彼此长时间的交流互动过程中才会彼此认同（陈蔚萌，2012）。高质量的友谊的建立是以同伴间的亲密交流为基础的，女生的性别角色优势决定了她们能够快速与同伴建立起亲密友谊。此外，女生进入青春期较早，她们更加渴望能与亲密同伴交流并以此来排解内心的冲突与矛盾。因此，在同伴友谊质量评定上出现性别差异，女生友谊质量好于男生友谊质量。

2. 友谊质量城乡差异

友谊质量 5 个维度中有 4 个维度都显示城乡存在显著差异，说明环境是影响友谊质量的重要要素；而另一重要要素是父母亲职业，也可以归为不同家庭模式下，亲子关系与友谊相关；相对于城市父母，农村父母可能由于经济上、教育水平上及观念上的差异，会影响子女与同伴之间的友谊。例如，农村的母亲对孩子的信任支持的得分低，这可能与母亲自身能力有关，在孩子的成长过程中因为自身的匮乏，无法对孩子进行有效的信任、支持和帮助；同样，农村的父亲可能由于固有的观念或者经济上的压力，对孩子的成绩和进步关注很少，致使在肯定和价值评判上得分低。

3. 友谊质量媒体使用差异

友谊质量得分及5个维度上都与视频设备呈正相关，其中冲突背叛与网络交往中的朋友圈呈显著相关。这表明，在新媒体环境下，青少年喜欢使用媒体视频，喜欢在网络上与他人交流。这与以往研究结果是一致的，青少年网络即时交往的首要目的是交流沟通（乔歆新等，2007）。同时在网络中形成的友谊与现实中对应，也会产生冲突与背叛。青少年正处在人生观与价值观发展完善的关键期，学校和家庭应该形成教育合力，关心和帮助青少年合理进行网络社交，形成正确的人生观和价值观。

参考文献

陈蔚萌. 2012. 高中生孤独感与友谊质量、亲子亲合的关系. 福州：福建师范大学硕士学位论文.

黄少华. 2009. 青少年网民的网络交往结构. 兰州大学学报(社会科学版), 37(1): 18-26.

李蒙翔等. 2010. 移动即时通讯服务持续使用意向影响因素研究. 管理科学, 05: 72-83.

梁玉葵. 2012. 青少年同伴交往能力的培养与锻炼. 新课程研究(下旬刊), 11: 165-166.

刘涛. 2012. 网络环境下青少年人际价值观培养的思考. 湖南人文科技学院学报, 04: 88-91.

苗红妍. 2006. 同伴交往对青少年人生观价值观形成的影响及引导研究. 长春：东北师范大学硕士学位论文.

庞怡，许洪光，姜媛. 2006. 即时通讯工具现状及发展趋势分析. 科技情报开发与经济，16: 169-170.

乔歆新等. 2007. 即时通讯软件使用动机的探讨. 应用心理学, 13(2): 125-130.

田丽，安静. 2013. 网络社交现状及对现实人际交往的影响研究. 图书情报工作, 15: 13-19.

王威. 2012. 初中生同伴关系对学业情绪、学业成绩的影响研究. 长春：东北师范大学硕士学位论文.

王晓辰等. 2008. 小学生同伴接纳、教师接纳、学业成绩与心理健康的关系. 中国心理卫生杂志, 10: 749-752, 754.

王雅春，曹华. 2010. 青少年同伴关系的作用及影响因素分析. 长春师范学院学报(人文社会科学版), 01: 23-26.

谢新洲，张炀. 2011. 我国网民网络社交行为调查. 图书情报工作, 06: 16-19.

张茜. 2003. 青少年同伴关系的特点与功能分析. 当代教育科学, (1): 37-39.

郑璐璐. 2012. 青少年网络交往研究概述. 社会心理科学, (11): 68-73.

邹泓，周晖，周燕. 1998. 中学生友谊、友谊质量与同伴接纳的关系. 北京师范大学学报(社会科学版), 01: 43-50.

邹泓. 1998. 同伴关系的发展功能及影响因素. 心理发展与教育, 02: 39-44.

Berndt, T. J. & Perry, T. B. 1986. Children's perceptions of friendships as supportive relationships. *Developmental Psychology*, 22(5): 640-648.

Bukowski, W. M., & Hoza, B. 1989. Popularity and friendship: Issues in theory, measurement, and outcome., 15-45.

Hu, Y. F., Wood, J. F., Smith, V., et al. 2004. Friendship through IM: Examining the relationship between instant messaging and intimacy. *Journal of Computer-Mediated Communication*, 10(1): 100-102.

Kiesler S, Siegel J, Mcguire T W. 1984. Social psychological aspects of computer-Mediated communication. *American Psychologist*, 39(10):1123-1134.

Li, D. H., Chau, P. Y. K. & Lou, H. 2005. Understanding individual adoption of instant messaging: An empirical investigation. *Journal of the Association for Information Systems*, 6(4): 102-129.

Parker, J. G. & Asher, S. R. 1993. Friendship and friendship quality in middle child-hood: Links with peer group acceptance and feeling of loneliness and social dissatisfaction. *Developmental Psychology*, 29(4): 611-621.

Sproull, L. 2011. Prosocial behavior on the net. *Dædalus*, 140(4), 140-153.

Sullivan, H. S. 1953. *The Interpersonal Theory of Psychiatry*. New York: W. W. Norton.

第十四章　新媒体环境下亲子沟通研究

一、亲子关系与亲子沟通

亲子关系是父母与子女之间的关系，是以血缘和共同生活为基础，以抚养、教养、赡养为基本内容的自然关系和生活关系的统一体。亲子关系根据子女的年龄、生理、社会发展等阶段呈现出各种不同的关系特征，如婴幼儿亲子关系、儿童亲子关系、青少年亲子关系等（章苏静和金科，2009）。其内在运行机制是亲子沟通，是父母与子女之间交换信息、观点、意见、情感和态度的过程。Olson 等指出，亲子沟通对家庭的亲密度和适应性起着非常重要的促进和维持作用，家庭成员之间开放的、良好的沟通有益于家庭功能的正常发挥，家庭成员之间通过沟通表达亲密，解决问题和处理纷争（方晓义等，2006）。

亲子沟通是指父母与子女通过信息、观点、情感或态度的交流，以达到增强情感联系或解决问题等目的的过程（Galvin & Bylund，2004），主要通过亲子交往来实现（Gottman & Fainsilber-KatzL，1989）。

Mcleod 等人（1995）认为父母与青少年之间的沟通存在一种稳定的方式和倾向，由此提出了划分亲子沟通类型的两个维度：关系定向（socio-orientation communication）和观念定向（concept-orientation communication）。关系定向沟通强调青少年在与父母的沟通中要注意与父母保持良好的关系，而不重视沟通问题本身的是非曲直。在关系定向沟通中，青少年知道对父母的言论不要提出质疑，要维护父母权威，维持与父母之间的良好关系。观念定向沟通则倾向于关注问题，在沟通时父母鼓励子女提出不同的意见，不惧怕家庭成员之间的分歧，更注重讨论问题本身。在观念定向的沟通方式中，青少年经常就讨论的问题发表自己的意见和看法，积极参与争论，不考虑自己的言论是否会与父母的观点不一致、是否会因此产生争论影响和父母的关系，也很少会因为要与父母维持良好的关系而隐藏自己的观点。

Ritchie（1991）对亲子沟通的这两个维度提出了更进一步的解释，他认为，对于父母和儿童来说，关系定向的沟通模式意味着父母运用权力强化儿童服从父母的外显行为；而观念定向的沟通模式意味着父母鼓励交谈，并开放地表达思想和感情。Ritchie（1989）根据家庭在两个基本维度上的得分，划分出四种亲子沟通的类型，即多元型（pluralistic）、保护型（protective）、放任型（lassez-faire）和一致型（consensual），每种类型的家庭在亲子沟通时表现出不同的特点。多元型家庭看重的是亲子之间积极的沟通和思想观点的表达，很少对儿童施加压力，让子女服从父母的意见。保护型家庭非常强调儿童对父母的服从和顺从，不重视亲子之间的交流和沟通，通过“禁止”亲子之间的分歧来获得一种表面上和谐的亲子关系。放任型家庭同样不重视亲子之间的沟通和交流，但并不对儿童施加服从父母的压力。在这样的家庭中，父母与儿童都各自追求自己的个人目标，而不关心其他家庭成员的需要和愿望；其家庭成员间的自由是以很少沟通、相互之间漠不关心为特征的。一致型家庭鼓励儿童对沟通的问题提出自己的见解和主张，但不能扰乱家庭的等级和内部的和谐（方晓义等，2004）。综上，从不同亲子沟通类型的特点可以看出，不同亲子沟通类型的青少年在社会适应方面可能表现出不同的特点。

二、亲子沟通相关研究

（一）亲子沟通特点

在亲子沟通话题方面，大多数中国青少年与父母讨论的内容很多，包括家庭、学校、未来打算及与朋友相处等（Youniss & Smollar，1987），但很少与父母谈论性、饮酒和吸毒方面的话题（Noller & Callan，1990；Tesser et al.，1989）。在美国或其他一些西方国家，父母、青少年的观念都更为开放，亲子之间谈论的话题很少有什么禁忌，话题更为广泛。

在沟通频率方面，研究（Noller & Callan，1990；Barnes & Olson，1985）发现，进入青春期以后，青少年与父母沟通的频率较低，有些话题与父母沟通很少，甚至几乎不沟通。

亲子沟通满意度具有代际差异。Barnes 和 Olson 在 1985 年对 426 个正常家庭的调查发现，青少年对亲子沟通的满意度与父母对亲子沟通的满意度之间存在差异，其中青少年的满意度较低，认为与父亲、母亲的沟通都缺乏开放性，在沟通上存在更多问题。但与青少年相比，父亲和母亲都认为与青少年沟通较为开放，沟通问题较少。

亲子沟通的主动性是指在亲子沟通中谁是发起者。研究（Grotevant & Cooper，1983）表明，家庭中的女性成员比男性成员在沟通中更积极主动，母亲比父亲更主动，是交谈较多的发起者，也更能接受孩子的观点。

沟通方式主要表现在分歧、误解、行为约束、盘问、批评和缺乏沟通等。亲子沟通涉及的方面有课外活动、异性交往、职业与教育、花钱、行为问题等。在所有的沟通问题当中，父母对青少年过多的行为约束（占所有沟通问题的 20%）是出现亲子沟通问题的重要原因；在沟通话题方面，出现问题最多的是课外活动（约占 48%）和异性交往（约占 14%）（Vangelisti，1992）。

除此之外，对亲子关系之间的沟通时间、沟通地点、主动性方面的研究发现，在沟通频次上，初中生与母亲的沟通要比与父亲的沟通频繁；在沟通时间上，父亲与青少年的沟通时间比较少，有将近一半（42.6%）的学生与父亲每周仅有 1 小时的沟通时间，相比之下，母亲与孩子的沟通时间要明显多于父亲，但仍有 25.4%的母亲每周仅与孩子沟通 1 小时；从沟通的主动性来看，有一半的时间孩子与家长处于双方都主动的沟通状态，相比而言，母亲比父亲与孩子的沟通更显得主动一些（雷雳等，2001）。在调查中发现青少年认为与父母之所以没有沟通主要有三方面的原因：一是无话可说，二是没有机会，三是得不到理解。“没有机会”可能反映了现代生活节奏的紧张对父母和孩子的压力，而“无话可说”和“得不到理解”可能反映了家长和孩子之间的代沟。

（二）亲子沟通对象

亲子沟通的频率、内容、满意度、主动性因沟通对象不同而表现出不同的特点，沟通对象分为与父亲沟通和与母亲沟通。

（1）亲子沟通频率。一些研究者（Noller & Bagi，1985）发现，青少年与母亲之间的沟通多于与父亲之间的沟通。Shek 等在 2000 年采用个别访谈的方法，考察了亲子沟通的频率，访谈问题是“你与父亲/母亲交谈的频率如何？”结果发现，青少年报告与母亲的沟通频率比与父亲的沟通频率要高。

（2）亲子沟通内容。Noller 等研究发现，青少年与母亲的沟通话题多于与父亲的沟通话题；在有关父母–青少年亲子沟通内容的 14 个题目中，有 9 个题目是青少年与母亲讨论得更多，只有在政治问题上，青少年与父亲的讨论多于与母亲的讨论（Terry et al.，1992）。并且，男女青少年受沟通对象的影响并不相同，如在对社会规范的态度、一般性问题、对未来的打算等方面，女孩对父亲谈得比对母亲谈得更多。

（3）亲子沟通满意度。青少年认为与母亲的沟通比与父亲的沟通更令人满意（Miller & Sperry，1987），母亲更倾向于认为与青少年有较好的沟通，每一个家庭内部报告中，母亲也持更积极的态度。但也有研究（Youniss & Smollar，1987）发现，对与父亲和母亲沟通的满意度方面不存在明显差异。在亲子沟通伴随情感方面（Noller & Callan，1990）的研究发现，与母亲沟通时伴随的积极情感明显多于与父亲的沟通。

（4）亲子沟通主动性。家庭中女性成员的沟通积极性高于男性成员，母亲比父亲更主动。母亲更多是交谈的发起者，母亲比父亲更能接受孩子的观点。青少年认为母亲对孩子的日常问题更感兴趣、更开放，更能理解和接受孩子，也更能与子女达成一致意见。相反，父亲更喜欢下断语，不愿意倾听，更倾向于把自己的意愿强加在孩子身上，而不试图去理解孩子，也不愿意与子女谈论情感和个人问题（雷雳等，2001；Youniss & Smollar，1987；Noller & Callan，1990）。

（三）影响亲子沟通要素

1. 性别

关于亲子沟通是否会受到青少年性别的影响，还存在一些争议。Youniss 和 Smollar 在 1985 年的研究发现，女孩更可能认为自己与母亲有更亲密的关系，与父母沟通较多，而男孩与母亲的讨论较少。然而，Noller 和 Callan（1990）的研究发现，女性青少年与男性青少年相比，对与父母沟通的满意度更低。也有研究（方晓义和董奇，1998）发现亲子沟通与青少年的性别无关，男女青少年对与父母沟通的满意度方面的评价不存在显著差异。

2. 年龄

在不同的年龄阶段，青少年与父母沟通的话题、沟通的频率、沟通中存在的问题等方面都会存在一定的差异。青春早期的青少年沟通的开放性显著高于青春中期的青少年（Jackson et al.，1998）。

青春中期的青少年已经开始使用新的自我表达方式，对于许多事情要求自己做决定，对父母的约束有较多不满和对立，从而使青少年与父母的关系紧张，沟通上的困难增多，发生更多的冲突（Collins，1990）。

3. 家庭环境

有关家庭环境对父母-青少年亲子沟通影响的研究，多把家庭环境分为温暖、支持和敌意、强制2个维度。Martha和Rand从1995年起，利用4年时间对335个从青春早期进入青春中期的青少年家庭中的亲子沟通状况进行分析，结果发现，在温暖、支持的家庭环境中，父母与青少年能够更为直接、充满耐心地讨论相互之间的分歧，较少出现沟通的困难和问题；而在充满敌意、强制的家庭环境中，亲子之间在沟通时，经常相互抱怨，缺乏耐心，对相互之间的分歧常采取回避的态度，沟通中的问题也更多。

4. 父母受教育水平

雷雳等在2002年的一项研究中，采用LISREL结构模型综合考察了家庭环境系统对初中生亲子沟通的影响，以及初中生的亲子沟通与其社会适应之间的关系。研究发现，父母受教育水平对亲子沟通的直接影响很小，主要通过家庭结构对亲子沟通产生影响。家庭结构影响父子沟通，但很少影响母子沟通。

5. 友谊质量

青少年的人际交往发生了很大的变化，同伴群体中的友谊关系变得日益重要。成人感的产生、自我意识的增强和对同伴友谊的看重都不可避免地导致其与父母的关系发生变化。

研究表明，随着年龄的增长，儿童与父母交往的次数明显减少，相反，与同伴交往的频率明显增加。张迎春等关于亲子关系与友谊质量的关系的研究发现，亲子冲突频繁程度与友谊质量的陪伴与娱乐呈显著正相关（张迎春等，2012）。

6. 生活满意度与亲子沟通

生活满意度是指对自己生活质量的主观体验，是一种对自身生活各方面的“理想状态”与“现实状况”之间差距的主观认知和评价（周长城和蔡静诚，2004）。青少年对生活的满意程度与父母之间的沟通呈显著相关。

7. 媒体行为

随着信息时代的到来，网络和电脑游戏的出现更加剧了青少年与父母关系疏远这一现象的凸现。青少年迷恋电脑游戏成了困扰家长的一大难题，许多青少年因为沉溺于网络，疏远了和父母家人之间的关系，脾气变得古怪，难以沟通（章苏静和金科，2009）。

并且青少年在网上的时间越多，与真实世界中发生联系的时间就越少（Nie & Erbring，2001），减少了与父母沟通的时间、频率，从而导致亲子沟通质量下降。

三、研究问题

综上所述，结合亲子沟通的分类、亲子沟通的特点，本研究将重点讨论亲子沟通的情感沟通（是否能容易地对父母表达情感）、讨论话题（是否平等地、随意地讨论话题）、父母对我和我对父母（沟通主动性）、平等-权威型父母（父母对待子女的态度）5 个维度。

结合新媒体环境下的青少年特点，以及影响亲子沟通质量的因素（在这里加入性别、 友谊、生活满意度），本研究分为两部分：第一部分将分析性别、媒体行为、网络游戏成瘾与亲子沟通之间的关系；第二部分将在第一部分的基础上加入友谊质量、生活满意度等因素，探讨其对亲子沟通的影响。

四、实证研究

（一）青少年媒体行为对亲子沟通的影响

1. 问卷调查量表

Barnes 和 Olson 等（1985）在 20 世纪 70 年代提出了家庭功能的曲线理论模型，该模型包括 2 个基本维度，即亲密性和适应性，而沟通是起到重要作用的一个促进维度。家庭成员通过沟通来表达亲密，也通过沟通来处理与适应有关的问题（如问题解决与家庭争论等）。家庭中的亲子沟通可界定为从开放性的沟通到有问题的沟通的一个连续体，两端分别是最为开放性的沟通和问题最严重的沟通。多数研究者探讨青少年亲子沟通情况时采用 Barnes 和 Olson（1985）编制的“亲子沟通量表”，该量表包括 2 个分量表，分别用来测亲子沟通开放性程度和存在沟通问题的程度，每个分量表都包括 10 道题目。开放性沟通，也就是良好沟通，是指亲子之间的沟通是开放式的，相互之间能够自由地交流信息、表达情感，对亲子沟通比较满意，题目如“我父亲/母亲总是一个好的倾听者”；而有问题的沟通是指亲子之间在沟通时很拘束，表达自己的看法时很谨慎，会避免谈论某些话题等，题目如“我父亲/母亲总是跟我谈一些不该谈的事情”。量表记分时，表示问题性的题目均反向记分，然后与表示开放性的题目总分相加。总分越高，意味着亲子关系情况越好。

2. 数据分析

1）青少年亲子沟通基本情况

青少年全体及男女生在亲子沟通各维度上的平均数和标准差如表 14-1 所示。从表 14-1 中可以看出在亲子沟通各维度中，青少年在沟通主动性方面得分最少，说明相比父母主动的沟通，青少年很少主动去找父母进行沟通、交流情感。女生在与父母平等沟通方面得分低于男生，说明相比于男生，女生在与父母沟通时，更多的是处于不平等的地位。有研究表明在母亲与孩子的沟通态度上，母亲与男孩沟通的态度要好于同女孩沟通的态度（雷雳等，2002）。女生在亲子沟通的其他维度上的得分都高于男生，女生比男生更多地与父母沟通、讨论问题。

对男女生在各维度上的差异进行独立样本 t 检验，结果如表 14-1 所示，男女生在与父母沟通平等维度及平等父母维度上虽然得分有差异，但是差异并未达到显著水平；在亲子沟通的其他维度上女生表现都比男生好，均有显著差异。

表 14-1　性别与亲子沟通各维度的 t 检验

变量	总体（N=844）		男（N=411）		女（N=433）			
	M	SD	M	SD	M	SD	t	p
亲子沟通	3.25	0.57	3.21	0.49	3.31	0.64	−2.447	0.01
沟通平等	3.41	0.81	3.41	0.77	3.39	0.84	0.298	0.76
沟通存在问题	2.89	0.73	2.98	0.73	2.77	0.72	4.172	0.00
情感总分	3.25	0.81	3.14	0.69	3.36	0.88	−3.968	0.00
讨论问题	3.33	0.61	3.23	0.51	3.32	0.59	−2.396	0.01
父母对我	3.28	0.63	3.21	0.59	3.34	0.65	−2.807	0.00
我对父母	3.21	0.59	3.17	0.52	3.26	0.65	−2.207	0.02
平等父母	3.33	0.61	3.32	0.59	3.34	0.63	−0.617	0.53

2）青少年亲子沟通各维度与新媒体影响因素的相关性

在上述数据分析的基础上，我们对亲子沟通各维度与新媒体环境下的影响因素（使用社交网站、玩游戏、游戏成瘾）的相关性进行分析，相关系数如表 14-2 所示。

表 14-2 亲子沟通各维度与新媒体环境下的影响因素的相关分析

变量	亲子沟通	沟通平等	沟通存在问题	情感总分	讨论问题	父母对我	我对父母	父母平等	使用社交网站	玩游戏	游戏成瘾
亲子沟通	1.00										
沟通平等	0.774**	1.00									
沟通存在问题	−0.711**	−0.109**	1.00								
情感总分	0.898**	0.543**	−0.804**	1.00							
讨论问题	0.898**	0.705**	−0.619**	0.720**	1.00						
父母对我	0.820**	0.566**	−0.651**	0.783**	0.680**	1.00					
我对父母	0.942**	0.744**	−0.651**	0.831**	0.913**	0.617**	1.00				
平等父母	0.820**	0.939**	−0.242**	0.621**	0.801**	0.657**	0.814**	1.00			
使用社交网站	−0.110**	0.015	0.186**	−0.130**	−0.113**	−0.069*	−0.127**	−0.019	1.00		
玩游戏	−0.105**	−0.044	0.117**	−0.109**	−0.138**	−0.069*	−0.127**	−0.079*	0.143**	1.00	
游戏成瘾	−0.177**	−0.009	0.151**	−0.202**	−0.107**	−0.150**	−0.137**	−0.058	0.147**	0.201**	1.00

注：**表示在 0.01 水平（双侧）上显著相关，*表示在 0.05 水平（双侧）上显著相关

亲子沟通与使用社交网站、玩游戏、游戏成瘾等因素均呈现显著负相关，使用社交网站、玩游戏、游戏成瘾与沟通平等没有相关性；而亲子之间沟通存在问题，与使用社交网站、玩游戏、游戏成瘾均呈显著正相关，即亲子之间如果能平等沟通、交流，青少年的媒体活动较少，而如果亲子之间沟通存在问题，青少年则会更多地使用社交网站、玩游戏。

3）亲子沟通与青少年媒体行为的回归分析

为进一步探讨在这些具有显著相关性的因素中，哪些网络行为能够预测亲子沟通，以及对亲子沟通的影响更大，研究者在表 14-3 的基础上，以亲子沟通为因变量（连续性变量，分数越高表示亲子沟通越良好），对与之呈显著相关的变量，包括性别（男、女）、是否玩社交网站（是、否）、是否玩游戏（是、否）、网络成瘾（是、否）进行回归分析。回归结果见表 14-3。

表 14-3　亲子沟通与青少年媒体行为的回归分析

变量	模型一		
	B	*t*	*p*
性别	0.696	0.771	0.441
社交网站	−0.979	−2.213	0.027
玩游戏	−1.409	−1.279	0.201
游戏成瘾	−0.514	−3.66	0.000
	R^2=0.042		

模型一中影响亲子沟通的显著因素有是否玩社交网站、游戏成瘾，具体如下。

在社交网站因素中，*B*=−0.979，说明比起玩社交网站的青少年，不玩社交网站的青少年与父母之间的沟通更加良好。

在游戏成瘾因素中，*B*=−0.514，说明游戏成瘾程度越深，亲子之间的沟通越有问题。

但回归模型效果不是很好，解释力不是很强。

（二）青少年亲子沟通重要影响因素

为了研究青少年家庭亲子沟通的重要影响因素，本部分将在媒体环境影响亲子沟通的基础上，讨论青少年友谊质量、生活满意度与亲子沟通质量之间的关系。

1. 青少年友谊质量、生活满意度基本情况

青少年的友谊质量通过 Parker 和 Asher（1993）友谊质量问卷测定。生活满意度由伊利诺伊大学心理学家爱德华·达纳（1985）设计的生活满意度量表测定，分数越高表示对生活越满意。友谊质量分数、生活满意度分数如表 14-4 所示。

表 14-4　友谊质量、生活满意度现状（*N*=844）

变量	*M*	SD
友谊质量	140.17	21.97
生活满意度	22.73	6.71

2. 青少年的友谊质量、生活满意度与亲子沟通的相关性分析

对亲子沟通与友谊质量、生活满意度的相关性进行分析，相关性如表 14-5 所示。

表 14-5 亲子沟通与友谊质量、生活满意度的相关性

变量	亲子沟通	友谊质量	生活满意度
亲子沟通	1.00		
友谊质量	0.269**	1.00	
生活满意度	0.307**	0.298**	1.00

注：**表示在 0.01 水平（双侧）上显著相关

如表 14-5 所示，友谊质量、生活满意度与亲子沟通均呈显著正相关，友谊质量越好，亲子沟通质量越好；生活满意度更高，亲子沟通质量越好。

3. 亲子沟通与青少年友谊质量、生活满意度的回归分析

为进一步探讨在媒体环境下，在与亲子沟通具有显著相关性的因素中，哪些因素对亲子沟通的影响更大，研究者在模型一的基础上，加入友谊质量、生活满意度等相关因素，以亲子沟通为因变量进行回归。回归结果见表 14-6。

表 14-6 亲子沟通影响因素的回归分析

变量	模型二			模型三		
	B	*t*	*p*	*B*	*t*	*p*
性别	−0.619	−0.698	0.486	0.147	0.171	0.864
社交网站	−1.300	−3.037	0.002	−1.361	−3.301	0.001
玩游戏	−0.767	−0.720	0.472	−0.873	−0.852	0.395
游戏成瘾	−0.393	−2.886	0.004	−0.477	−3.622	0.000
友谊质量	0.148	7.543	0.000	0.100	5.023	0.000
生活满意度	—	—	—	0.464	7.520	0.000
	R^2=0.112			R^2=0.178		

模型二在媒体行为的回归模型基础上，加入了友谊质量因素。模型 R^2 为 0.112，解释力在原来模型的基础上有所提升。

影响青少年家庭亲子沟通的显著因素有使用社交网站、网络成瘾、友谊质量。其中，友谊质量因素中，*B*=0.148，说明青少年与同伴关系越好，与父母沟通就越好。

模型三在模型二的回归模型基础上，加入了生活满意度因素。模型 R^2 为 0.178，解释力在模型二的基础上有更大提升。

其中，生活满意度因素中，B=0.464，说明青少年对生活状态越满意，与父母沟通就越良好。影响青少年家庭亲子沟通的显著因素是使用社交网站（B=−1.361）、网络成瘾（B=−0.477）、友谊质量（B=0.100）、生活满意度（B=0.464）。

从三个回归模型中可以看出，影响青少年的亲子沟通的因素有多种，且影响大小是有差别的，其中是否玩社交网站、游戏成瘾、友谊质量、生活满意度在模型中都显著相关，但是否玩社交网站与游戏成瘾因素对亲子沟通的影响最大。

五、研究结论

（一）在性别差异上，女生的亲子沟通质量更好

张峰在研究中指出，青少年亲子沟通心理发展存在性别差异，女生的亲子沟通心理发展水平显著高于男生。这种性别差异的原因可以从发展心理学中寻找。从发展心理学的角度看，女生的身体发育和心理发展都较男生早，其生理和心理较男生相对成熟；并且，女生的言语和交往能力的发展比男生更有优势。这些都决定了女生在与父母的沟通心理发展上优于男生（张峰，2006）。还有可能的原因是女生有更多的时间与父母交流，更愿意与父母沟通、讨论话题。

（二）使用社交网站越多，亲子沟通越差

青少年使用社交网站过多，会导致与父母之间的沟通更差。可能的原因是一方面青少年在社交网站中可以与他人交流，发表最近发生的新鲜事或者自己的心情、状态以娱乐身心、释放情感等，所以就减少了与父母线下的交流；另一方面，有很多父母害怕子女在社交网站受到欺骗，禁止其使用社交网站，或者在父母的监视下使用网站，而有的青少年为了不被监视则会拒绝父母的好友请求或者在社交网站上把父母拉入黑名单。这样就导致子女与父母之间的冲突或沟通不畅时有发生。

（三）网络游戏成瘾的青少年，亲子沟通较差

青少年游戏成瘾，对网络游戏产生依赖，把游戏作为情感宣泄和逃避现实的窗口，这样会极大危害亲子之间的沟通。同时，长时间上网对青少年身体健康有

影响：这可能导致在非网络环境下游戏者精神不振，缺乏与父母沟通的心情，从而影响亲子关系，严重的会患上"情感冷漠症"，与家庭、朋友和亲戚关系冷淡。此外，青少年的生活满意度也对亲子之间的沟通有很大影响：对生活越满意，其亲子沟通质量越好。因此，一方面，在亲子沟通过程中，不仅要考虑父母的社会地位、受教育程度、职业及教养方式，还要考虑青少年生活的环境、社会活动，包括青少年之间的同伴关系、青少年对生活的满意程度及网络环境等。另一方面，青少年的身体和生理机能迅速发育和趋于成熟，心理也在加速发展，易产生成人感和独立需求，父母不再是权威，父母要考虑青少年自己的话语权、价值观，要意识到孩子心理、行为上的这些变化，改变方式方法和孩子进行沟通，促进亲子之间的沟通与交流。

参 考 文 献

方晓义, 董奇. 1998. 初中一、二年级学生的亲子冲突. 心理科学, 21(2): 122-125.

方晓义, 戴丽琼, 房超. 2006. 亲子沟通问题与青少年社会适应的关系. 心理发展与教育, 22(3): 47-52.

方晓义, 林丹华, 孙莉. 2004. 亲子沟通类型与青少年社会适应的关系. 心理发展与教育, 20(1): 18-22.

郭海英等. 2014. 亲子沟通与农村青少年幸福感的关系: 基本心理需要满足的中介作用. 心理发展与教育, 02: 129-136.

雷雳, 王争艳, 李宏利. 2001. 亲子关系与亲子沟通. 教育研究, 06: 49-53.

雷雳, 王争艳, 刘红云. 2002. 初中生的亲子沟通及其与家庭环境系统和社会适应关系的研究. 应用心理学, 8(1): 14-20.

王争艳, 刘红云, 雷雳. 2002. 家庭亲子沟通与儿童发展关系. 心理科学进展, 10(2): 192-198.

张峰. 2006. 青少年亲子沟通心理发展特点研究. 漳州师范学院学报(自然科学版), 18(2): 121-127.

张迎春, 李荣风, 邵先成. 2012. 青少年亲子关系与同伴友谊的特点及其关系. 山东省团校学报: 青少年研究, (6): 1-6.

章苏静, 金科. 2009. 亲子关系与青少年网络游戏行为的相关性调查. 远程教育杂志, (1): 69-71.

周长城, 蔡静诚. 2004. 生活质量主观指标的发展及其研究. 武汉大学学报(哲学社会科学版), 57(5): 582-587.

Barnes, H. L. & Olson, D. H. 1985. Parent adolescent communication and the circumplex model. *Child Development*, 56: 438-447.

Carson, J. & Parke, R. 1996. Reciprocal negative affect in parent-child interaction and children'speer Competency. *Child Development*, 67: 2217-2226.

Collins, W. E., Newman, B. M. & McKenry, E. C. 1995. Intra psychic and interpersonal factors related to adolescent psychological wellbeing in stepmother and stepfather families. *Journal of Family Psychology*, 9: 433-455.

Gottman, J. & Fainsilber-KatzL, L. 1989. Effects of marital discord on young children'speer interaction and health. *Development at Psychology*, 25: 373-381.

Jackson, S., Ostra, L. & Bosma, H. 1998. Adolescents'perceptions of communication with parents relative to specific aspects of relationships with parents and personal development. *Journal of Adolescence*, 21: 305-323.

Masslam, V. J. 1990. Adolescents'perceptions of the nature of their communication with parents. *Journal of Youth and Adolescence*, 19 (4) : 349-362.

Miller, P. & Sperry, L. 1987. The social lization of anger and agression. *Merrill-Quarterly*, 33: 1-31.

Nie, N. H. & Erbring, L. 2001. Cambridge. USA *Internet and Society: A Preliminary Report*. MIT Press.

Noller, P. & Bagi, S. 1985. Parent-adolescent communication. *Journal of Adolescence*, 8: 125-144.

Noller, P. & Callan, V. J. 1990. Adolescents perceptions of the nature of their communication with parents. *Journal of Youth and Adolescence*, 19: 349-363.

Rueter, M. & Conger, R. D. 1995. Antecedents of parent adolescent disagreements. *Journal of Marriage and the Family*, 57: 435-449.

Sandy, J. 1998. Adolescents' perceptions of communication with parents relative to specific aspects of relationships with parents and personal development. *Journal of Adolescence*, 21 (3) : 305-332.

Shek, D. T. 2000. Differences between fathers and mothers in the treatment and relationship with their teenage children: Perceptions of Chinese adolescents. *Adolescence*, 35 (137) : 135-146.

Terry, D. J., Mchugh, T. A. & Noller, P. 1992. Role dissatisfaction and the decline in marital quality across the transition to parenthood. *Australian Journal of Psychology*, 43 (3) : 129-132.

Tesser, A., Forehand, R. & Long, N. 1989. Conflict: The role of calm and angry parent child discussion in adolescent development. *Journal of Social and Clinical Psychology*, 8: 317-330.

Vangelisti, A. L. 1992. Older adolescents perceptions of communication problems with their parents. *Journal of Adolescent Research*, 7 (3) : 382-402.

Youniss, J. & Smollar, J. 1987. Adolescents relations with mothers, fathers, and friends. *Contemporary Sociology*, (6) : 301-302.

第十五章　新媒体环境下城乡青少年生活满意度差异研究

城乡二元分化问题一直是社会关注的热点。在《中共中央关于构建社会主义和谐社会若干重大问题的决定》（2006年10月）中，解决城乡二元分化、统筹城乡发展受到高度重视。城市和农村在经济水平、受教育程度、教育理念、教学水平、家庭结构、亲子观念等诸多方面均存在重大差异。根据2015年2月26日国家统计局公布的数据，2014年我国城镇居民的人均可支配收入为28844元，农村居民纯收入为9892元。

2010年后，随着互联网的发展，信息技术水平不断提高，智能手机等设备价格不断下降，使用媒体访问互联网的居民正逐渐增多（杨文明和朱家顺，2015）。据第37次《中国互联网络发展状况统计报告》（2016年）表明，截至2015年12月，我国网民中城镇网民占比为71.6%，而农村网民占比只有28.4%。在我国城镇地区，互联网已成为人们获取信息的主要渠道，手机、电脑等媒体设备已成为居民不可或缺的办公、生活工具。而在我国广大农村，由于地理条件复杂、基础设施落后，除了部分自然条件较好、离城镇较近的地区外，大部分地区仍然是宽带网络的盲区。这样，城乡居民家庭在经济收入上的差距直接导致了农村家庭拥有电脑和网络的比例远低于城市家庭。和城市网民相比，农村家庭拥有电脑和网络的比例明显低于城市家庭（郑素侠，2015）。

新媒体的使用对青少年的精神、行为等的影响也间接与其生活满意度产生了关系（金兼斌等，2005）。对于新媒体，在各种信息通信技术中，研究发现无论是在北京、台北还是香港，当地居民都认为网络和手机是最能影响生活质量的媒介（Lee et al.，2008）。坎培尔等的研究结果显示，“客观变量”（社会、经济、政治等条件）对“主观生活质量计量”的变化能解释17%（Campbell，1976，转引自林南和卢汉龙，1989）。而Leung和Lee在早期通过对香港居民的分析发现，网络的社交使用及电脑使用与自评生活质量呈负相关（Leung & Lee，2005）。作为测量生活质量的物质指标的一种，媒介产品的拥有情况对个人主观生活满意度的解释贡献率超过了 20%。时至今日，信息媒介产品已经成为了信息时代的标志之一，因此被访者是否拥有媒体设备、所拥有的设备种类多少，在一定程度上反映了其生活水平高低（金兼斌等，2005）。

在各项影响生活质量的因素中，城乡差异是一个不能忽略的问题（邢占军，2006）。关于城乡青少年的生活满意度的研究指出，城市学生在所有维度上的满意度均高于农村学生（刘旺，2006）。而任杰等（2009）的研究则指出与农村中学生相比，城市中学生表现出更多的心理问题和更低的生活满意度。所以关于城乡青少年生活满意度是否存在差异或者在哪方面存在差异是没有形成统一结论的。

为回答上述问题，特别是在新媒体环境下，城乡青少年生活满意度是否存在差异，本研究重点探讨以下两个问题：第一，媒体环境是否影响青少年生活满意度；如果有影响，程度是多少？第二，影响城乡青少年生活满意度的因素有哪些，其中最重要的因素是什么？本研究基于数据调查，试图对上述问题进行综合回答，以期提高青少年的生活满意度，为缩小城乡青少年媒体生活差异提出合理建议。

一、研究对象与研究方法

（一）研究对象

本研究的研究对象为在校青少年，一共 2327 名青少年参与了问卷调查，年龄为 9～22 岁。

（二）研究方法

本研究主要使用问卷调查法，在 2015 年 3 月至 8 月长达 5 个月的时间内共进行了 3 轮问卷调查。

表 15-1 列出了调查对象的人口学基本特征。其中，关于“城乡”区分问题，一般基于户籍性质而分为“城镇”和“农村”两类，有关教育的统计资料大多分为“城市”“县镇”和“农村”三类（张玉林，2003）。本次调查考虑到县城的经济发展水平与农村差异较大，所以将县城划分到城市当中，这样，本数据中的城市包括省会城市如南京等、中小城市如常州等、县城如舒城等。

表 15-1 调查对象人口学情况说明表（N=2327）

变量		城市		农村		合计	
		人数/人	比例/%	人数/人	比例/%	人数/人	比例/%
性别	男	909	79.30	238	20.70	1147	100
	女	945	80.10	235	19.90	1180	100
	合计	1854	79.70	473	20.30	2327	100
年级	小学	552	84.10	104	15.90	656	100
	中学	734	67.30	357	32.70	1091	100
	其他	568	97.90	12	2.10	580	100
	合计	1854	79.70	473	20.30	2327	100
父亲职业	农民	220	64.00	124	36.00	344	100
	非农民	1634	82.40	349	17.60	1983	100
	合计	1854	79.70	473	20.30	2327	100
母亲职业	农民	284	65.70	148	34.30	432	100
	非农民	1570	82.80	325	17.20	1895	100
	合计	1854	79.70	473	20.30	2327	100

1. 研究设计

关于生活满意度的研究来源于生活质量的研究。早在 1958 年，美国经济学者加尔布雷斯在《丰裕社会》一书中首先提出了生活质量概念。加尔布雷斯认为，生活质量是指人们在生活舒适、便利程度及精神上所得到的享受或乐趣，包括客观生活质量和主观生活质量两个方面（周长城和蔡静诚，2004）。而生活满意度是指对自己生活质量的主观体验，是一种对自身生活各方面的“理想状态”与“现实状况”之间差距的主观认知和评价（张俊杰等，2009）。林南和卢汉龙在生活质量研究中，将个体生活的社会环境分为三个方面，分别是社会关系的构成与活动状况、个体所能获得的全部资源（可控资源）及个体对这些资源的使用与活动分配的状况（资源的利用）。社会关系的构成是指个体保持（或参与）其社会生活的关系网络，这个网络以个体的家庭为核心逐渐向外扩展，包括个人在日常生活中的一系列角色联系。社会关系的多少与好坏（构成与质量）是人们生活中的第一类社会环境条件。个体所实际取得的可用资源是其生活中的第二类社会环境，在计量上人们的实得可控资源分为地位资源和物质资源两大部分，地位资源指的是个体的年龄、性别、婚姻、职业等人口的社会经济特征，物质资源则指财产、住房、居住区的各种公共服务设施等物质生活的条件。个体的第三类社会环境条件是其对可控资源的分配和利用状况（林南和卢汉龙，1989）。

在这个框架下，结合张兴贵等（2004）对生活满意度6个维度的划分，即亲子关系（家庭气氛、家庭教养方式等）、友谊现状、学校（学校生活活动、教师及其教育方式）、学业成绩（目前学习成绩及学业成就）、自然和社会环境、个人状况，以及青少年的实际情况，本研究调查了青少年的媒体使用、学习成绩、友谊、亲子关系等现状，以及这些因素对生活满意度的影响。

本研究关注新媒体对青少年的影响，以及在新媒体环境下城乡青少年的生活满意度是否有差异。在本研究中，生活满意度因素包括以下三方面。

（1）青少年社会关系：与父母之间的关系、与同伴之间的关系。

（2）青少年社会环境：性别、地区、学校、班级、学业成绩等。

（3）青少年媒体可控和可利用资源：新媒体拥有数量、种类和用途，以及父母职业等。

其中，青少年与父母之间的关系，主要通过Barnes的亲子关系量表测定，该量表由两个分量表构成，一个用来测量亲子沟通的开放性程度，另一个用来测量亲子沟通中存在问题的程度（Barnes & Olson，1980）。青少年与同伴之间的关系通过Parker和Asher（1993）友谊质量问卷测定。该问卷分为5个维度，即信任与支持、陪伴与娱乐、肯定价值、亲密袒露与交流和冲突与背叛，各维度内部一致性系数为0.73～0.88。青少年的学业成绩通过自我报告，分为四个等级，分别是优、良、中、差。青少年媒体拥有通过媒体习惯自我报告测定，内容包括媒体设备拥有数量、媒体拥有种类、媒体使用行为等，以及一般青少年人口学变量。

本研究主要探讨以下问题。

（1）媒体环境是否影响城乡青少年生活满意度，以及是否加深城乡二元分化？

（2）城乡青少年生活满意度是否有差异，如果有，这种差异的主要影响因素有哪些？

2. 数据处理方法

本研究使用SPSS20.0软件进行统计分析，首先对相关变量进行交叉表分析和卡方检验，找出影响城乡青少年生活满意度的因素方面显著性变量；其次，将这些有显著差异的变量与生活满意度进行相关性分析；最后，再将这些显著相关的自变量用多元线性回归分析，回答影响城乡青少年生活满意度的影响因素和影响大小，总结出新媒体环境下城乡青少年生活满意度的差异。

二、城乡青少年生活满意度差异

（一）生活满意度现状调查：城市青少年对生活满意度更高

生活满意度是指个体基于自身设定的标准对生活质量做出的主观评价，是衡量某一社会中人们生活的重要参数，会影响到个体生活目标的定位和行为追求的取向，对个体乃至社会都会产生重要影响。青少年生活满意度现状见表 15-2，超过 50%的青少年对现在的生活感到满意。其中城市青少年生活满意度比例为 55.5%，农村青少年的生活满意度比例为 47.4%，见表 15-3。

表 15-2　青少年生活满意度情况

生活满意度	非常不满意	不满意	有一点不满意	一般	有一点满意	满意	非常满意
分值/分	5～9	10～14	15～19	20	21～25	26～30	31～35
比例/%	2.50	9.20	18.60	10.10	29.10	17.10	13.40

表 15-3　城乡青少年生活满意度情况

变量		城市/%	农村/%	p
生活满意度	不满意	44.5[a]	52.6[b]	0.000
	满意	55.5[a]	47.4[b]	0.000

注：在表中，字母 a、b 是用来表示数据是否存在显著差异（$p<0.05$），数据没有标注的或者是有一个共同的字母上标，则表明数据间不存在显著差异，下同

（二）城乡青少年媒体拥有差异显著

1. 城市青少年新媒体设备拥有率高

新媒体是一个相对的概念，是在报刊、广播、电视等传统媒体以后发展起来的新的媒体形态，包括网络媒体、手机媒体、数字电视等。在本研究中，“新媒体”是指手机、电脑（台式电脑、笔记本电脑、平板电脑）、学习设备、游戏机等媒体设备。

调查设备拥有，分别就手机、电脑（台式、笔记本、平板）、学习设备（好

记星、步步高点读机、电子书等)、游戏机(PSP、Xbox 等)四类进行,结果如表 15-4 所示。

表 15-4　城乡青少年设备拥有情况

分类		城市/%	农村/%	p
拥有设备	手机	74.4[a]	68.7[b]	0.017
	电脑	67.5[a]	61.4[b]	0.016
	学习设备	30.3[a]	17.2[b]	0.000
	游戏机	11.1[a]	4.4[b]	0.000

注:在表中,字母 a、b 是用来表示数据是否存在显著差异($p<0.05$),数据没有标注或是有一个共同的字母上标,则表明数据间不存在显著差异

城市青少年新媒体设备拥有情况普遍高于农村青少年,城市青少年手机拥有比例高于农村青少年 5.7 个百分点,电脑拥有率高于农村青少年 6.1 个百分点。而在学习设备、游戏机的拥有率中,城乡差异更是显著,比例差分别为 13.1%和 6.7%。

2. 城市青少年设备拥有种类较多

城乡青少年设备拥有数量反映了城乡家庭之间经济状况的差异,在设备拥有种类方面也表现出差异。表 15-5 中的"设备种类"指手机、电脑、学习设备、游戏机四种媒体设备中青少年拥有几种。

表 15-5　城乡青少年设备拥有情况

设备种类	城市		农村		合计	
	人数/人	比例/%	人数/人	比例/%	人数/人	比例/%
0	158	8.5[a]	62	13.1[b]	220	9.5
1	510	30.10[a]	209	50.90[b]	719	34
2	768	45.30[a]	165	40.10[a]	933	44
3	323	19.00[a]	27	6.60[b]	350	17
4	95	5.60[a]	10	2.40[b]	105	5
合计	1696	100	411	100	2327	100

注:在表中,字母 a、b 是用来表示数据是否存在显著差异($p<0.05$),数据没有标注或是有一个共同的字母上标,则表明数据间不存在显著差异

由表 15-5 可知,22%城市青少年拥有 3 种或 3 种以上的媒体设备,而农村青少年的比例为 8%。

3. 农村青少年网络使用信息量少

家庭社会经济地位不仅是影响青少年使用媒介的物质基础，亦是制约青少年网络资源、网络技能和网络使用能力的主要因素，因为较好的家庭经济背景可以为青少年学习网络技能提供充裕的条件（郑素侠，2015）。在媒体内容使用方面，本研究分为网络视频和网络资料两类，结果如表 15-6 所示。

表 15-6 城乡青少年媒体使用内容差异 （单位：%）

网络视频	电影	电视剧	动漫	搞笑视频	网络公开课	游戏视频
城市	62.8[a]	47.4[a]	44.1[a]	34.8[a]	20.7[a]	17.8[a]
农村	19.5[b]	23.0[b]	29.4[b]	26.3[b]	9.9[b]	11.8[b]
网络资料	学习资料	游戏、娱乐等资料	小说	课外读物	新闻报刊	不在网上阅读
城市	62.0[a]	38.9[a]	31.3[a]	26.0[a]	23.4[a]	6.2[a]
农村	35.6[b]	18.8[b]	16.6[b]	16.8[b]	11.1[b]	21.8[b]

注：在表中，字母 a、b 是用来表示数据是否存在显著差异（$p<0.05$），数据没有标注或是有一个共同的字母上标，则表明数据间不存在显著差异

总体来说，城乡青少年的网络应用均偏重于交流沟通和娱乐（路鹏程等，2007；郝辰宇，2010；朱茜遥，2010），但是相比城市青少年获取网络信息的比例，农村青少年比例很低。

青少年观看网络视频中最多的是电影（苏艺，2010），其次是电视剧、动漫；观看网络公开课的青少年总体比较少，农村青少年观看公开课就更少，不到 10%。而在网络资料的利用中，城乡青少年差异明显。62.0%的城市青少年利用新媒体设备搜索学习资料，而农村青少年只有 35.6%。不在网上阅读的城乡青少年比例分别为 6.2%和 21.8%。

三、媒体拥有与城乡青少年生活满意度

（一）媒体拥有与城乡青少年生活满意度相关分析

在上述数据分析的基础上，我们对媒体种类、媒体数量及媒体内容与生活满意度的相关度进行分析，表 15-7 中列出了与生活满意度有显著差异的相关变量，其中媒体设备种类有手机、电脑、学习设备和游戏机；媒体使用内容包括学习和娱乐两类，呈现方式分为文本资料和视频资料。

表 15-7　媒体与青少年生活满意度相关分析

项目	因素	r	p
人口学变量	年级	−0.118**	0.000
	地区	−0.138**	0.000
媒体设备	手机	0.067**	0.009
	电脑	0.067**	0.009
	学习设备	0.111**	0.000
	游戏机	0.076**	0.004
	设备数量	0.072**	0.003
媒体内容	学习视频	0.057*	0.020
	娱乐视频	0.065**	0.010
	学习资料	0.085**	0.001
	娱乐资料	−0.057*	0.018

注：*表示 $p<0.05$，**表示 $p<0.01$，相关系数 r 为正表示两者之间为正相关，r 为负表示两者之间为负相关，绝对值 r 越大表示相关性越强，下同

表 15-7 显示，媒体拥有与生活满意度有关系，但关系很弱，最强的关系也只有 11.1%（学习设备）。另外，地区与生活满意度呈负相关。

（二）媒体与青少年生活满意度回归分析

为了进一步回答媒体是否影响青少年生活满意度这个问题，我们将媒体与生活满意度进行回归分析。首先，对媒体拥有数量、媒体拥有类别、媒体使用用途及年级变量与生活满意度进行逐步回归分析，结果如表 15-8。为了考察媒体是否影响城乡青少年生活满意度，我们建立了两个模型，分别是模型一无媒体用途、模型二有媒体用途，并将上述模型分别与青少年的生活满意度影响因素进行回归分析，结果见表 15-8。

表 15-8　媒体与青少年生活满意度回归分析

变量	模型一　无媒体用途			变量	模型二　媒体用途		
	B	t	p		B	t	p
年级	−0.128	−3.573	0.000	年级	−0.125	−3.384	0.001
手机	0.098	2.11	0.035	手机	—	—	—
设备数量	0.051	2.241	0.025	设备数量	—	—	—
				学习资料	0.08	3.226	0.001
				娱乐资料	−0.112	−4.41	0.000
		R^2=0.030				R^2=0.056	

注：达显著水平的标准化系数 B 值小于 0 为负向预测，反之为正向预测；绝对 B 值越大，表明影响因素对事物的影响程度越大，下同

模型一中未加入媒体用途因素，影响城乡青少年生活满意度的显著因素有年级、手机拥有、拥有设备数量，具体如下。

（1）在年级因素中，B=−0.128，说明年级越高，青少年的生活满意度越低。

（2）在是否拥有手机中，B=0.098，手机拥有与生活满意度呈正相关，说明拥有手机的青少年比没有手机的青少年生活满意度更高。

（3）青少年拥有新媒体设备数量与生活满意度之间存在显著正相关，B=0.051，说明青少年拥有设备数量越多，对生活的满意度也就越高。

模型二中加入了媒体用途变量，影响城市青少年的生活满意度的因素主要是年级（B=−0.125），其次是学习资料（B=0.08）、娱乐资料（B=−0.112）。

其中，年级、查找娱乐资料与生活满意度呈显著负相关；查找学习资料与生活满意度呈正相关。

从模型中发现，在没有加入媒体用途变量时，拥有手机、设备数量对生活满意度有影响，但是加入媒体用途变量之后，是否有手机及拥有媒体数量不再影响生活满意度，而是媒体用途对生活满意度产生了影响。但两个模型效果不是很好，解释力不是很强。

四、城乡青少年生活满意度差异影响因素

（一）城乡青少年生活满意度影响因素

根据林南、卢汉龙等（1989）对个体生活的社会环境分类，本研究将城乡青少年生活满意度影响因素划分为以下三个维度：①青少年社会关系：亲子关系、同伴友谊。②青少年社会环境：性别、地区、学校、年级、学业成绩等。③青少年媒体可控资源：新媒体拥有数量、种类和用途，以及父母职业等。城乡青少年学业成绩、友谊质量、亲子沟通等现状如表 15-9 所示。

表 15-9　城乡青少年成绩及社会关系现状　（单位：%）

变量		城市	农村
学业成绩	前 10%	30.3^{a}	25.6^{b}
	前 10%～20%	28.6^{a}	26.0^{a}
	前 20%～50%	27.0^{a}	27.7^{a}
	50%以后	14.1^{a}	20.7^{b}

续表

变量		城市	农村
友谊质量	优	31.9[a]	22.0[b]
	良	26.4[a]	22.8[a]
	中	23.8[a]	26.6[a]
	差	17.9[a]	28.6[b]
亲子沟通	优	60.4[a]	40.7[b]
	差	39.6[a]	59.3[b]

注：在表中，字母 a、b 是用来表示数据是否存在显著差异（$p<0.05$），数据没有标注或是有一个共同的字母上标，则表明数据间不存在显著差异

从表中可以看出，城乡青少年学业满意度存在较大的差异。在优秀水平上（前 10%），城市青少年比例为 30.3%，农村青少年只有 25.6%，存在显著差异；且对自己学习成绩感到不满意的农村青少年显著多于城市青少年。青少年的同伴交往情况普遍很好，但城市青少年友谊质量为优的比例为 31.9%，显著高于比例为 22.0%的农村青少年；农村青少年友谊质量为差的比例为 28.6%，高出城市青少年 10.7 个百分点。并且在与父母的沟通中，城市青少年显著优于农村青少年，60.4%的城市青少年与父母能够良好的沟通，农村青少年只有 40.7%与父母沟通良好。

（二）城乡青少年生活满意度影响因素相关性分析

我们将上述人口学变量，以及父母职业、学习成绩、同伴关系、父母关系等按照上述维度划分，分别与生活满意度进行相关性分析，呈显著差异的变量如表 15-10 所示。

表 15-10　生活满意度影响因素的相关性分析

因素		r
社会环境	地区	−0.138**
	性别	−0.068**
	年级	−0.118**
	学习成绩	−0.115**
可利用资源	父亲职业	0.123**
	母亲职业	0.110**
可控媒体资源	手机	0.067**
社会关系	友谊质量	0.193**
	亲子沟通	0.307**

注：**表示在 0.01 水平（双侧）上显著相关

从表 15-10 可见，社会环境变量中的地区（1 城市，2 农村）、性别（1 男生、2 女生）、年级（小学、中学、其他）及学习成绩（优、良、中、差）与生活满意度呈负相关；可利用资源中的青少年父母职业（农民、非农民）与生活满意度呈正相关；可控媒体资源中只剩下拥有手机这一变量，与生活满意度呈正相关；在社会关系变量中，友谊质量、亲子沟通都与生活满意度呈正相关。

（三）城乡青少年生活满意度影响因素的回归分析

为进一步探讨在这些具有显著差异的因素中，哪些因素对城乡青少年生活满意度的影响更大，研究者在表 15-10 的基础上，以生活满意度为因变量，以与之显著相关的变量，包括性别、年级、地区、学习成绩、手机拥有、友谊质量、亲子沟通为自变量，进行多元逐步回归分析。其中分类变量分别为性别（男、女）、年级（小学、中学、其他）、地区（城市、农村）、手机拥有（否、是）、学习成绩（优、良、中、差）。友谊质量、亲子沟通、生活满意度为连续性变量，分数越高表示评价越好。

以地区划分，建立三个模型，分别是模型一城乡青少年、模型二城市青少年、模型三农村青少年。模型拟合程度 R^2 分别为 0.320、0.402、0.255；p 值均通过检验。将上述模型分别与青少年的生活满意度影响因素进行回归分析，结果见表 15-11。

表 15-11 城乡青少年生活满意度影响因素的线性回归结果

自变量	模型一 城乡青少年			模型二 城市青少年			模型三 农村青少年		
变量	B	t	p	B	t	p	B	t	p
性别	−0.815	−2.008	0.045	—	—	—	−1.002	−2.124	0.034
年级	−2.193	−5.301	0.000	−2.595	−6.082	0.000	—	—	—
地区	−1.096	−2.403	0.016	—	—	—	—	—	—
手机拥有	0.038	2.397	0.017	—	—	—	0.459	2.449	0.015
学习成绩	−0.388	−2.551	0.011	—	—	—	−0.412	−2.317	0.021
友谊质量	0.037	3.817	0.000	0.041	2.288	0.023	0.038	3.26	0.001
亲子沟通	0.348	13.084	0.000	0.354	6.255	0.000	0.343	11.376	0.000
	R^2=0.320			R^2=0.402			R^2=0.255		

注：学习成绩排序是按照优、良、中、差递减顺序统计；手机拥有、友谊质量、亲子沟通按照递增统计

模型一的对象为全体青少年，不分城乡，在媒体数量拥有这方面，对生活满意度的影响并没有地区差异。

影响城乡青少年生活满意度的显著因素有性别、年级、地区、手机拥有、学习成绩、友谊质量、亲子沟通，具体如下。

（1）性别因素中，B=−0.815（性别划分：1 男生、2 女生），说明女生生活满意度更低。

（2）年级因素中，B=−2.193，说明年级越高，青少年的生活满意度越低。

（3）地区与生活满意度呈显著负相关，B=−1.096，说明城市青少年生活满意度比农村青少年生活满意度更高。

（4）是否拥有手机因素中，B=0.038，手机拥有与生活满意度呈正相关，说明拥有手机的青少年比没有手机的青少年生活满意度更高。

（5）青少年学习成绩自评与生活满意度之间存在显著负相关，B=−0.388，说明青少年对自己的成绩越不满意，对生活的满意度也就越低。

（6）友谊质量、亲子沟通与生活满意度呈正相关，B 值分别为 0.037、0.348，说明青少年与同伴相处得越好，与父母之间的交流沟通越良好，对生活的满意度也就越高。

模型二的对象是城市青少年，影响城市青少年的生活满意度的因素主要是年级（B=−2.595），其次是亲子沟通（B=0.354）、友谊质量（B=0.041）。

其中，年级与生活满意度呈显著负相关；友谊质量、亲子沟通与生活满意度呈正相关。

模型三是关于农村青少年，影响农村青少年的生活满意度的因素主要是性别（B=−1.002）、手机拥有（B=0.459）、学习成绩（B=−0.412，按照优、良、中、差递减顺序统计）、友谊质量（B=0.038）和亲子沟通（B=0.343）。

其中，性别与生活满意度呈显著负相关；手机拥有、学习成绩、友谊质量、亲子沟通与生活满意度呈正相关。

从三个模型中可以看出，第一，影响青少年的生活满意度的因素有多种，且影响因素是有差别的，其中亲子沟通、友谊质量在三个模型中都呈显著相关，说明影响青少年的生活满意度的重要因素是社会关系；在同伴关系与家庭关系中，又以亲子沟通为主。第二，对于城市青少年来说，年级也是重要的影响因素。不同年级的青少年年龄不同，对社会关系的要求及对自我的评价（成绩自评）差异显著，高年级的同学对生活的评价要低些。第三，相对于城市青少年，农村青少年对学习成绩更关注，对是否拥有手机也很关注，除此，在性别上对生活满意度也有差异。

五、结论与建议

（一）结论

1. 城乡青少年媒体拥有呈二元分化

城乡二元分化在青少年媒体拥有上也有反映。和城市青少年相比，农村青少年在媒体设备拥有数量和拥有种类上都呈显著差异，农村青少年的手机、电脑、学习设备和游戏机拥有率均低于城市青少年；24.6%城市青少年拥有 3 种或 3 种以上的媒体设备，而农村青少年拥有 3 种以上设备的比例低于 10%。媒体物质拥有差异显著的背后是媒体使用的差异，调查结果显示，农村青少年使用学习资料的比例是 35.6%，看课外读物的是 16.8%，浏览新闻报刊的是 11.1%，不在网上阅读的是 21.8%。因此，媒体环境加深了城乡二元分化。

2. 媒体拥有数量对城乡青少年生活满意度的影响相同

城乡青少年媒体拥有数量呈二元分化，但并没影响城乡青少年的生活满意度。调查显示，农村青少年生活满意度低于城市青少年，二者相差 8 个百分点，城乡青少年生活满意度比例分别为 55.5%和 47.4%。通过进一步相关分析发现，地区与生活满意度，也即城乡青少年满意度，在媒体拥有方面没有地区差异。造成这 8 个百分点的城乡青少年满意度差别的原因是其他因素。

3. 手机是农村青少年生活满意度的影响因素

在生活满意度影响因素中，只有手机这一媒体变量进入回归模型，其他媒体变量都不构成影响因素；特别是在对城乡青少年拥有手机与生活满意度进行的线性回归分析中发现，农村青少年拥有手机感觉生活更美好，城市青少年拥有手机与生活满意度无关。这个结论说明，在物质匮乏时，物质会影响满意度；在物质丰富时，生活满意度则是以主观体验为主。

4. 家庭是青少年生活满意度的重要影响因素

影响青少年生活满意度的因素有多种，如手机、地区、性别、学业成绩、亲子关系、同伴友谊等。在这些影响因素中，涉及青少年生活环境的三个方面：媒体可控资源、社会环境及社会关系。其中起重要作用的是青少年的社会关系，与父母之间的关系是影响城乡青少年生活满意度的最重要因素。家庭是青少年幸福的源泉，良好的亲子沟通直接提高孩子的生活满意度。同时，朋友之间的关怀与理解也使青少年获得更多的满足感与安全感，友谊质量影响青少年生活满意度（石国兴和杨海荣，2006）。

5. 城乡青少年生活满意度二元分化因素多元

城市青少年对生活满意度的评价显著高于农村青少年。由于城乡之间经济状况、互联网建设等方面的差异，城市青少年媒体拥有率、拥有数量及媒体资源使用均高于农村青少年；城市青少年对学习满意度、友谊质量、亲子沟通关系的评价也高于农村青少年；手机拥有影响农村青少年的生活满意度；相比城市青少年，农村青少年物质条件更差，更加在意物质生活的满足，物质生活的匮乏和生活水平的低下会使他们对生活满意度的评价降低。

学业满意度也是影响农村青少年生活满意度的因素之一，学业成绩是农村青少年提升阶层的重要途径，只有通过考试，跳出“农门”，才能改变自己的生活。农村青少年在学业这方面压力较大，满意度较低。

与父母的关系、同伴友谊是农村青少年生活满意度的重要影响因素；性别也是农村青少年生活满意度影响因素之一，相比男生，女生对生活的满意度评价更低。一方面，农村重男轻女的思想仍然存在，农村的父母、老师对男生的期望更高，关心更多；另一方面，女生感情比男生细腻，体验更深刻，这也可能导致女生比男生的生活满意度低。

（二）建议

1. 推进城乡一体化，提高农村青少年媒介素养

随着城乡经济统筹发展、消除城乡“数字鸿沟”的政策推行，农村青少年手机拥有率大幅度上升，城乡差距显著缩小。持续推行城乡一体化，促进农村经济

发展，加快互联网建设，不仅可以缩小城乡设备拥有率的差距，还能提高农村青少年对网络资源的利用，提高其媒介素养，发挥互联网的信息功能，将之用于农村青少年的学习、生活，提高其生活质量。

2. 促进城乡教育均衡发展，加大农村教育投入

教育不平等加剧和强化了城乡经济的不均衡。城乡教育差距是工业化、城市化过程中城乡二元结构的伴随产物，促进教育均衡发展、缩小教育阶段城乡学生学业水平之间的差异，是实现城乡一体化、城乡均衡发展的重要内容。相关部门加大农村教育投入，对农村学校给予持续的关注与有力的资源帮助，改善学校教育教学条件，提高教师的教育教学水平及关爱学生能力。

3. 改善农村家庭经济状况，提高农村父母素质

一方面，加大强农惠农富农力度，深入推进农村各项改革，使农村父母能够扩大经济来源，提高收入，减少外出打工时间，有更多时间陪伴孩子。另一方面，要通过多种形式教育农村父母，提高农村父母自身素质，帮助父母了解自己的孩子，提高与孩子之间相处的能力，使农村青少年感受到父母的爱。

4. 家庭、学校、社会合作，关注青少年心理健康

学校、家庭和社会要关注青少年的心理状况，根据青少年不同阶段的心理特点，引导青少年处理好与同伴的关系、与父母的关系，正确对待学习成绩及媒体拥有，帮助青少年提高其生活质量，使其能够幸福快乐健康地成长。

参 考 文 献

郝辰宇. 2010. 城乡青少年网络使用行为的比较研究. 传媒观察, (5): 46-47.
金兼斌, 谭晓, 熊澄宇. 2005. 媒介使用与生活质量之间的关系. 新闻与传播评论, (00). 90-96.
林南, 卢汉龙. 1989. 社会指标与生活质量的结构模型探讨——关于上海城市居民生活的一项研究. 中国社会科学, (4): 75-97.
刘旺. 2006. 中学生生活满意度的城乡差异. 中国心理卫生杂志, 20(10): 647-649.
路鹏程等. 2007. 我国中部城乡青少年媒介素养比较研究——以湖北省武汉市、红安县两地为例. 新闻与传播研究, (3): 80-88.
任杰等. 2009. 城乡中学生心理健康与生活满意度的研究. 教育研究与实验, (2): 67-70.

石国兴, 杨海荣. 2006. 中学生主观幸福感相关因素分析. 中国心理卫生杂志, 20(4): 238-241.
苏艺. 2010. 北京城乡中学生网络使用之异同研究. 新闻爱好者, (9): 68-69.
邢占军. 2006. 城乡居民主观生活质量比较研究初探. 社会, 26(1): 130-141.
杨文明, 朱家顺. 2015. 如何实现由“普及率提升”向“使用程度加深”转换 三问城乡数字鸿沟. 农村. 农业. 农民, (3): 11-13.
张俊杰, 汪海彬, 姚本先. 2009. 大学生生活满意度与生活事件的关系研究. 心理研究, 02(5): 91-94.
张兴贵, 何立国, 郑雪. 2004. 青少年学生生活满意度的结构和量表编制. 心理科学, 27(5): 1257-1260.
张玉林. 2003. 分级办学制度下的教育资源分配与城乡教育差距——关于教育机会均等问题的政治经济学探讨. 中国农村观察, (1): 10-22.
郑素侠. 2015. 城乡青少年媒介使用的家庭环境差异及其影响因素——基于 2013 年度中国教育追踪调查(CEPS)数据的分析. 现代传播: 中国传媒大学学报, 37(9): 144-149.
中国共产党第十六届中央委员会第六次全体会议. 2006. 中共中央关于构建社会主义和谐社会若干重大问题的决定. http://cpc.people.com.cn/GB/ 64093/ 64094/4932424. html[2006-10-18].
中国互联网络信息中心(CNNIC). 2016. 2015 年中国互联网络发展状况统计报告. http://www.cnnic.net.cn/hlwfzyj/hlwxzbg/hlwtjbg/201601/P020160122444930951954.pdf
中华人民共和国国家统计局. 2015. 2014 年国民经济和社会发展统计公报. http://www.stats.gov.cn/tjsj/zxfb/201502/t20150226_685799. Html[2015-2-16].
周长城, 蔡静诚. 2004. 生活质量主观指标的发展及其研究. 武汉大学学报(哲学社会科学版), 57(5): 582-587.
朱茜遥. 2010. 青少年使用网络的特点及对策. 贵州教育, (2): 7-9.
CNNIC. 2016. 2015 年中国互联网络发展状况统计报告.
Lee, P. S. N., Leung, L. & Lo, V. 2008. The perceived role of ICTs in quality of life in three Chinese cities. *Social Indicators Research*, 88(3): 457-476.
Leung, H. C., Lee, K. M. 2005. Immigration controls, life-course coordination, and livelihood strategies: A study of families living across the Mainland-Hong Kong border. *Journal of Family & Economic Issues*, 26(4): 487-507.
Norenzayan, A., Choi, I., & Nisbett, R. E. (1999). Eastern and Western perceptions of causality for social behavior: Lay theories about personalities and situations. In D. A. Prentice & D. T. Miller (Eds.), *Cultural Divides: Understanding and Over-coming Group Conflict* (pp.239-272). New York, NY: Russel Sage.

第十六章　中国青少年与个人-集体主义

一、个人主义-集体主义

（一）个人主义-集体主义含义

不同的文化在很大程度上影响个人的生活习惯、社会经历、心理过程（psychological processes）等（Oyserman & Lee，2008）。

1980 年，Hofstede（1980）从权利差距、不确定性规避等方面探究国家之间的差异，提出了个人主义-集体主义（individualism-collectivism）的观点，为研究东西方文化差异奠定了基础。Hofstede 认为个人主义和集体主义是民族或国家的一种特性，而非个体属性。在该理论中，个人主义-集体主义是指社会对于个人成就及人际关系的认可程度，其大小可通过个人主义指数 IDV（individualism）来测量。这一指数的数值越大，说明社会的个人主义倾向越明显，即社会更注重个性及个人权利；反之，数值越小，则说明该社会的集体主义倾向越明显，表明该社会更强调个体之间联系的紧密性。调查发现大多数个人主义集中在美国、英国、加拿大等国家，而大多数集体主义集中在亚洲大多数国家。此后，研究者将集体主义作为个人主义的对立面，来研究欧洲、亚洲之间的文化差异（Mâagli & Mâatoug，2002）。例如，Hui 和 Triandis（1986）认为个人主义和集体主义的文化差异在于一个文化背景下大多数人表现出的是个人主义行为还是集体主义行为（Moorman & Blakely，1995）。

但对于个人主义-集体主义概念的界定，大家仍未达成共识，个人主义-集体主义不可简单划分为一个或两个维度，而是一个包括很多方面的文化综合体。Triandis（1995）为了可以有效地把不同类型的个人主义与集体主义区分开来，将个人主义和集体主义分成水平（horizontal）和垂直（vertical）两个维度，即以下四种类型：垂直的个人主义（vertical individualism，VI）、水平的个人主义（horizontal individualism，HI）、垂直的集体主义（vertical collectivism，VC）、水平的集体主义（horizontal collectivism，HC）。Hofstede 认为这四种维度说明了人类社会生活的两个最基本的问题：对权威的态度和个人与团体之间的关系。VI 型特别关心与别人的比较，相信竞争是自然界的法则，希望在所有的竞争中获得胜利；而 HI 型强调的是个人的独特、独立，只是自己做自己的事情，而不是与他人比较；HC 型与团队成员紧密团结（家庭、部落、国家、工作小组），团队的幸福对他们来说很重要，强调共同目标和社会性，但不轻易顺从权威；相反，VC 型是服从于团队的典范，甚至为了团队目标可以牺牲个人目标，支持组内成员与组外成员的竞争（Moorman & Blakely，1995；王永丽等，2003；李红霞和张海钟，2009）。Brewer 和 Chen 则认为个人主义-集体主义包括三个成分：自我界定（self-representation）、信念（belief）、价值（value）。其中，自我界定指代个体对自我的三种界定：个体把自我界定为独立、唯一的个体（个体自我）；界定为一个有具体人际互动、紧密结合的人际网络的一部分（关系自我）；界定为一个更大范围的社会群体的一部分（集体自我）。信念指把社会事件的来源及事件结果归因于是独立的或是和周围世界互依的；一个互惠的人际关系网络（互依关系），或者是作为一个集体实体（集体互依）。价值指价值、信念，具体来说，是指对下列内容的重视程度：个体的权利和义务（自我实现和个体责任）、维持人际关系的权利和责任、群体成员福祉的权利和责任（人际间的和谐和互惠）、作为一个整体的群体福祉相关的权利和义务（对权威的责任、集体合作）（Brewer & Chen，2007；陈玲丽等，2013）。

（二）个人主义-集体主义与文化特征

个人主义与集体主义价值维度既体现了不同文化模式下的价值和信仰取向的多样性，同时也反映了文化差异的相对性。在比较东西方的文化差异时，个人主义-集体主义特点显著。生活在个人主义文化环境中（西欧、北美等）的个体，一般具有独立性、自主性等特点，相比群体目标，会优先考虑自我，根据自我的兴趣爱好行事；相反，生活在集体主义环境中（亚洲、非洲等）的个体会获取更多的社会支持，喜欢合作，倾向于一致、服从、集体等属性，会优先考虑集体利益，依据群体规则规范自身行为。与个人主义者相比，集体主义者更具集体荣誉感，在遇到利益冲突时，以维持与他人的关系为先；个人主义者则更关心事件的公正性（Iii，1995）。

在对待外界环境方面，个人主义者认为自己是固定的，外界环境是变化的，可以通过改变外界条件来适应自己的需求；而集体主义者认为自己是可变的，外界环境是固定的，通过改变自己的状态来适应外界环境（Norenzayan et al.，1999）。

在认识个人与集体之间的关系方面，个人主义文化中习惯用“我”，集体主义文化中则常用“我们”。个人主义文化区别的是自我与他人的关系，而集体主义文化区别的则是集体内与集体外的关系（Triandis，2001）。

一方面，每个国家、社会都有一种主流文化，或强调个人，或强调集体。作为典型的集体主义取向的中国文化，突出强调集体利益的重要性和社会伦理道德对社会互动和社会关系发展的主导意义。作为个人主义价值取向的美国文化则强调个体的行为独立性和关系平等性，鼓励竞争而非合作，个人目标重于集体目标，人们在感情上不会依赖于组织或机构。另一方面，每一个国家或者社会的文化都不仅仅表现为一种文化，个人主义文化中也包含集体主义文化，反之亦然。一个国家如果以集体主义文化为主，受集体主义文化影响的个体一般会表现出集体主义者的特征，Triandis 等的研究指出，在集体主义环境下，集体主义者的比例一般是 30%～50%；在个人主义环境下，集体主义者的比例只有 0～20%。即便如此，在集体环境下的个人也会表现出独立性、自主性等个体元素；在个人环境下的个体，也会有集体主义特征（Triandis et al.，1990）。

二、个人主义-集体主义相关研究

（一）个人主义-集体主义与认知风格

文化差异导致了认知风格的差异。这种看待自我与周围环境关系的不同视角可以用场独立性（context-independent）与场依存性（context-dependent）认知风格之间的差异来描述。不同类型的认知风格研究证明，个人主义者在认知活动中倾向于将事物从环境中分离出来，主要表现出场独立性认知风格；集体主义者在认知活动中倾向于将环境看作一个整体，主要表现出场依存性认知风格。大多西方人的思维方式是分析性的（analytic）或场独立性的，东方人的思维方式则是整体性的（holistic）或场依存性的（刘艳，2011）。

（二）个人主义-集体主义与性别

社会角色理论（social role theory）或者是性别图式理论（gender schema theory）

强调男性和女性不同的社会分工，女性的社会角色一般是照顾他人、满足他人的要求、协调生活中的不和谐；而男性则体现出更多的个人主义、独立的自我认知，并充当决策者和领导者。早期的研究者 Cross 和 Madson（1997）发现在西方文化下，男性一般都是个人主义者，而女性基本是集体主义者（Gabriel & Gardner，1999）。Hardin 等（2004）研究者对 786 名在校大学生（亚洲人或者亚裔美国人和美国人）（女生占 55.2%，男生占 44.8%）的问卷数据进行分析后发现，亚洲或亚裔美国人的集体主义者的比例显著高于美国人（Hardin，Leong & Bhagwat，2004）。Oppenheimer（2004）对荷兰青少年的研究发现，在个人主义-集体主义水平、垂直四个维度上，两个集体主义分量表无性别差异，而在两个个人主义分量表上，男性青少年在水平的个人主义分量表上得分高于女性，而在垂直的个人主义分量表上得分低于女性青少年，差异均非常显著。而西班牙的被试则在垂直的个人主义上表现出性别差异，日本被试则在垂直的集体主义分量表上表现出明显的性别差异（黄任之，2008）。

李祚山（2006）对成、渝两地 230 名大学生的个人主义-集体主义特征进行测试，结果显示，大学生的文化取向以水平集体主义倾向为主，水平集体主义文化倾向得分最高，其次是垂直个人主义和垂直集体主义倾向，最后才是水平个人主义倾向。另外，他还指出性别与文化价值的取向没有相互作用（李祚山，2006）。

袁立新（2010）对广州市 414 名大学生的文化取向调查后发现，在集体主义量表得分中没有性别差异，但在个人主义量表得分中存在显著的性别差异，男生得分比女生高。男、女学生在集体主义价值取向上没有差异，男生比女生更倾向于个人主义（袁立新，2010）。

（三）个人主义-集体主义与未来定向

个人主义者或者集体主义者的认知过程或者是对事物的判断都有显著的差别；对时间距离的感觉、对未来事物的判断也是不同的。对于未来的同种事件，不同的个体对其的感知可能是遥远的，也可能是临近的。而个体对未来事件的时间距离的感知影响了其对现在行为的调控、计划，以及对可能造成的后果的思考。

1. 未来定向

文化对个体的影响与个体的未来定向有密切关系。来自不同文化背景的个体其未来定向存在差异，未来定向与青少年的学习、生活、娱乐等领域紧密联系在一起，在日常生活中以不同的表征形式呈现出来（林晓玲，2008）。

未来定向（consideration of future consequences）是指人们某种程度上考虑目前行为对未来造成的潜在的影响，以及潜在影响可能导致的后果的个体差异。个体的未来定向已经预示了其处理当前事情的态度、行为。未来定向可以分为高未来定向和低未来定向两个维度。低未来定向者会更多地关注当前的需要并付诸行动；而高未来定向者会更专注于现在行为对未来的影响，并且会用长远的目标引导现在的行为、决策。在极端情况下，低未来定向者没有长远的目标，不会考虑现在的行为对以后造成的影响；而高未来定向者则会完全忽视自身行为对现在事件造成的影响（Strathman & Gleicher，1994）。

高未来定向者对未来生活（如未来的工作、家庭及社交活动等）持有积极态度，包括对未来的期望、未来打算及对未来的可控感，会表现出更多的亲社会行为（政治行为、消费行为）或者更高的学术成就等；低未来定向者对未来的生活更悲观，导致学业失败、物质滥用，更容易做出给健康和安全带来危险的行为（Orbell et al.，2004；林丹华等，2011；Bryan，2004）。

2. 个人主义-集体主义与未来定向

根据调节定向理论（regulatory focus theory），个体为达到特定目标会努力改变或控制自己的思想、反应（Higgins，1997）。个人主义者倾向于促进定向，在成就、自主、独立方面更加积极，在目标追求过程中更关注有没有积极结果，追求实现更高的目标。而集体主义者倾向于预防定向，更加关注与他人和谐地相处，更好地融入集体，遵守社会规范，履行职责，在目标追求过程中更关注有没有消极结果，追求实现更低的目标（Aaker&Lee，2001）。

研究表明，独立自主的个人主义者与集体相互依赖的集体主义者对于未来发生的同种事件的时间感知或近或远，是不一样的。个人主义者更倾向于认为未来的事情还有很久才会发生，即遥远时间距离感知（distant temporal distance），会花费更多的时间处理当前的事情，且会更多地考虑当前行为对未来的影响；集体主义者则更倾向于认为未来的事情即将发生，即临近时间距离感知（proximal temporal distance），认为时间很紧迫，完成任务时只关注当前的结果，很少思考当前行为对未来的影响（Liberman&Trope，2010）。

个人有任务需要完成时，时间就成了促进或者妨碍任务完成的稀缺资源。关注积极结果、追求实现更高目标的个人主义者将会从现在开始花费更多的时间和精力完成任务，因此他们认为未来的事情还更加遥远，并且因为对积极结果敏感，所以更加关注当前行为对未来的积极影响。相反，倾向于关注安全、责任需要的集体主义者则密切地观察当前的环境，及时履行当前的义务，关注当前事件对当前生活的影响（Lee et al.，2011）。

这样，个人主义文化下的人们更关注时间、计划，也更愿意延迟满足；集体主义的文化下的人们会觉得计划是浪费时间，因此也不会延迟满足，也即在处理事件中更不耐心。Guo 等（2012）的研究支持了这一假设，其结果发现，欧美及加拿大人对未来事件赋予更大的价值，而中国人和华裔加拿大人赋予过去事件更大的价值（Guo et al.，2012；阿不来提江等，2015）。Morgan（2016）通过网络收集的 408 名大学生的未来定向问卷数据显示，个人主义者更关心未来的事情，更关心当前行为对未来的影响。

另一些研究则发现，个人主义文化下的成员比集体主义文化下的成员更冲动，更愿意选择现在的收益。研究者认为，跨期决策（不同时期的收益和成本的权衡决策）文化差异的原因可能是不同文化中的注意偏差。例如，Takahashi 等（2009）比较了美国被试和日本被试的跨期决策，发现西方人更冲动，在跨期决策中选择结果更不一致，对损失的折扣也更大。这一假设也得到了其他研究者的支持，例如，西方人更关注显著物体或者内容（“分析性的”注意模式），从而在跨期决策中可能只想立即得到收益，而东亚人更倾向于整体的内容（“整体性的”注意模式），在跨期决策中会综合考虑金钱和时间维度。在不同文化下的人们的时间知觉差异会影响最终的跨期决策偏好（Takahashi et al.，2009；阿不来提江等，2015）。

三、案例研究

文化从来不是静止的，会随着时间而发展变化。在当前互联网大环境下，我国青少年个人主义-集体主义文化取向如何，对未来如何期待，以及现阶段文化取向是否影响青少年对未来的定向？为了回答上述问题，我们进行了问卷调查，共涉及 886 名青少年。

（一）研究工具

1. 个人主义-集体主义量表

青少年个人主义-集体主义情况采用 Hardin 等（2004）改编的自我构建量表进行测量。该量表共 30 个题项，可以分为 6 个维度，分别为自主（autonomy/ assertiveness）、个人主义（individualism）、行为一致性（behavioral consistency）、自我主导（primacy of self）、集体荣誉（esteem for group）、关系依赖（relational interdependence）。每个项目采用 7 点评分（1=非常不同意，7=非常同意），问卷信效度良好。从中选取个人主义、集体荣誉 2 个维度测量青少年个人主义-集体主义现状。

2. 未来定向量表

青少年的未来定向情况通过 Strathman 和 Gleicher（1994）编制的未来定向问卷（consideration of future consequence，CFC）测定。该问卷包括 12 个题项，采用 5 点计分法，从完全不符合到完全符合，分别记作 1～5 分。题项如"我对未来有目标，我就会每天用实际行动去实现它""即使这事多年可能都没有结果，我还是会努力去做""我只解决眼前的担忧，未来的事情未来再说"。在计总分或者平均分时，有 7 项关于目前行为的题项需要反向计分。高得分者更关注当前行为的后果，愿意为了未来牺牲当前的时间、享受、好处等；相反，低得分者很少考虑目前行为的后果，更在乎当前的利益。该量表在四个大学样本中 Cronbach α 分别 0.80、0.82、0.86、0.81，信度检测良好。

（二）研究结论

1. 中国青少年以集体主义取向为主

青少年全体及男女生在个人主义、集体主义维度上的平均数和标准差如表 16-1 所示。从表 16-1 中可以看出，青少年在个人主义维度的得分为 3.47（±0.71），低于集体主义维度的得分 3.55（±0.66）。女生在个人主义维度的得分（3.48±0.67）、集体主义维度的得分（3.58±0.60）均高于男生在个人主义（3.46±0.76）、集体主义维度的得分（3.51±0.71）。

对男女生在各维度上的差异进行独立样本 t 检验，结果如表 16-1 所示，男女生在个人主义、集体主义维度的得分虽然有差异，但是差异都并未达到显著水平。

表 16-1　性别与个人主义、集体主义维度的 t 检验

维度	总体（N=886）		男（N=428）		女（N=458）			
	M	SD	M	SD	M	SD	t	p
个人主义	3.47	0.71	3.46	0.76	3.48	0.67	−0.466	0.641
集体主义	3.55	0.66	3.51	0.71	3.58	0.60	−1.470	0.142

为了进一步调查性别与个人主义–集体主义文化取向的关系，研究者进行了交叉表分析，具体情况如表 16-2 所示。

表 16-2　性别与个人主义–集体主义关系　（单位：%）

类别	男	女	合计
个人主义者	33.2[a]	33.0[a]	33.1
集体主义者	66.8[a]	67.0[a]	66.9
合计	100	100	100

注：在表中，字母 a、b 是用来表示数据是否存在显著差异（$p<0.05$），数据没有标注的或者是有一个共同的字母上标，则表明数据间不存在显著差异

从表 16-2 中可以看出，33.1%的青少年是个人主义者，66.9%的青少年是集体主义者，集体主义者显著多于个人主义者。在个人主义者中，男生比例为 33.2%，略高于女生比例 33.0%，但是没有显著差异；在集体主义者中，女生比例为 67.0%，略高于男生比例 66.8%，也没有显著差异。所以在本研究中，整体上青少年集体主义者显著多于个人主义者，但是不同性别的青少年的文化取向没有显著差异。

2. 青少年个人主义–集体主义取向与未来定向

通过分析问卷数据发现，47.9%的青少年是低未来定向者，52.1%的青少年是高未来定向者，青少年中高低未来定向者的比例差距不是很大，没有显著差异。

青少年未来定向问卷得分为 37.35（±3.72），男生得分（36.97±3.44）低于女生的未来定向分数（37.72±3.93），具体如表 16-3 所示。

表 16-3　青少年未来定向现状

变量	总体（N=886）		男（N=428）		女（N=458）	
	M	SD	M	SD	M	SD
未来定向	37.35	3.72	36.97	3.44	37.72	3.93

对男女生的未来定向维度进行独立样本 t 检验，结果如表 16-4 所示，不同性别的青少年在未来定向上的差异达到显著水平（t=−3.017，p=0.003）；女生得分显著高于男生。

表 16-4　不同性别青少年未来定向 t 检验

变量		方差方程的 Levene 检验		均值方程的 t 检验						
		F	p	t	df	P（双侧）	均值差值	标准误差值	差分的 95%置信区间	
									下限	上限
未来定向	假设方差相等	5.404	0.020	−3.004	884	0.003	−0.748 43	0.249 18	−1.237 49	−0.259 38
	假设方差不相等			−3.017	880.260	0.003	−0.748 43	0.248 06	−1.235 30	−0.261 57

个人主义者、集体主义者的未来定向得分如表 16-5 所示。个人主义者的未来定向得分（37.51 ± 4.27）略高于集体主义者的未来定向得分（37.28 ± 3.41）。

表 16-5　个人主义者、集体主义者的未来定向情况

变量	总体（N=886）		个人主义者（N=293）		集体主义者（N=593）			
	M	SD	M	SD	M	SD	t	p
未来定向	37.35	3.72	37.51	4.27	37.28	3.41	0.811	0.418

为了探讨个体自身与集体的关系是否会影响其未来定向，研究者进行了独立样本 t 检验，如表 16-6 所示。

表 16-6　个人主义者、集体主义者未来定向 t 检验

变量		方差方程的 Levene 检验		均值方程的 t 检验						
		F	p	t	df	p（双侧）	均值差值	标准误差值	差分的 95%置信区间	
									下限	上限
未来定向	假设方差相等	16.847	0.000	0.874	884	0.383	0.232 32	0.265 90	−0.289 55	0.754 20
	假设方差不相等			0.811	481.558	0.418	0.232 32	0.286 62	−0.330 86	0.795 51

从表 16-6 中的 t 检验结果可以看出，个人主义者、集体主义者的未来定向差异不显著，即个人主义-集体主义取向不会影响个体的未来定向。

为了进一步探讨不同性别青少年自身与集体的关系是否会影响其未来定向，研究者进行了独立样本 t 检验，具体如表 16-7 所示。

表 16-7 不同性别青少年个人主义-集体主义的未来定向 t 检验

性别		方差方程的 Levene 检验		均值方程的 t 检验						
		F	p	t	df	P（双侧）	均值差值	标准误差值	差分的 95%置信区间 下限	差分的 95%置信区间 上限
男生	假设方差相等	11.801	0.001	1.134	426	0.258	0.400 69	0.353 48	−0.294 09	1.095 47
	假设方差不相等			1.038	225.398	0.301	0.400 69	0.386 21	−0.360 34	1.161 72
女生	假设方差相等	5.437	0.020	0.199	456	0.842	0.077 89	0.391 59	−0.691 65	0.847 43
	假设方差不相等			0.186	250.698	0.853	0.077 89	0.419 70	−0.748 69	0.904 47

从表 16-7 中可以看出，男生的个人主义-集体主义取向在未来定向上的差异未达到显著水平（t=1.038，p=0.301）；女生的个人主义-集体主义取向在未来定向上的差异也未达到显著水平（t=0.186，p=0.853），即不同性别的个人主义者、集体主义者的未来定向无显著性差异。

四、研究小结

（一）文化的延续——中国青少年仍然以集体主义者为多

在集体主义环境下，集体主义者更多（Triandis，2001），本研究中 33.1%的青少年是个人主义者，66.9%的青少年是集体主义者，这与 Triandis 等的研究结论相符合：在集体主义环境下，集体主义者的比例一般是 30%～50%。这也说明我国青少年的文化取向更倾向于集体主义。

个体的文化取向受社会文化的影响。文化通过个体社会化的过程影响其发展。文化的核心思想、习俗和规范会通过语言、媒体及教养实践在社会政治、法律、教育系统内部传递。这些文化传递是连续的、不断重复的，个人每天都在家庭、学校、工厂中与文化互动着。最终，不同文化背景下的个体发展出了很不相同的文化特征。我国是一个典型的集体主义文化的国家，个体从小就受集体主义文化的熏陶。我国家庭成员间关系亲密，一般孩子都会与父母同住，比较强调家族观念。社会舆论也引导“一方有难，八方支援”的集体主义精神。学校教育重视培养学生的团结友爱、互帮互助等精神。这正是我国青少年的集体主义取向比个人主义取向多的重要原因（袁立新，2010）。

（二）文化的传承与变化——中国青少年文化取向性别差异不显著

在个人主义者中，男生比例为 33.2%，略高于女生比例 33.0%；在集体主义者中，女生比例为 67.0%，略高于男生比例 66.8%，但都没有显著差异。在不同性别上，青少年的文化取向没有显著差异。

一般而言，在东方文化中人们的性别观念相对传统，女子和男子具有不同定向的特点。女子注重与他人的联结，面对分离会受到威胁，个性化会有困难；相反，男子较少可能形成亲密关系，以及受到亲密和联结的威胁。显然，传统观点期望男性是独立的、自主的且超越别人的，而更期望女性是敏感的、顺从的和相互依赖的。

但随着社会的发展及多种文化的影响，角色理论、性别图式对个人主义-集体主义环境产生的影响一直在减弱。例如，Ryckman 和 Houston（2003）在研究中发现女大学生的集体主义者比例高于男生，但是在个人主义者比例上，不同性别没有差异。黄任之（2008）的个人主义—集体主义的调查研究中也得出相似结论：从性别看，差异仅表现在水平的集体主义的分量表，男性青少年的得分显著地高于女性，女性青少年在垂直的集体主义分量表上的得分高于男性，而在两个个人主义的分量表上得分低于男性青少年，但这些差异均不显著（黄任之，2008）。随着改革开放的进行，西方个人主义文化对我国传统文化有一定冲击，尤其是青少年更容易接受与传统不一样的行为方式、生活观念和价值观，并且现在提倡“男女平等”，青少年在学校所接受的教育也是倡导“男女平等”，男生和女生接受同样的教育，做着同样的工作，接受同样的文化等，这也可能是造成青少年性别与个人主义-集体主义文化取向无关的原因。

（三）文化影响的有限性——个人主义-集体主义文化取向与未来定向没有交互

个人主义-集体主义文化取向与个体的未来定向没有交互作用，47.9%的青少年是低未来定向者，52.1%的青少年是高未来定向者，高低未来定向者的比例没有显著差异。

男生未来定向得分（36.97 ± 3.44）低于女生的未来定向分数（37.72 ± 3.93），且差异显著。

个人主义者的未来定向得分（37.51 ± 4.27）略高于集体主义者的未来定向得分（37.28 ± 3.41），但是差异不显著。个人主义–集体主义取向不会影响个体的未来定向。且在控制性别因素后，个人主义–集体主义者的未来定向也无显著差异，即不同性别的个人主义者、集体主义者的未来定向无显著性差异。

文化会影响个体行为，但是在集体主义文化条件下，并非所有的人都不变地显示出集体主义的行为和人格特征，有些人可能表现出个体主义行为倾向。同样，在个体主义的文化条件下，有些人的行为会展现出集体主义文化的特征。并且当遇到具体情境时，个体会根据环境调节自己的行为，也许会考虑到当前行为对未来的影响，也许只是为了方便或者目前的利益。

参考文献

阿不来提江等. 2015. 自我对跨期决策的影响——基于个人–集体主义文化视角. 心理科学进展, 23(11): 1981-1990.

陈玲丽等. 2013. 个体主义–集体主义研究述评与展望. 理论月刊, (1): 150-154.

黄任之. 2008. 青少年个人主义–集体主义外部特点和内隐特征研究. 长沙: 中南大学博士学位论文.

李红霞, 张海钟. 2009. 个体主义和集体主义的跨文化心理学研究述评. 社会工作, (6): 22-24.

李祚山. 2006. 大学生文化取向与心理健康的关系研究. 中国健康心理学杂志, 14(3): 291-294.

林丹华等. 2011. 家庭环境危险性、未来定向与农村青少年的吸烟行为. 中国特殊教育, (5): 74-79.

林晓玲. 2008. 未来定向和社会化. 社会心理科学, (Z1): 54-58.

刘艳. 2011. 自我建构研究的现状与展望. 心理科学进展, 19(3): 427-439.

王永丽, 时勘, 黄旭. 2003. 个人主义与集体主义结构的验证性研究. 心理科学, 26(6): 996-999.

袁立新. 2010. 大学生个人主义、集体主义文化取向与心理适应的关系. 广东第二师范学院学报, 30(6): 17-21.

Aaker, J. L. Lee, A. Y. 2001. “I” seek pleasures and “we” avoid pains: The role of self-regulatory goals in information processing and persuasion. *Journal of Consumer Research,* 28(1): 33-49.

Brewer, M. B. & Chen, Y. R. 2007. Where (who) are collectives in collectivism? Toward conceptual clarification of individualism and collectivism. *Psychological Review,* 114(1): 133-151.

Bryan, R. N. R. A. 2004. Relationships between future orientation, impulsive sensation seeking, and risk behavior among adjudicated adolescents. *Journal of Adolescent Research,* 19(4): 428-445.

Gabriel, S. & Gardner, W. L. 1999. Are there "his" and "hers" types of interdependence? The implications of gender differences in collective versus relational interdependence for affect, behavior, and cognition. *Journal of Personality & Social Psychology*, 77(3): 642-655.

Guo, T. et al. 2012. Culture, temporal focus, and values of the past and the future. *Personality & Social Psychology Bulletin,* 38(8): 1030-1040.

Hardin E. E., Leong F. T. L., & Bhagwat, A. A. 2004. Factor structure of the self-construal scale revisited implications for the multidimensionality of self-construal. *Journal of Cross-Cultural Psychology,* 35(35): 327-345.

Higgins, E. T. 1997. Beyond pleasure and pain. *American Psychologist*, 52(12): 1280-1300.

Iii, J. A. W. 1995. Studies of individualism-collectivism: Effects on cooperation in groups. *Academy of Management Journal,* 38(1): 152-172.

Lee, S., Lee, A. Y. & Kern, M. C. 2011. Viewing time through the lens of the self: The fit effect of self-construal and temporal distance on task perception. *European Journal of Social Psychology,* 41(2): 191-200.

Liberman, N. & Trope, Y. 2010. The role of feasibility and desirability considerations in near and distant future decisions: A test of temporal construal theory. *Journal of Personality & Social Psychology,* 75(1): 5-18.

Mâagli, H. & Mâatoug, L. 2002. Rethinking individualism and collectivism: Evaluation of theoretical assumptions and meta-analyses. *Psychological Bulletin,* 128(1): 3-72.

Moorman, R. H. & Blakely, G. L. 1995. Individualism-collectivism as an individual difference predictor of organizational citizenship behavior. *Journal of Organizational Behavior*, 16(2): 127-142.

Orbell, S., Perugini, M. & Rakow, T. 2004. Individual differences in sensitivity to health communications: Consideration of future consequences. *Health Psychology Official Journal of the Division of Health Psychology American Psychological Association,* 23(4): 388-396.

Oyserman, D. & Lee, S. W. 2008. Does culture influence what and how we think? Effects of Priming individualism and collectivism. *Psychological Bulletin*, 134(2): 311-342.

Ryckman, R. M. & Houston, D. M. 2003. Value priorities in american and British female and male university students. *Journal of Social Psychology*, 143(1): 127-138.

Strathman, A. & Gleicher, F. 1994. The consideration of future consequences: Weighing immediate and distant outcomes of behavior. *Journal of Personality & Social Psychology,* 66(66): 742-752.

Takahashi, T., Hadzibeganovic, T., Cannas, S. A., et al. 2009. Cultural neuroeconomics of intertemporal choice. *Neuro Endocrinology Letters,* 30(2): 185-191.

Triandis, H. C. 2001. Individualism-collectivism and personality. *Journal of Personality,* 69(6): 907-924.

Triandis, H. C., Mccusker, C. & Hui, C. H. 1990. Multimethod probes of individualism and collectivism. *Journal of Personality & Social Psychology,* 59(5): 1006-1020.